中国科技创新图谱

2020

赵志耘 等 著

科学技术文献出版社
SCIENTIFIC AND TECHNICAL DOCUMENTATION PRESS

·北京·

图书在版编目（CIP）数据

中国科技创新图谱：2020 / 赵志耘等著. -- 北京：科学技术文献出版社，2024.11. -- ISBN 978-7-5235-2102-1

Ⅰ. F124.3-64

中国国家版本馆 CIP 数据核字第 2024SA6006 号

中国科技创新图谱2020

策划编辑：郝迎聪　　　责任编辑：王　培　　　责任校对：宋红梅　　　责任出版：张志平

出　版　者　科学技术文献出版社
地　　　址　北京市复兴路15号　　邮编 100038
出　版　部　（010）58882941，58882087（传真）
发　行　部　（010）58882868，58882870（传真）
邮　购　部　（010）58882873
官方网址　www.stdp.com.cn
发　行　者　科学技术文献出版社发行　全国各地新华书店经销
印　刷　者　北京时尚印佳彩色印刷有限公司
版　　　次　2024 年 11 月第 1 版　2024 年 11 月第 1 次印刷
开　　　本　787×1092　1/16
字　　　数　247千
印　　　张　13
书　　　号　ISBN 978-7-5235-2102-1
定　　　价　78.00元

本书撰写人员

赵志耘

姚长青　　刘志辉　　王莉军　　杨　岩

张兆锋　　郑　明　　韩　旭　　刘泖颖

高影繁　　叶深忆　　韩颖霄　　赵　璐

前　言

党的十八大以来，中国特色社会主义进入新时代，以习近平同志为核心的党中央对我国科技事业进行了战略性、系统性、全局性的谋划，发出向世界科技强国进军的号令，科技事业实现了历史性、整体性、格局性重大跃升，科技实力跃上新台阶。科技创新在国家整体发展格局中的地位日益凸显。面对新一轮科技革命和产业变革的新趋势，面对全球科技创新格局的新变化，面对加快实现科技自立自强的新需求，我国比以往任何时候更需要精准地把握全球科技创新资源的流动、支撑科技创新决策、深度参与全球科技治理。但是，我国在提升科技治理能力方面还存在诸多挑战，特别是迫切需要突破决策支撑工具方面的瓶颈制约。

科技创新决策所涉及的客体具有尺度上的分异性和耦合性，分异性由创新主体的地域性产生，而耦合性则是由创新跨尺度、跨领域、跨行业的交叉融合特性带来的。这种特性造成了决策场景的复杂性和决策问题的多样性，科技创新决策迫切需要建立新的决策支撑方法论。在此背景下，循证决策被越来越多地关注，同时随着数据可获得性及大数据处理技术的不断发展，循证决策定量化的趋势也愈加突出。这也体现在从科技情报向创新情报的发展趋势之中，在这一过程中基于大数据的智能情报分析所发挥的作用日益突出。情报分析不仅要适应以数学模型与高性能计算为基础的定量分析，而且要进一步应对大数据在体量、维度、时效等方面对分析框架的挑战。因此，面向科技创新治理与决策的科技情报分析需要融合计算机、互联网、人工智能、管理学、决策学、心理学、行为科学等多学科的知识和技术，对现有科技情报分析技术和应用场景进行探索、融合与重构。

为应对这些挑战，中国科学技术信息研究所不仅较早地尝试在理论方法方面开展探索性研究，还于2015年启动了创新图谱与决策剧场的建设项目，目的就是通过实践导向需求，不断推动方法与技术的应用研究，中国科技创新图谱就是其中的成果之一。中国科技创新图谱依托中国科学技术信息研究所近70年的科技文献积累，涵盖科技创新链条的多个环节与维度。同时，在分析过程中坚持以循证决策为导向，强化智能情报分析技术对数据"证据化"的支撑，提炼共性、兼顾个性，为满足不同应用场景构建相应的分析支撑框架。在应用端坚持场景驱动，中国科技创新图谱将理念、数据、方法、技术与实际决策场景进行"紧耦合",将科技创新图谱理念从"抽象"做到"具象",实现了真正的落地与应用,满足了不同主体的科技创新治理与决策需求。目前,中国科技创新图谱的研究与开发已历时 6 年,中国科学技术信息研究所中国科技创新图谱研发团队将相关研究成果梳理凝练,以期为科技情报智能化、工程化应用,以及科技创新治理与决策提供理论与方法的参照和支撑。

本书共分为 4 个部分。第一部分为背景介绍,详细阐述了中国科技创新图谱的建设背景及大数据条件下科技创新图谱服务于不同场景的技术框架。第二部分以科技创新治理对象的尺度为主要划分依据,依次从国家创新、区域(城市群)创新、城市创新、行业创新角度详细描绘了中国科技创新图谱的实践应用。第三部分则从创新链视角切入,以中国科技创新图谱理论方法体系为工具,对创新链条涉及的政策、成果(论文与专利)和创新主体进行了刻画与分析,阐述了科技创新链视角下不同创新要素的典型"图谱"化特征。第四部分总结了中国科技创新图谱的构建理念与应用场景,并对未来中国科技创新图谱所涉及的应用方向进行了展望。

本书的撰写工作由中国科学技术信息研究所中国科技创新图谱研发团队完成,在撰写过程中得到了所内各部门和其他相关研究团队的大力支持,特此表示感谢。同时,本书在撰写过程中参阅了国内外诸多学者的论著及数据等文献资源,将其作为参考文献列于章末,在此一并表示感谢。

尽管科技创新图谱已经在国家级、区域、省、市、区县,以及产业等不同维度得到应用并取得了一定效果,但在实践中对理论方法进行进一步修正与提炼,仍是一个很长的过程,由于时间、精力有限,书中难免有欠妥之处,敬请读者朋友批评指正。

目　录

第一部分

研究背景

导语

伴随着全球科技创新态势的不断变化，精细化、智能化的科技治理就显得尤为迫切。大数据时代的到来为科技创新治理带来了前所未有的机遇与挑战，如何用好科技大数据从而为科技创新治理提供有力的抓手与工具就成为摆在科技管理人员和决策者面前的一个重要课题。本章将从全球科技创新态势、中国科技创新面临的问题与挑战及大数据时代的科技创新治理 3 个方面对中国科技创新图谱的建设背景进行介绍。

第1章

背景

1.1 全球科技创新发展呈现出新的态势

创新是人类永恒的主题，创新驱动着社会发展的车轮不断向前，世界大国的兴衰均与创新息息相关。当前，世界主要国家为了能够在新一轮科技竞争中占据制高点，在新一轮国际经济发展变化中取得先发优势，都开始针对未来的经济发展和产业技术革命进行科技创新战略布局。从整体来看，全球科技创新出现了新的发展趋势。

1.1.1 创新呈现出交叉融合的发展态势

从科技创新的特点来看，中国已经处在新一轮产业革命和科技革命的浪潮之中[1]。这一轮科技创新和革命的发生，与前几次科技革命的发展不尽相同。当今的科技革命不再是传统意义上的以某项重大科技突破为标志和以某个领域的突起为代表，而是以众多学科、领域全面持续的系统创新为特征[2]。21 世纪以来，全球各主要国家的科技创新活动日益活跃，各类型科技创新活动之间的交融性越发明显。其表现为科学技术整体上向纵深演进，新兴学科交叉融合日益深入，颠覆性技术持续涌现；前沿性基础研究朝着宏观拓展，向着微观深入，甚至向极端条件的方向交叉融合发展；基础研究、应用研究、技术开发和产业化之间的边界变得更加模糊不清，带动了诸多学科技术群体突进，持续积累着科学和技术变革的能量，物质结构、生命起源、宇宙演化等领域会催生新的重大科学理论和思想，推动关键核心技术瓶颈问题得以解决。

1.1.2 创新促进了新兴技术与新兴产业的发展

从科技创新的趋势来看，生物医药、新材料、新能源、大数据、物联网、人工智能、区块链等新兴技术仍处于爆发阶段。这些新兴技术展现出的良好发展前景吸引了大量投资，多元化的技术路线和商业模式探索陆续开展，一批掌握前沿技术并创造了新商业模式的企业快速涌现[3]。同时，新兴技术的出现对现有的生产模式、生活方式产生了重大影响，促进了经济社会的发展与变革。信息、生物、新能源、智能制造等应用领域的技术获得了持续性的突破，上述新兴技术之间也进行了快速的交叉融合，已经成为产业变革最重要的技术方向。各种技术的合作与融合，推动了产业结构向高级化跃进和向全球价值链中高端迈进，已经成为产业竞争力的核心底层。除去底层创新之外，技术创新与商业模式、金融资本深度融合，不断催生新的经济增长点[3]。基于人们对生活质量的追求和科技演进的趋势，未来的科技发展将会更加绿色、健康、智能，更加注重生态环境保护和修复，更加注重研发低能耗和高效能的绿色技术与产品。未来的科技创新在满足人们更加多样化与个性化的需求的同时，将不断满足人们对美好生活的追求并增进全人类的福祉。

1.1.3 创新本身的组织形式正在发生变化

创新不仅是技术问题，也是组织和管理问题[4]。传统的创新组织形式主要有3种：自上而下式创新、自下而上式创新和交互式创新[5]。不同的组织形式与具体的创新内容相关联。伴随着经济全球化和技术国际化的深入发展，创新的专业化和网络化程度不断提高，创新模式和研发组织模式也在发生变化。互联网技术的发展和运用使得以企业为核心的线性模式、以地区为核心的集群模式及跨领域跨地区的创新网络化变为现实[6]。新一代移动互联网、5G、IoT、人工智能等信息技术的快速发展使得新的研发工具和创新平台不断涌现，如创新生活实验室、制造实验室、众筹、众智等。研发创新由传统的垂直组织间的合作演进到创新生态网络模式。以"创客空间""孵化器"等为代表的创新平台正在全球掀起一轮创新创业高潮，这些新的发展趋势将会引起人们科研活动和创新活动理念及组织模式的剧烈变革，激发人们的创新活力。

1.1.4 全球科技创新中心正在发生转移

进入21世纪以来，随着经济全球化的迅速推进和新兴经济体的快速崛起，全球创新活动更加活跃，表现为创新全球化和多极化日益显现，全球创新活动的新版图正在形成。2008年国际金融危机后，全球科技创新力量的对比发生变化，突出表现为由发达国家向发展中国家扩散，部分研发和创新活动转移到新兴经济体。虽然以美国为代表的发达国家依然是科技创新领域的领头羊，但是其优势地位也在发生变化。发展中国家正逐渐建立以知识和技术密集为特征的优势地位，以中国为代表的新兴经济体正逐步成为全球科技创新的战略基地，在全球科技创新中的竞争力不断提升，其对全球科技创新的贡献率持续提升[7]。

全球科技创新中心正在由欧美向亚太地区、由大西洋向太平洋地区扩散，未来全球科技创新中心将呈现出北美地区、东亚地区和欧盟地区三足鼎立的局面，并主导全球科技创新格局。亚洲地区科技创新的崛起速度更快，正在成为全球创新网络中的活跃区，全球范围内的高端生产要素和创新要素加速流向亚洲地区[8]。近年来，中国的科技事业呈现出整体性、历史性和格局性的重大变化，重大创新成果竞相涌现，在一些前沿领域开始进入并行、领跑阶段，正在成为全球创新版图中的重要一极[9]。

🖥 1.2 中国科技创新发展面临新的任务

在国际环境变化复杂的情况下，中国同样面临着经济、社会、民生、环境等各个方面的机遇与挑战，都需要向科技创新来寻求答案。党的十九届五中全会强调"坚持创新在我国现代化建设全局中的核心地位，把科技自立自强作为国家发展的战略支撑"[10]，要求"面向世界科技前沿、面向经济主战场、面向国家重大需求、面向人民生命健康"[11]。对此，迫切需要立足我国科技创新发展实际，下好"先手棋"，力争在国际格局深刻调整中赢得主动权。

1.2.1 中国科技创新需要基础研究提供不竭的原生动力

创新发展必须关注基础研究。中国要在新一轮科技革命和产业变革中寻求主动，就必须坚定不移走创新驱动之路。"十三五"期间，中国坚持问题导向，改革创新机制，释放创新潜能，让科技成果同国家需要、人民要求、市场需求相结合。从技术发展的角度来看，基础研究是一切技术的源泉[12]。技术引进—消化—吸收—再创新是后发国家实现技术追赶的重要路径，日本、韩国等国在经济起飞过程中都存在大量技术引进—消化—吸收—再创新的情况。我国在改革开放初期，也通过积极利用外资和引进技术，促进资本、技术和管理模式溢出，推动了经济的持续快速发展。但是，近年来这种路径在我国经济增长中的作用已经明显下降。基础研究是科研的"总开关"，实现科技自立自强必须提升基础创新能力。当前，我国面临的很多"卡脖子"技术问题，从表象上看是"卡"在某一具体的关键核心技术[13]、产品或材料上，如 EDA 软件、半导体核心专利、CPU、GPU 等技术和产品对外依存度大；从根源上看是基础理论研究跟不上，源头和底层的东西没有搞清楚造成的[13]。科技自立自强必须建立在基础研究和原始创新的深厚根基上，要把基础研究和原始创新能力建设摆在更加突出的位置，坚持"两条腿走路"，既要瞄准科技前沿的重大科学问题，又要从"卡脖子"问题清单和国家重大需求中提炼与找准基础科学问题，以应用倒逼基础研究，以基础研究支撑应用，为关键核心技术突破提供知识和技术基础[14]。

因此，中国科技发展需要提高科技原创能力，抢占科技创新制高点。没有面向世界科技前沿的前瞻性基础研究、引领性原创成果的重大突破，就很难产生开创性、颠覆性成果。没有前沿科技的突破，就无法满足面向经济主战场、面向国家战略的需求。未来要更加注重提高科技原创能力，在不断的科学发现与认知突破中形成原始性创新，夯实我国科技强国建设的根基，为我国创新发展提供源源不断的高端前沿科技供给。

1.2.2 中国科技创新需要为经济发展提供核心引擎

党的十九大报告指出，我国经济已由高速增长阶段转向高质量发展阶段。推动高质量发展，关键是按照新发展理念的要求，以供给侧结构性改革为主线，推动经济实现质量变革、效率变革和动力变革。推进以科技创新为核心的全面创新是实现这一目标的根本前提。近年来，我国从科技创新供给、科技资源配置和市场价值实现等方面协同发力，为经济高质量发展提供了有力支撑。

未来，我国的科技供给能力需要不断提高，以保证为高质量发展提供坚实的基础。党的十八大以来，党中央为推动科技创新面向世界科技前沿、面向经济主战场、面向国家重大需求，作出一系列重大决策部署。创新驱动发展的战略地位和作用前所未有，我国科技创新能力显著提升，为推动高质量发展奠定了坚实基础。我国经济已由高速增长阶段转向高质量发展阶段，正处在转变发展方式[15]、优化产业结构、新旧动能接续转换的关键时期。建设现代化经济体系，推动经济发展质量变革、效率变革、动力变革，科技创新是根本。从科技发展的趋势来看，新一代科技革命必将会给当前的全球经济带来一个新的机遇，要让我国经济突破发展瓶颈，应对各方面潜在的经济、社会等问题，都离不开科技创新[16]。经过不懈的努力，一批有代表性的科技型高成长企业正促进中国新经济高质量发展。例如，华为在5G移动通信领域具有世界领先水平，大疆在无人机领域独占鳌头，百度、阿里、腾讯等互联网领军企业的创新引领作用不断增强，寒武纪、地平线等新兴企业成长为人工智能芯片领域的新锐力量。

未来，科技创新能力提升为我国经济社会发展提供重要支撑，成为推动新经济新动能发展的重要源泉。科技创新全面融入、主动引领经济社会发展的新格局正在形成。在中国科学院第十九次院士大会、中国工程院第十四次院士大会上，习近平总书记指出："现在，我们迎来了世界新一轮科技革命和产业变革同我国转变发展方式的历史性交汇期，既面临着千载难逢的历史机遇，又面临着差距拉大的严峻挑战。"[17] 历史上，历次产业革命都与科技创新如影随形。从科技革命和产业革命的发展规律来看，抓住科技创新就等于抓住了主动权[18]。特别是在世界进入以信息产业为主导的经济发展的新时期，只有把握住数字化、网络化、智能化和实体经济深度融合发展的新契机，才能以信息化、智能化为杠杆培育新动能。面临这一发展大势，习近平总书记强调："要突出先导性和支柱性，优先培育和大力发展一批战略性新兴产业集群，构建产业体系新支柱。要推进互联网、大数据、人工智能同实体经济深度融合，做大做强数字经济。要以智能制造为主攻方向推动产业技术变革和优化升级，推动制造业产业模式和企业形态根本性转变，以'鼎新'带动'革故'，以增量带动存量，促进我国产业迈向全球价值链中高端。"[19]向产业价值链中高端进军，必须借助科技创新对社会经济的巨大开拓作用，这是我国走出产业链低端困局的根本出路。

当前，从创新投入来看，我国已经稳居世界第二，研发投入占 GDP 比重达到 2.4%，超过 OECD 国家平均水平，但科技与经济结合不紧密问题仍较为突出，制约了创新驱动发展作用的发挥。特别是企业创新能力不强的问题较为突出，企业创新主体地位有待增强。2021 年 2 月 23 日，科睿唯安发布《2021 年度全球百强创新机构》报告，该年度创新百强机构分布于三大洲的 14 个国家 / 地区，仅有 4 家中国大陆企业入选。美国以 42 家机构占据榜首，日本以 29 家的数量紧随其后[20]。只有拥有一批"从 0 到 1"重大原创科研成果，才能形成一批具有较强控制力和反制力的战略技术，才会催生一批对创新链具有控制力的领军型企业，不断降低关键技术对外依存度，更好地发挥企业创新主体作用，提升企业创新能力，促进产学研深度融合。因此，要切实强化基础研究，充分发挥科技创新引领作用和科技创新人才的支撑作用，鼓励和支持各类企业创新平台建设，推动企业成为科技创新的主体。

1.2.3 中国科技创新为社会发展提供了坚实支撑

科技兴则民族兴，科技强则国家强。坚持需求导向，面向国家重大需求，谋划我国科技战略，就会拉动和推动科技发展，这就是需求牵引的科技发展机制与客观规律。未来要坚持面向国家重大需求，加强对关系根本和全局的科学问题的研究部署，在关键领域和"卡脖子"技术方面取得突破，努力实现关键核心技术自主自控。社会进步、生态保护和人才成长的最终价值旨归在于不断改善民生。习近平总书记强调："要把满足人民对美好生活的向往作为科技创新的落脚点，把惠民、利民、富民、改善民生作为科技创新的重要方向。"[17]将科技创新的方向与价值聚焦在民生领域，紧贴新时代民生现实需求，释放科技创新的内生动力。为了确保科技创新始终朝着造福于人民的方向发展，必须持续重视改善民生的科技需求。为了释放出科技对改善民生、普惠民生的内生动力，习近平总书记强调"在防灾减灾、公共安全、生命健康等关系民生的重大科技问题上加强攻关，使科技成果更充分地惠及人民群众"[17]，从而稳步快速地提升人民的幸福感、满足感、获得感。

2020 年新冠疫情席卷全球，整个社会生活受新冠疫情影响发生了翻天覆地的变

6

化，社会经济生活和人们的日常生活、工作都受到了不同程度的影响，往往在大的事件面前，科技实力才显得尤为珍贵，科技服务疫情防控成为必不可少的一项措施。大数据、二维码的应用有效保证了疫情防控的同时，为恢复生产生活提供了极大便利，使得疫情管理智能化、精确化有了质的提升[21]。疫情防控期间面对人口流动的潜在风险，防控机构可以运用大数据的方法，采用可视化分析技术发现相关病例的传播规律和人口流动与传播链的相关性，快速掌握疫情动态。针对研发新药物周期长的问题，依托天河新一代超级计算机的超大规模算力，用分子动力学的方法检测哪些现有药物对新冠病毒有效，以期老药新用。疫情防控期间用人工智能技术辅助教育，保障大、中、小学生在疫情防控期间"停课不停学"。同时，互联电子商务平台极大地解决了疫情防控期间人民的生活物资购置需求。科技抗疫充分体现了科技创新对于解决社会民生问题的能力，也为国民经济发展和人民生活提供了坚实的保障。

1.2.4 中国科技创新为中国积极参与全球治理提供了保障

从全球治理的角度来看，除与科技自身相关的国际交流之外，与科技相关的全球问题大体还有两大类[22]：一类是科技自身发展引起的超越国界进而波及全人类的问题，如核技术、基因编辑技术、人工智能技术等的安全开发与使用问题；另一类是需要依赖（但非完全依赖）全球科技的发展与合作来解决的问题，如气候变化、粮食安全、能源安全、疾病防控等全球性问题。深度参与这两类全球问题的治理为中国创造了机遇[22]。

在经济衰退和新冠疫情的影响下，西方发达国家主导的全球科技治理体系的严重缺陷（集中体现为美国退出《巴黎协定》及以科技保护主义为代表的系列举动）和新兴国家的集体崛起都要求改变现有全球治理体系[23]。随着全球性挑战增多，加强全球治理、推进全球治理体制变革已是大势所趋。面对西方发达国家主导的全球科技治理体系在上述两类全球问题方面陷入僵局，"中国方案"当有所作为。首先，中国自身的科技创新发展与科技实力增强，可以协同世界各国改善旧的全球科技治理机制和体系，使其成为真正意义上的全球科技治理体系。其次，在旧的全球体系之外探索新的全球科技治理机制，"一带一路"倡议就是这样的机制。"一带一路"将被"建成创新之路"，也将"为各国共同发展创造机遇和平台"。习近平总书记于2020年9月21日在联合国成立75周年纪念峰会上发表重要讲话强调"我们将始终做多边主义的践行者，积极参与全球治理体系改革和建设，坚定维护以联合国为核心的国际体系，坚定维护以国际法为基础的国际秩序，坚定维护联合国在国际事务中的核心作用"[24]。

科技创新的应用与推广在提升中国科技影响力的同时，积极地影响了世界其他国家特别是大量发展中国家的经济、社会、科技发展，为全球治理贡献了中国力量。例如，在全球能源与环境治理领域，中国与埃塞俄比亚合作建设的吉布3水电站就是一个典型的成功案例。该水电站使用全套中国机电设备，2016 年建成以来使该国装机容量翻了一番。除了水电站，中国企业还配套建设了输电系统。埃塞俄比亚复兴大坝 500 千伏输变电工程，已成为东非地区线路距离最长、电压等级最高、输送容量最大的输变电工程[25]。在交通发展领域，2021 年 12 月 3 日，中老铁路全线开通运营，老挝自此迈入铁路运输时代。这条铁路将推动老挝实现由"陆锁国"到"陆联国"的历史性转变，为加快建成中老经济走廊、构建中老命运共同体提供有力支撑，为老挝和本地区实现全面互联互通及经济社会发展注入强大动力。2021 年年初，受多重因素影响，拉美抗疫形势严峻，中拉联合抗疫也在彼时取得新进展。中国新冠疫苗陆续运抵多个拉美国家，助力拉美加快疫苗分配。目前，多款中国新冠疫苗在当地已开始大规模接种。据泛美卫生组织 2021 年 10 月 1 日数据，在智利和厄瓜多尔，中国新冠疫苗占两国已接种疫苗的比例分别达 65% 和 60%；在玻利维亚、乌拉圭等国的已接种疫苗中，中国新冠疫苗占比均过半。可见，中国在新兴技术与基础研究领域的科技创新能力提升为全球治理提供了中国方案，科技创新是中国参与全球治理的重要保障[26]。

🖥 1.3　大数据时代为科技创新治理提供了新的契机

　　大数据不仅是数量级上的大，更是观念上的大。大数据成为数字经济时代经济活动的基础。从电商平台分析商品售卖情形，到社交平台分析社会舆论热点，所有的数字经济活动都离不开大数据。"大数据"是"数据"的质变，"大数据"不仅意味着数据量的"大"，还意味着数据的价值变"大"了[27]。从大数据与信息的关系角度来看，大数据指的是规模和格式前所未有而又相互关联的大量数据，搜集自网络空间和实体世界，技术人员通过高速、多方分析后，可以从中挖掘出甚至超出原有数据量级的信息量。这意味着，只有在大数据环境下才能够出现海量的信息。而对于这些信息载体进行再次或者多元的"大数据"分析，将会爆发出更多的数据与信息。因此，有学者提到，大数据时代的技术和现实变革是围绕着数据的"量"和"价值"展开的[28]。经过几十年的发展，人类社会早已经将自己的社会活动拓展到网络空间。网络空间不再是虚拟的角落。人类一方面利用大数据分析、拓展网络空间；另一方面也在不断向网络空间贡献数据。大数据与人类社会自身的交叉影响，也使得其在经济、社会、民生、政府治理等方面的重要性越发明显。

1.3.1　大数据是新一代产业革命的重要生产资料

　　与传统的人力资源、资本和土地相比较，数据正在成为新的且相当重要的生产资料。创新经济理论的先驱——熊彼特强调要素之间的新组合，而数字化转型以其强大的技术优势和高度的渗透性从多个方面改善与优化现有产业的创新要素组合方式、加快要素组合速度及提高要素组合质量和效率，这有助于创新发展生态系统的形成。同时，大数据的出现也会不断催生新技术和新业态的发展，诞生许多从"0"到"1"、从无到有的新产业，不断为经济发展注入新的活力。在商业战略层面，大数据的发展让社会步入了数字经济时代。

数字经济作为一个内涵比较宽泛的概念，凡是直接或间接利用数据来引导资源发挥作用，推动生产力发展的经济形态都可以被纳入其范畴。在技术层面，包括大数据、云计算、物联网、区块链、人工智能、5G 通信等新兴技术。在应用层面，"新零售""新制造"等都是其典型代表。大数据所特有的基于数据分析、挖掘、获取和交易所产生的经济利用广阔前景和巨大的辐射力，是商业竞争中各参与主体竞相争夺的重要资源。大数据必然会成为未来经济社会发展重要的底层支撑，也将成为全球各主要国家积极竞争和布局的领域。

2021 年 10 月，联合国贸易和发展会议发布《2021 年数字经济报告（数据跨境流动和发展：数据为谁而流动？)》[29]，报告称虽然很难精确地测量数据流动（特别是数据跨境流动）的规模，但毫无疑问的是全球的数据流动量增长十分迅速。特别是在新冠疫情的影响下，越来越多的活动在互联网上发生。该报告称，在过去的 2020 年，全球互联网带宽增长了 35%，大约 80% 的互联网流量与视频、社交网络和游戏有关。现有信息表明，新冠疫情发生以来，数据跨境流动在地理上主要集中在"北美 – 欧洲""北美 – 亚洲"这两条路线上。该报告还称，中国和美国参与数字经济的程度和从中受益的能力最强。苹果、微软、亚马逊、Alphabet（谷歌）、Facebook、腾讯和阿里巴巴越来越多地参与到全球数据价值链的各个环节：通过面向用户的平台收集数据，通过海底电缆和卫星进行数据传输、数据储存（数据中心），以及数据分析、处理和使用。在新冠疫情期间，大数据相关公司的规模、利润、市场价值和主导地位得到了加强。而由中国信通院发布的《中国数字经济发展白皮书（2021）》[30]也显示，2020 年我国数字经济规模达到 39.2 万亿元，占 GDP 比重为 38.6%；数字经济增速达到 GDP 增速 3 倍以上，成为稳定经济增长的关键动力。地方上，已有广东、江苏、山东等 13 个省市数字经济规模超过 1 万亿元；北京、上海数字经济 GDP 占比超过50%，数字经济俨然已成为中国经济重要的组成部分。

1.3.2　大数据是赋能政府科技创新管理的重要基础资源

创新治理的数字化转型是推进创新型国家建设的重要辅助，是支撑创新发展管理的重要举措[30]。目前，基于大数据的决策、政策和战略研究与实践越来越为欧美国家所倡导。坚持以创新引领发展，加快创新型国家建设，迫切需要实现国家创新治理能力现代化，这也促使管理者和学术研究者寻求可提高治理能力的思路和工具，大数据支撑下创新治理数字化转型毫无疑问为之提供了理想的选择。党的十九大报告指出，2020—2035 年将基本实现国家治理体系和治理能力现代化，到 21 世纪中叶，要实现国家治理体系和治理能力现代化。

互联网的蓬勃发展，大数据、人工智能和云计算等新一代信息技术的系统性突破预示着新一轮科技革命和产业革命的到来，以人工智能和大数据应用为主要特征的数字化转型（digital transformation）也因此成为各领域为抓住新一轮机遇而探讨未来发展的重要途径[31]。经济合作与发展组织（OECD）于 2017 年 11 月发布了《OECD 2017 年科学、技术与工业记分板：数字变革》报告，展示了数字化转型对科学、创新、经济及人们工作与生活方式产生的影响[32]。2015 年，国务院印发的《促进大数据发展行动纲要》中明确指出"大数据成为提升政府治理能力的新途径"[33]。在以创新引领发展、推进创新型国家建设中，需要从国家层面看待大数据问题，构建大数据背景下的国家创新体系，加快推进国家创新治理的数字化转型，尽快实现国家创新治理能力现代化，迫切需要系统认识大数据在创新效能和治理能力提升中的作用，以及研究如何促进创新治理的数字化转型。

大数据对政府创新治理影响的核心在于运用大数据理念和思维创新决策机制，实现数据驱动创新治理。利用大数据技术可以获取公开的多层次、多主体、多渠道的各类科技创新数据，从中提取有用信息，进而借助先进的智能决策方法形成创新治理方案的可靠支撑。例如，国家主导的"一网通办"，在改善营商环境、促进产业发展和人民生活便利方面，成为推动地方经济发展和改革开放的突破口，让人看到基层经验中蕴藏的改革强大动力[34]。再如，网格化管理是近年来推进基层放权、社区治理的关键举措，以网格化管理、社会化服务为方向，健全基层综合服务管理平台。大数据的应用有效地保证了政府决策基于证据的事实，而不是意识形态。政府创新治理过程中运用大数据的直接价值在于提高治理方法的精细化和治理的科学性[35]。现代公共治理强调的是公开与协调，通过大数据的支持，使得更多的公众对国家治理理念、过程和趋向有更充分的认识，更加容易达成共识。

1.3.3 大数据是促进科技管理能力提升的保障

创新大数据是指创新活动全过程中产生的信息及创新体系各要素间的相关关系构成的多元异构大规模数据。随着创新活动如科学研究、产品研发、成果转化等不断增强，创新大数据的规模也不断攀升，呈现动态增量特性，科技投入数据、科技成果数据、科技过程数据、科技规划与管理数据等呈激增趋势。以科技成果数据为例，Web of Science 目前收录的文献记录和德温特世界专利索引收录的专利族信息已达到 PB 级[36]。此外，科技大数据可能更多地呈现于科学研究过程中，例如，2017 年 10 月欧洲航天局发射的"哨兵 -5P"卫星每天获取的空气污染物及气体的观测数据就达到近 2000 万条[37]。作为大数据的一个分支，创新大数据正在成为创新的新型驱动力，引起世界各国的高度重视。美国的"从大数据到知识"计划、欧洲"地平线 2020"计划的"数据驱动型创新"课题等，均聚焦于利用海量且复杂的创新大数据，推动知识生产与创新。然而，尽管不同类型的创新大数据都呈现出了猛烈的增势，但其增长速度在不同领域则表现出不均匀的现象，据 OECD 的一项研究指出，科技成果大数据的披露和公开程度要远远高于科技过程数据的披露和公开程度，92% 的欧洲高校拥有（或计划）针对发表成果的公开获取政策，而只有 28% 的高校拥有针对科技过程数据公开获取的政策。

从科学研究本身而言，大数据的到来改变了科学研究的范式，为科学研究提供了新的可能。人类最早的科学研究主要以记录和描述自然现象为特征，称为"实验科学"（第一范式）。随后，科学家们开始尝试尽量简化实验模型，去掉一些复杂的干扰，只留下关键因素，然后通过演算进行归纳总结，即第二范式。之后随着科学研究的复杂度越来越高，新的范式应运而生。20 世纪中叶，冯·诺依曼提出了现代电子计算机架构，利用电子计算机对科学实验进行模拟仿真的模式得到迅速普及，通过模拟仿真，人们可以推演出越来越多复杂的现象，典型案例如模拟核试验、天气预报等，形成以计算机模拟为代表的第三范式。随着数据的爆炸性增长，计算机将不仅能做模拟仿真，还能进行分析总结，得出理论。数据密集范式理应从第三范式中分离出来，成为一个独特的科学研究范式。也就是说，过去由牛顿、爱因斯坦等科学家从事的工作，未来完全可以由计算机来做。这种科学研究的方式被称为大数据范式，也称为第四范式[38]。

同时，大数据时代的到来也为科技管理提出了新的命题、新的要求。在实施科技管理工作时，会涉及许多主体，如科研人员及科技资源[39]。在大数据蓬勃发展的背景下，这两项内容会朝着多样化的趋势发展。所谓科技资源，指的是科研软件、科研设施及科技数据等内容，伴随着数据的大量更新，科学实验中使用的软件及设备也会随之增多，并且会逐渐地渗透各个领域，科技资源更加丰富，呈现出多样化的局面。伴随着信息数据的增长及信息技术的快速发展，科学实验开展的过程会吸引越来越多的科研人员，科技管理主体显现出多元化的特点。当科研主体呈现出多样化的发展趋势以后，科研需求也会随之发生转变，最终形成个性化的科研需求。伴随着大数据时代的来临，相信不久以后，会逐渐出现一批科技爱好者。科技爱好者不仅关注科研的具体步骤，还关注科研中的某一项具体的环节，如数据分析、数据采集、设备制造等环节[39]。在大数据时代背景下，多源化数据与多元化主体的同时出现，需要引起科技管理部门的足够重视，并以此实现与促进科技管理工作的创新。

基于大数据的技术与平台可以推动科技创新数据在不同部门、行业、主题间的流通与共享，实现信息的即时分析利用，有助于科技创新治理决策的迅速反应，从而提升效率[40]。大数据技术拥有对大规模科技创新数据快速收集、分析和利用的能力，借助计算机和互联网技术使政务扁平化、智能化，将显著提高政府的科技创新决策能力和效率[41]。借助基于大数据的社会行为分析，辅以多样化的渠道和平台，科技创

11

新决策主体能够及时启动政策的决策议程，迅速对政策问题作出响应。基于科技大数据，政府可以在第一时间明确亟须解决的科技创新问题，对有限的资源进行合理有效的配置，以解决原有政策决策滞后的难题，充分提升政府决策前瞻性，进一步提高决策效率。借助于大数据广泛的信息来源、强大的归纳演绎能力、精准的模拟预测技术，提前捕捉科技创新治理存在的问题，并提前研究与制定应对措施，为前瞻布局、抢占科技创新发展战略的制高点提供有力支撑[42]。

1.4 本章小结

新形势、新问题、新要求对科技创新管理本身提出了新挑战，伴随着科技革命的到来，新理论、新技术、新方法能否为科技创新管理打开一片新天地也成为摆在科技管理人员面前的巨大挑战。

在大数据的背景下，科技管理也呈现出许多新的特点，主要包括科技创新数据增量巨大，如科研数据复杂性高、数据量增多；科技管理主体变得更加多样化等。伴随着大数据的发展，科技资源与科研人员竞相涌现。一方面，科技设备、科研软件、科技数据等科技资源会不断增多与提升，且随着信息技术的发展，科技设备、数据来源会逐渐扩大到生活的各个领域，使科技资源更加丰富与多样化；另一方面，随着信息技术的发展和大数据的产生，可能会产生新类型的科技研发活动或研发参与人员，"产、学、研、金、服、用"各领域的参与主体将使科技管理数据如滚雪球般快速增长。

通过开展科技大数据治理研究，构建科技大数据的标准规范、数据采集、分析挖掘、精准服务、机制保障的科技大数据治理体系，一是有利于深度挖掘科技大数据的潜在价值，让科技管理用大数据说话；二是依托大数据，为科技治理能力提升提供强大内生动力，推进服务意识和能力的提升，让一线人员用大数据服务；三是形成科技大数据驱动下的快速响应和精准服务，让决策者实现用大数据决策。

因此，为了适应并充分利用大数据背景下科技管理的新特点，可以借助"大数据+循证决策"的模式，搭建相应的科技管理创新平台。从科技战略、科技政策、科技管理等角度，利用科技创新本身的优势，实现对"科技大数据"的充分利用及其对科技创新管理的支撑。在全球经济、科技、政治变化的大背景下，本书以多源大数据为基础，结合循证决策和科技信息分析方法，通过不同时间、空间分析尺度的变化，分析中国创新在全球创新背景下的发展态势，为科技创新管理与分析提供必要的支撑。

参考文献

［1］ 李磊. 习近平关于新时代科技创新的几个重要论断［J］. 党的文献，2020（2）：16-22.

［2］ 白春礼. 新科技革命可能在六大领域首先突破［J］. 中国科技信息，2013（2）：5.

［3］ 冯雪莲. 论在新商业模式和技术中创造价值［J］. 商业会计，2013（18）：2.

［4］ 陈光. 技术创新与组织创新初探［J］. 科学学与科学技术管理，1994，15（9）：3.

［5］ 芮明杰，袁安照. 组织创新：组织的增量式创新和转型式创新［J］. 首都经济贸易大学学报，1999（5）：5.

［6］ 秦立公，胡娇，朱可可，等. 基于"互联网＋"的第六产业发展能力评价及协同创新模式：以广西为例［J］. 江苏农业科学，2019，47（5）：6.

［7］ 陶蕊. 《G20 科研与创新表现》报告揭示世界领先经济体的科技实力变化图谱［J］. 中国基础科学，2014，16（4）：2.

［8］ 郭茜茜，刘云. 全球创新网络研究热点学科分布及主要国家/地区研究潜力评估［J］. 世界科技研究与发展，2021，43（4）：13.

［9］ 杨柯巍，张原. 全球创新版图崛起"中国极"［J］. 瞭望，2018（43）：2.

［10］ 中国共产党第十九届中央委员会第五次全体会议. 中国共产党第十九届中央委员会第五次全体会议公报［EB/OL］.（2021-07-11）［2021-10-29］. https://baijiahao.baidu.com/s?id=1681878650959407819&wfr=spider&for=pc.

［11］ 新华社. 习近平：面向世界科技前沿　面向经济主战场　面向国家重大需求　面向人民生命健康　不断向科学技术广度和深度进军［EB/OL］.［2020-09-12］. https://baijiahao.baidu.com/s?id=1677589241693393795&wfr=spider&for=pc.

［12］ 柳卸林，何郁冰. 基础研究是中国产业核心技术创新的源泉［J］. 中国软科学，2011（4）：14.

［13］ 杨玉良. "卡脖子"究竟"卡"在哪儿？"卡脖子"问题刍议［J］. 科学与社会，2020，10（4）：4.

［14］ 侯建国. 把科技自立自强作为国家发展的战略支撑［EB/OL］.（2021-06-30）［2021-11-22］. https://baijiahao.baidu.com/s?id=1694379229980166850&wfr=spider&for=pc.

［15］ 金碚. 关于"高质量发展"的经济学研究［J］. 中国工业经济，2018（4）：5-18.

［16］ 易信. 新一轮科技革命和产业变革 为经济增长注入新动能［EB/OL］.（2019-

09-26）[2021-11-22]．https://baijiahao.baidu.com/s?id=1645709773085082194&wfr=spider&for=pc.

[17] 新华社．习近平：在中国科学院第十九次院士大会、中国工程院第十四次院士大会上的讲话[EB/OL]．（2018-05-28）[2021-11-10]．http://www. gov.cn/xinwen/2018-05/28/content_5294322.htm.

[18] 赵霞，黄渺萍．基于大数据的特色农产品品牌传播效率的提升策略研究[J]．现代商业，2019（4）：14-15.

[19] 光明网．努力成为世界主要科学中心和创新高地[EB/OL]．（2021-03-15）[2021-11-10]．https://m.gmw.cn/baijia/2021-03/15/34687663.html.

[20] 中国经济网[EB/OL]．（2021-02-23）[2021-11-15]．https://baijiahao.baidu.com/s?id=1692498730273629644&wfr=spider&for=pc.

[21] 史博臻．大数据如何赋能疫情防控[EB/OL]．（2020-05-26）[2021-11-12]．https://m.thepaper.cn/baijiahao_7555259.

[22] 陈强强．中国深度参与全球科技治理的机遇、挑战及对策研究[J]．山东科技大学学报（社会科学版），2020，22（2）：1-12.

[23] 张海滨，戴瀚程，赖华夏，等．美国退出《巴黎协定》的原因、影响及中国的对策[J]．气候变化研究进展，2017，13（5）：439-447.

[24] 新华网．习近平在联合国成立75周年纪念峰会上发表重要讲话[EB/OL]．（2020-05-26）[2021-11-12]．http://www.xinhuanet.com/politics/leaders/2020-09/22/c_1126522712.htm.

[25] 金亚勤．我国承建非洲最大水电站——埃塞俄比亚吉布3水电站全面投产[EB/OL]．（2016-09-21）[2021-11-12]．https://power.in-en.com/html/power-2265647.shtml.

[26] 新华社．共迎挑战，共创未来：智库学者共议中拉关系发展[EB/OL]．（2021-10-13）[2021-11-12]．https://baijiahao.baidu.com/s?id=1713512247800261476&wfr=spider&for=pc.

[27] 苏子遐．计算机软件技术在大数据时代的应用[J]．商品与质量，2016（22）：89-90.

[28] 大数据周刊．大数据是数字经济时代最关键的生产资料[EB/OL]．（2019-03-13）[2021-12-01]．http://www.yidianzixun.com/article/0LUNSTNW.

[29] 搜狐网．2021年数字经济报告（数据跨境流动和发展：数据为谁而流动？）[EB/OL]．（2021-10-14）[2021-11-22]．https://www.sohu.com/a/494937998_121124365.

[30] 陈凯华，冯泽，孙茜．创新大数据，创新治理效能和数字化转型[J]．研究

与发展管理，2020，32（6）：12.

［31］ 孟庆国. 数字化转型中政府治理的机遇与挑战［J］. 山东经济战略研究，2020（10）：2.

［32］ 搜狐网. OECD 2017 年科学、技术与工业记分板：数字变革［EB/OL］.（2017-12-05）［2021-11-22］. https://www.sohu.com/a/208505133_810912.

［33］ 国务院. 促进大数据发展行动纲要［EB/OL］.（2015-08-31）［2021-11-01］. https://zycpzs.mofcom.gov.cn/html/nysczl/2018/9/1536891477862.html.

［34］ 人民网. 优化营商环境，实现高质量发展［EB/OL］.（2020-04-21）［2021-10-13］. https://baijiahao.baidu.com/s?id=1664553536199504503&wfr=spider & for=pc.

［35］ 王雅莉. 大数据技术的运用与政府治理能力的提升［J］. 黑龙江社会科学，2019（3）：1.

［36］ 王良熙. 支撑新型智库的科技大数据治理体系研究及应用［J］. 科技成果管理与研究，2020，15（11）：27-31.

［37］ 中国科学院遥感与数字地球研究所. 欧洲 Sentinel-5P 卫星聚焦空气污染问题［EB/OL］.（2018-09-24）［2021-11-22］. http://www.radi.cas.cn/dtxw/qysm/201809/t20180914_5078250.html.

［38］ 徐超. 科学研究第四范式对信息分析的挑战与应对［J］. 情报资料工作，2017（4）：53-60.

［39］ 刘钰钦. 构建大数据背景下科技管理创新平台的实践探索［J］. 企业科技与发展，2021（3）：17-18，21.

［40］ 刘晓晨，王卓昊. 基于大数据环境的科技管理数据集成平台研究［J］. 情报学报，2021，40（9）：953-961.

［41］ 刘晓晨，梁冰，屈宝强. 大数据治理视角的"十四五"时期国家科技管理信息系统建设思考［J］. 中国科技资源导刊，2021，53（4）：74-82.

［42］ 李欢. 大数据背景下科技管理创新平台构建研究［J］. 科学管理研究，2014，32（3）：44-48.

导语

　　科技情报工作的核心基础是数据、方法、模型、工具的融合应用。随着大数据时代的到来，科技管理面临着更多的数据主体，需要针对不同的应用场景，利用多种理论、方法和工具对科技大数据进行归集、处理、解构、分析，从而使其真正服务于大数据条件下的科技治理。本章将通过文献的梳理与分析，介绍应用于科技情报分析的大数据及相关技术、方法和模型。

第2章
大数据技术在科技情报研究中的应用现状

2.1　大数据应用于科技情报分析

　　当今时代，大数据已经应用于社会发展的方方面面。在科技情报研究中，大数据作为一个高效、准确的工具扮演着越发重要的角色。国内外各行各业都依赖大数据作为研究的基础和支撑，科技情报分析更是需要网络化、智能化的大数据技术来提供一手的全景视野。大数据具有处理大量冗杂信息的能力，并可以从中提取用户所需的内容，极大提升数据处理的工作效率，提供直观的数据归纳结果。大数据的趋势预测能力让人们把目光聚焦于更加长远的目标，发现隐藏在数据背后变量之间的相互影响和规律，如能有效利用这类信息便能获得更强的规划能力。可以说大数据代表了这个时代最前沿的思路，想要做到科技创新必然无法脱离大数据的支持。

2.1.1　国内外科技创新指标

　　为有效衡量世界各个国家/地区的创新力与竞争力，诸多国际组织和研究机构都纷纷建立了多个有关国家创新能力的评价指标，并围绕这些指标发布了一系列关于国家创新能力或竞争力的评价报告[1]。这些评价报告通过收集世界各国和地区的大量数据，提供了多个能够从宏观角度观察科技创新能力和现状的窗口，为科技情报分析提供了全面而清晰的定量指标。

《全球创新指数》（Global Innovation Index，GII）是由世界知识产权组织、康奈尔大学、欧洲工商管理学院共同创立的科技创新年度排名，每年从 7 个方面、80 余项指标衡量全世界 100 余个经济体的科技创新水平，指标模块包括科技创新法律法规环境、科研人力和教育资源、科研基础设施服务、科研市场成熟度、商业成熟度、知识与科技产出、创新产品和服务产出。GII 是目前可以较为全面地认识经济体创新发展水平的报告，为世界各国的创新发展政策提供了宏观的视野和多方面完善的数据支持。

《OECD 科学技术和工业记分牌》（OCED Science，Technology and Industry Scoreboard，STI）由世界经济贸易合作组织编写，从 200 余项指标展示数字转型对科学、创新、经济、生活方式的影响，同时辅助政府对科技创新和工业发展等方面制定政策。考察指标包含知识经济与数字化转型、教育和研究投入、研究成果产出、商业创新、科研和商业水平优势、社会管理与数字化转型六大方面，对世界各个国家 / 地区进行衡量与比对。

《科学与工程指标》（Science and Engineering Indicators）是由美国国家科学基金会（National Science Foundation）的决策机构——国家科学理事会（National Science Board）推出的量化指标分析报告，从教育、科技工程工作、科研投入、科学发明和创新等方面对全国的表现进行总结与衡量，同时和全球科研现状进行比较，具体指标包括科学类学位授予数量、科技岗位就业情况和增长情况、科研投资趋势、科研项目类型、科研出版物数量、国际科研合作项目数量、科研成果数量、科技发明和专利数量、不同创新领域的企业数量占比等。

《日本科学技术指标》由日本科学技术与学术政策研究所（NISTEP）发布，是将日本国内外科学技术活动的定量数据整合，以系统化地研究科技体系的基础资料。其中包含约 160 项科技指标，共五大类，分别为研究开发费用、研究开发人才、高等教育和科技人才、研究开发产出、科学技术与创新。

《中国科学技术指标》由科技部编辑出版，用于对科技创新活动的定量化测度，提供关于中国科学技术投入与产出，以及中国科学技术和工程的发展指标分析报告。报告涵盖国内多项科技指标，包括科技人力资源、科学与工程高等教育、中小学数学和科学教育、研发经费投入、科研产出与效益、国家科技基础条件资源、高技术产业、公民科学素质及对科学技术的态度[2]。

《国家创新指数报告》由中国科学技术发展战略研究院主编，收录世界上 40 余个科技创新活跃的国家的数据作为研究对象，在多个国际通用的科技创新指标上进行比对，分析中国的优势和与世界科技创新国家之间的差距[3]，包含科研支出、科研人员比例、论文产出、科学技术成果数量在《全球创新指数》中的具体得分和排名等。

在全球范围内，科研投入和产出包括论文、专利等成果的数量，科研工作人员的数量，科技企业发展状况，以及科研基建和教育环境，其是所有发展科技创新的国家关注的对象，也是国际上衡量科技创新能力的重要基准。现在大数据可以更加方便地帮助我们看到目前某个领域的发展状况，例如科技专利领域，借助专利数据库可以清晰地看到专利申请的所属行业、年增长数量、对外出口和采用率、高质量专利占比等。同时，大数据也有利于世界范围的数据共享，让我们现在能够看到国际科技组织和世界各国的科研组织提供的指标报告，从而方便地定位自己在国际上的位置，发现优势与不足，根据这些数据在政策层面调整科学技术的发展方向。

2.1.2　大数据在论文统计方面的应用

论文数量通常会被世界各国用作衡量研究水平的重要指标之一。世界各国都在着手于电子论文库的建设，尤其是学位论文数据库。学位论文是学术研究中极具价值和重要性的科研资料，具有极大的需求量，而大数据则在新时代科研环境中接过了图书馆的职责，为社会提供了开放的论文保存和检索途径，实现了学术资源跨地区的资源获取，同时也能辅助统计不同学科的论文数量，方便获取各科研领域的发展状况。

国内目前共有 3 个较大的综合性的学位论文数据库项目。CALIS 高校学位论文数据库：始于 1998 年，收录包括北京大学、清华大学等全国著名大学在内的 83 个 CALIS 成员馆的硕士、博士学位论文；万方中国学位论文数据库：始于 1977 年，包括全国部分高校和科研院所的硕士、博士及博士后学位论文；CNKI 中国优秀博硕士学位论文全文数据库：始于 1999 年，部分高校的部分学位论文全文库。这 3 个数据库是检索我国学位论文信息的主要电子资源[4]。

CALIS 全名"中国高等教育文献保障系统"（China Academic Library & Information System），是基于互联网的文献共享平台，包括清华大学、北京大学、上海理工大学在内的全国各大高校均参与了 CALIS 服务体系中文献中心的建设，提供馆藏文献的检索、编目、记录和下载等服务，是国内最大的学位论文共享平台之一[5]。

万方数据库是由万方数据公司开发的收录学术期刊、学术论文、会议论文、科技报告、专利、科技成果等学术文献的网络共享数据库。万方中国学位论文数据库收录了全国数十种专业领域的学术论文，年增 30 余万篇[6]。

中国知网工程，又称 CNKI（China National Knowledge Infrastructure）工程，是由清华大学和清华同方发起的共享知识库项目。CNKI 中国优秀博硕士学位论文全文数据库收录全国数百家博士硕士培养机构的 500 余万篇学位论文，库存涵盖学位论文、学术期刊、报刊、会议报告、年鉴等[7]。

国内的科技情报研究的主要方法有文献调查、比较调查、内容分析、技术预测等，对期刊、杂志等文献来源进行收集、整理、加工和分析[8]。再以学位论文为例，庞大的学位论文库可以从宏观角度提供很多有关高校研究主题和方向的潜在信息。杨思尧的《不同类型高校教育经济与管理专业研究内容比较》中，通过提取大学论文题目和摘要中的名词性短语作共词分析，提炼出论文主题关键词和高频词，绘制知识图谱，确定大学研究环境中的热点指向[9]。结合各大高校的学位论文分布，可以归纳出综合型大学、专业研究型大学等不同类型院校的热点特征，发现各类型大学研究环境的优势和不足等隐藏信息，以规划未来研究角度的方向。

2.1.3　大数据在专利统计方面的应用

大数据具有大量化、多样化、高速化、价值化、真实性、复杂性的特征，也是各个行业和各类业务的重要资源。专利数据是科技信息中极为庞大的部分，专利管理部门需要科学运用大数据方法提高数据加工能力，使现有数据不断增值，从海量专利数据中准确提取有效信息，发挥预测技术走向、评判专利质量、提升创新效率的作用[10]。专利数据和大数据的特征天然契合，同样具有大量化、多样化、高速化的特点。大数据分析能够准确把握专利数据的变化趋势及相关性，有效利用其中庞大的信息量，实现数学性的定量分析，对专利领域和发展态势进行定位。

科技专利申请量在一定程度上反映了一个地区的科技市场需求量，在国际的科技创新衡量指标中也常被用作衡量该地区科技创新活跃度的指标之一。专利申请量的数据存在着较大的地区差异，国内专利申请量领先的地区主要有北京、上海、广东等经济较为发达、科技创新企业较为密集的省市，国际上则是美国、中国、日本等重视科技创新的国家。

专利申请量提供了一个相对简单直观的量化标准，也是通过大数据能直接获取到的信息，但同时也较为浅显。如何衡量专利申请的质量是庞大数量背景下大数据要面临的挑战。现有的分析专利质量的方法通常是观察专利的引用量和被引用量。闵超等的研究[11]通过收集 USPTO 中中国专利被其他地区引用的数量来判断中国专利发明给其他国家和地区科技发展带来的影响，将不同地区专利的相互引用制作成地区技术流动网络，把每个地区的每个技术领域绘制成一个节点，节点 A 指向节点 B 的连线代表至少一个属于 A 领域的专利引用了 B 领域的专利，从被引用的次数判断出该领域内的技术专利是否在国际上具有影响力。

专利技术构成的分析主要通过统计每个 IPC 小类下的专利数量进行，基于专利库数据爬取收集各类专利的申请数量，结合地区信息可以得知不同地区的新技术构成，根据 IPC 类别的分布把握不同地区的技术热点、长处和短处，以及全国在该领域的研发倾向。

在专利申请量和 IPC 类别构成的基础上添加时间维度，便可观测在不同时期某个地区的科研发展趋势与其他基础学科的发展态势。近 5 年全球人工智能相关专利数量持续走高，其中机器人占比最多，神经网络和语音识别次之[12]，可以看出当今世界的热门科研主题和科研方向。

关联分析用于将以上几个分析方向连接成网，对多方面因素进行相关性分析，用统计学手法找出影响专利发明发展方向的因素，发现应用方面、所属学科、地区经济、时间趋势之间的隐藏关系，并预测特定地区专利数量的走势，通过调整因素中的一个或多个变量来辅助该地区的科研发展。

在专利的风险和安全方面，基于大数据的侵权预警模型，通过收集专利技术的相关环境信息预测被侵权的风险等级，以构建预警系统[13]。此类预警系统运用神经网络或随机森林等机器学习算法，收集被侵权和未被侵权的专利信息样本，并将其分解成大部分变量，如专利本身的技术含量、专利被应用的市场环境、专利发明企业的竞争力、竞争对手公司的状况等，训练机器学习模型指定评价标准，最后将算法应用于待测验的专利并对专利被侵权的风险度进行评估。利用机器学习技术的专利风险评估模型效率和准确度高，信息收集的视野更广，对专业人员技术力的要求也能有所降低，但同时对传统风险评价体系的管理方式有所冲击，需要调整相关组织的管理结构来适应新的工作和思维模式[13]。

2.1.4 大数据在基金领域的应用

基金行业由于金融数据量庞大、种类繁杂、安全性方面要求高，对大数据技术的依赖也较高。换个角度说，大数据也为基金行业带来了变革和便利。

以社保基金为例，社保基金用户数量庞大，基金类型较多，近几十年中国社保基金审计也在逐渐由传统手工审计向数字化审计转变。目前，社保基金的数字化管理平台分三大模块，分别为数据中心系统、数据分析系统、安全监管系统。其中，数据中心系统主要进行用户数据的管理，细分为数据采集、数据存储、数据转换、数据交换4个小模块，方便用户实现基金数据的统筹管理和实时交互。数据分析系统主要用于基金数据的多维比对，利用联网审计系统的大存储量和高计算力实时对比与关联审计数据，实现社保基金数据查询分析、挖掘分析、多维分析和专题分析[14]。安全监管系统包含审计预警、数据监控、风险治理几个下属模块，利用计算机高效快速的运算力提高风险监控效率，提升审计系统的风险应对能力和安全性。徐鹤田的《失业保险基金大数据审计探索》[15]详细讨论了大数据在社会保险类基金安全审查中的具体应用，通过采集养老保险数据、失业保险数据、个人所得税和缴纳公积金的数据，并对这些数据进行比对，发现可能存在的失业保险基金冒领等安全审查问题。审计过程为发放各类保险申领统计表，包含身份证号、姓名、保险基金发放类型等信息，然后计算机语句关联不同种类的社保基金领取信息，比对是否存在冲突或重复项，例如在领取失业保险基金的同时缴纳个人所得税的情况，达到发现社保基金领取过程中存在的审计漏洞的目的。

在金融领域，互联网财经选股策略是基于文本挖掘技术的量化选股方式之一。通过爬取主流财经媒体报道文章的文本信息，利用文本挖掘技术对热点事件进行深度挖掘，进而完成对投资主题的预测。互联网财经选股策略总体框架分为"数据获取""数据处理""策略构建"3部分[16]。在数据获取方面，通过爬虫技术从网页爬取所需的数据，充分利用网络上庞大的金融信息。在数据处理方面，对爬取下来的数据进行过滤，筛去空白、乱码等无用信息，然后利用关键词、变量范围等标准对清洗后的数据进行整理分类和挖掘分析。在策略构建方面，对整理好的数据进行相关性、趋势等分析，发现数据中的规律，建立模型并预测未来的走向。

2.1.5 大数据与科技企业创新

舍恩伯格和库克耶在《大数据时代》中提到，拥有大数据思维的企业和个人，将在这个时代抢占更多先机，掌握更多数据的一方就掌握了更多优势，他们手中的数据都会被转化为价值。大数据时代使新兴小型企业有了拥有更多线下资源和设备的机会，二者同样可以发掘和使用大数据的宝藏。大公司可以扩大自身的存储量，利用自身庞大的受众在数量上占据优势；而小公司可以低成本在云平台上灵活地传播自己的创新成果[17]。传统模式下中小企业的产品主要通过线下宣传，小体量的限制导致它们宣传力度有限，产品不能充分地得到推广，通过大数据渠道则可以全面提升传播效率，在时间和空间范围上都有更大的可能性，结合大数据的预测能力，企业产品可以被精准投放至有需求的客户，在一定程度上避免销售资源的浪费[18]。大型企业在大数据时代具有的优势相较从前有所转移，目前大型企业在用户数量和宣传渠道上遥遥领先于中小型企业，这意味着它们在数据采集上拥有巨大的样本库，如谷歌、亚马逊、腾讯等，客户的每次点击和搜索都会成为大型企业绘制用户图像的珍贵资料。此外，大型企业传统意义上的空间优势也可以为大数据所用，大型公司拥有的庞大数据的存储设备和安全监控、多年的资本积累与企业发展也能够吸引更多与数据处理分析相关的技术人才，实现数据算法的持续进步。

大数据带来的知识获取是一个巨大的资源库，对中小型科技企业来说，大数据的知识管理能力会被这些处在积累期和上升期的新兴创新型企业使用。大数据挖掘技术可以辅助企业搜集来自消费者、供应商和竞争者的信息，精准定位市场需求，确立企业的技术创新方向，同时知识检索和云计算、云存储工具可以帮助企业了解现有的科技创新流程和成果信息，优化开发路径和改进产品，压缩创新产品的开发时间，提高开发效率并降低创新风险[19]。

大数据拥有的强洞察力和预测功能有助于企业的商业模式创新，大数据的动态能力能够辅助企业发现新机遇，与消费者和合作伙伴协同演化，强化企业对市场变化的感知能力，通过大数据对市场需求的预测及时寻找到潜在的机会和威胁，促进企业主张创新[20]。近10年来，亚马逊、淘宝、京东等电商平台推出"个性推荐"模块，爱奇艺、哔哩哔哩等视频网站也在不断完善首页推送模块。对企业来说，更深入的推送意味着更大的受众面积和潜在销售量，行业间的竞争也意味着它们必须不断更新对用户数据的利用思路，开辟功能运营新的方向。在大数据时代，电商类企业采集用户数据制定导向型服务，能够减少人工处理数据时产生的误差，提高精准度，更大程度地满足客户需求[21]。与此同时，大数据收集预测技术带来的安全隐患也不容忽视，用户隐私的保障、数据采集过程的安全监管、数据传输存储的技术升级等是随着大数据技术发展衍生出的问题，也是企业在大数据时代需要思考的问题，但也不失为一个从另一个角度促进数据监管体系创新的思路。

在广度上提高创新可能性的同时，大数据也在深度上完善企业的安全管理、工作效率和质量精度。在火力发电行业，大数据已经成为发电企业的重要工具，一方面，方便企业建立以客户为核心的电力市场，利用大数据搭建运营销售平台，为客户提供更加精准、全面的服务；另一方面，企业通过收集异常数据来防范风险，利用历史数据收集不同时间、不同机型等各类指标的表现构建模型进行演算，改进现有设备和管理方式，优化流程，节省能源成本，提高发电效率[22]。2005 年，埃森哲与美国密苏里州圣路易斯市合作进行了一个实验项目，它们在市公交车中选取样本安装传感器监控引擎状态。这项实验提供了公交车引擎的良好运作和损坏时间，让决策者调整引擎零件的维护和更换周期，大大节省了圣路易斯市在公交车维护上的成本[17]。

🖥 2.2 情报分析方法与模型

信息情报是决策的基础。在复杂的决策环境中，如果缺乏必要的决策资源，尤其是反映事物本质的深层信息，则可能会对决策结果造成巨大的负面影响。随着现代科学技术的进步，为解决由"情报爆炸"所带来的情报积累与利用之间的尖锐矛盾，以情报理论和现代化技术为基础发展起来的情报学研究得以迅速发展。作为一门不断发展的学科，不同时期国内外研究对情报学的内涵都有不同的表述。综合其共同点，可将情报学归纳为研究有效运用信息、知识和情报的规律的一门科学，即以科学的方法组织知识信息，使之有序化，成为人们便于利用的形式，然后以最快的速度向用户提供所需要的情报，促进科学技术和经济发展[23-24]。

传统情报分析常以结构化、标准化、样本化的数据为主，因此，相关的情报分析方法主要包含：①社会调查法，可进一步划分为直接和间接两类，其中前者主要是用现场观察法，后者又可分为访问调查与调查表调查；②引文分析法，即研究文献的被使用和被引用情况，对引文这一线索进行研究，可以了解某项发明或技术的应用范围、现状、著作水平、学科发展趋势等，当前已成为情报学一个具有相当深度和广度的分支；③系统科学方法，即从系统论、控制论和信息论的角度出发，主要研究科技情报系统的结构、功能和最优设计，以及实现科技情报系统的最佳运行、实现最优服务等问题；④文献计量法，为情报学与数学、统计学等交叉结合而形成的研究方法；⑤科学计量法，即通过定量方法研究科学活动的内在联系和规律，以更有效率地对科研活动提供指导和支撑；⑥信息计量法，用以代替文献计量法的方法，即情报学的定量化研究需要由文献单元进一步深入到文献中的各个信息单元、知识单元[23]。

随着大数据浪潮的到来，数据显示出明显的异构性、多源性特征，不同维度、不同频次、不同尺度的辅助决策信息不断涌现。面对数据量越来越大、数据类型更加复杂、处理和分析难度增大、精准化的用户需求及针对性结果呈现等问题，为满足大数据背景下复杂决策问题的情报需求，情报研究人员需借助多源情报分析、多元证据、多重循环的耦合以更好地进行决策支撑，需要更多地依靠智能化、标准化、高效率的新技术，如信息抽取技术、自然语言理解、人工智能、可视化分析技术、数据存储与计算技术等，以辅助数据处理、情报分析和知识管理的优化、改进和创新。以下将对文献计量、文本信息处理、指标体系及地理空间分析等4个方面进行进一步叙述。

2.2.1　文献计量

文献是知识和情报的载体，情报学在理论上必须研究文献情报源，在实际工作中必须利用文献情报。迄今为止，知识组织基本上是借助文献来进行的，尤其是科技情报，其存在形式就是各种类型的文献。因此，文献计量为量化情报信息的重要手段，而文献计量分析也是情报分析的基本研究方法，在知识发现、信息处理、情报网络建设、情报处理效率等方面一直发挥着重要作用。

文献计量分析最早的应用始于20世纪初，即1911年俄罗斯学者瓦尔登利用分析引文的方法研究不同学者对化学学科发展所做出的贡献，以及1917年科尔和伊尔斯统计分析解剖学文献的著作。

1969年，英国学者普里查德首次在科学文献中使用"文献计量学"这一术语，并将其定位于用统计方法研究文献的书目特征的学科[25]。文献计量由最初比较出版物、统计书目，到采用统计学计算方法整合文献事实研究及计量表征，到如今借助网络的快速发展及数据文献计量、信息检索整合、语义处理、可视化等技术的发展，已进入了涵盖情报信息分布层次、数量变化、规律测试的新阶段。

以近年来运用范围较广的社会网络分析为例。在文献体系中，作者之间、地区之间、文献之间、关键词之间、期刊之间等并不是孤立的，而是相互联系的。如果将作者、地区、关键词、文献、期刊等作为节点，将它们之间的关系以连线表示，那么便能够在文献体系中绘制多种不同类型的网络。社会网络分析便是对以上网络中的社会关系进行量化研究的一个具体工具，即通过图论、数学模型及软件分析等方法对网络的关系数据进行分析，进而揭示网络结构特性的一种分析方法，利用可视化把复杂的知识领域通过数据挖掘、信息处理、知识计量和图形绘制等方法显示出来，揭示学科结构、研究热点及知识领域的动态发展规律等重要特征[26]。

基于社会网络分析的文献计量研究主要包含以下方面：①共词网络研究。作为文献的核心词汇，关键词在一定程度上能反映文献的研究主题。共词网络是指由文章关键词之间的共现关系所构成的一类表达科学知识领域结构的客观知识网络，反映了知识单元的链接状况。共词网络可将多个知识点联系起来，用以分析文章的研究主题，其中静态的共词网络能够描绘学科领域的知识结构和研究现状，而动态的共词网络能够结合时间序列揭示学科结构的演变历程。②合作网络研究。作者、机构、地区为合作网络中的节点，合作网络中的连线则体现了节点之间的合作关系，借此可展现不同层次的科研合作网络分布情况，以了解学科内或学科间的科研合作、国际合作、学科领域内作者的聚类情况及作者研究领域的划分等重要特征，相关研究主要集中在合著网络模型研究、网络结构分布与演进、中心性分析等方面。③引文网络研究。其中节点代表文献，文献之间的引用和被引用的关系便是节点之间的连线，单向射线的箭头由被引文献指向引证文献。引文网络反映了文献之间、期刊之间、作者之间、机构之间和地区之间的知识交流关系，反映了知识的传递与继承，也可以此进一步划分为文献引文网络、期刊引文网络、作者引文网络、机构引文网络、地区引文网络等。通过分析作者之间的引文网络，能够获得关于同行作者的数量、构成、活动规律等情况，进而能够研究学科专业之间的联系及发展变化状况；通过分析文献或期刊之间的引文网络，能够确定文献、期刊的地位和影响力，展示特定学科领域内部的引文结构，揭示该学科体系的骨干架构，研究学科之间的相互关系和结构特征。④科技投入与科技产出的关系展示。集中展示两者之间的相互关系，能够展示出科技投入效果与效率，借此能够为政府和管理部门制定科技规划和布局提供有效的决策支持[26]。常用的社会网络分析软件包括 Ucinet、Pajek、Bibexcel、CiteSpace、HistCite 等。当所研究的社会网络规模比较大时，原始直观的网络图也会变得十分复杂，将不利于对社会关系进行定量分析。这种情况可通过社会关系矩阵进行避免，借助度数、密度、捷径、距离、关联图等对社会关系进行描述[27]。

2.2.2　文本信息处理

文字信息作为社会知识的载体，是人们获取科学知识的主要途径。而情报是信息的发展和延续，信息资源经过加工处理后便可转变为情报资源。情报学作为研究文献的采集、分类、编目、查找和检索的科学，是处理文本信息的科学。随着信息技术的飞速发展，特别是信息存储、传递和交换技术的迅速更新换代与互联网的普及，不仅传统出版物的规模正在不断地扩大，各种电子文本形式的情报源所提供的信息量更是在以惊人的速度递增。而且相关数据库中所存放的数据也逐渐以既不是完全结构化也不是完全无结构的半结构化的数据为主，如标题、作者、出版时间、长度和类别等结构化的字段，以及摘要和内容等无结构的文本内容。仅通过人工的方法来组织管理海量信息资源显然已不能适应当今的实际情况，而针对特定的研究任务而言，并非所有信息都是有用的，且即便是有用信息，它们也会与需求的相关程度存在差异。如何有效地组织、管理如此庞大而且急剧增长的信息海洋，并快速、准确、全面地从中挖掘出用户所需要的潜在情报信息是当前信息科学和情报学领域所面临的难题[28-31]。

在这样的背景下，自然语言处理技术与情报学相结合，一批处理电子文本的信息处理和检索系统应运而生，相关系统能够自动将所获得的信息进行预处理、分类和过滤，有效地组织、管理和分析大规模文本信息资源，并从中筛选/检索出符合一定要求的信息，导引系统使用者查阅相关材料，提供高效的信息检索服务，从而提高实际工作效率。当前，文本信息处理系统不断发展，特别是在情报信息处理领域，包含文本预处理（如分词、去停用词、多格式文本文档内容抽取等）、文本分类、文本聚类、全文检索、信息抽取、自动摘要和关键词抽取等重要功能[28-31]。

2.2.3　指标体系

在数据驱动决策的思维模式下，指标作为统计数据的质化，连接着输入数据与输出成果。为确保情报产品的质量，情报学家在情报分析中常借助调查法、德尔菲法、模糊数学法、层次分析法、包络分析法、灰色数学统计法等设置合理的指标体系[32]。在当前大数据和开放科学迅猛发展的背景下，海量的开源数据为面向复杂决策问题的情报工作提供了强有力的数据支撑，将多元数据与指标体系进行联通，再利用可视化技术呈现指标计算结果，可以为情报学分析提供直观且多维的证据，使情报分析呈现出多领域、多层次、多维度的特点[33]。但同时也对指标体系及数据进行深度组织与语义描述提出了新的方法和技术挑战。以科技创新为例，面对多领域、多层次、多维度的科技创新理论，需要多元指标体系从不同的价值体系、不同的学科领域、不同的理论流派等对科技创新活动进行测度研究。为了在大数据背景下建立合适的指标体系，一方面，需要将反映不同理论视角的指标在概念层次方面进行组织融合，以全面有效地提供决策支撑；另一方面，需要同时建立指标、数据和可视化之间的关联，以快速响应用户需求[34]。

2.2.4　地理空间分析

早期针对文本的地理空间分析主要从"空间""时间"维度开展，例如在社会网络分析过程中，可基于海量文献信息数据库对科学家、研究团队、机构、国家的产出分布、合作和相互关系进行分析，以展现不同层次的科研合作网络、定位空间和时间分布情况。其中"空间"维度的地址信息需要通过地址编码才能转化为空间坐标，而地址编码包括地址解析与地址匹配两个过程[26]。随着大数据分析技术、地理信息技术、文本信息处理技术的不断发展，地理空间情报分析逐渐从传统的"空间""时间"

维度延伸到了"活动""关系"的新维度,成为链接多源情报的重要桥梁。将地理空间分析与情报分析相结合,能够为可视化展示和分析提供良好的基础,协助情报工作者在看似无序、杂乱的多源数据中挖掘变得有序、有规律可循的情报信息,为决策提供有力支撑[35-36]。相关的空间分布可视化方法可大致划分为基于点标的时间空间位置分布、基于线标的事件时序位置变化、基于区域(面)的事件属性空间分布、基于热力图的事件频率空间分布等4种类型。以基础的点标法为例,其将事件描述为地理空间中的离散点,通过点的空间位置标注以总结离散事件的空间分布规律;同时,点标法可以通过标识符号的设计表示更多信息,如分类图标表示不同类型事件、向量箭头表示事件的发展趋势、网格区域表示事件的密度分布、统计图表示事件的属性信息等[35]。

以城市经济地理学中的首位度为例,其概念最早由美国学者马克·杰斐逊在1939年研究国家城市规模分布规律时提出,他将一个国家人口规模最大的城市称为首位城市,首位度即指一个国家首位城市与第2位城市的人口规模的比值[37]。在20世纪40年代以前,由于当时生产力水平比较低,科技水平比较落后,产业的细分程度比较笼统,因此用人口首位度的方法来测量城市规模的合理性是可行的,但是随着社会的发展和科技的进步,产业和技术因素对城市规模的影响远远超出人口因素的影响,依然用简单的人口首位度的方法测量城市的规模已经失去合理性[38]。进入21世纪以来,专家学者对于城市首位度的研究逐渐突破了传统定义,给予了其新的内涵,即从原来就国家范围、以人口规模比较为主,逐步引入区域发展领域、以经济指标比较为主,计算方法也由原来的"点对点"比较发展到"点对面"比较。目前,城市首位度的评价体系基本以广义首位度的内涵为基础,再结合城市的实际情况制定,更加侧重于多维反映一个城市在其所属区域的实力和地位,强调的是一个城市对生产要素的聚集能力,如人口首位度、经济首位度、城市功能首位度、文化首位度、科技首位度等[37-38]。

2.3 可视化技术

随着大数据时代的到来和我国创新驱动发展战略的提出,信息资源变得越来越庞大,政府及相关科技信息服务机构、科研人员需要以更高效的方式对海量的科技情报资源开展分析和挖掘工作。可视化技术利用计算机图形学和图形图像技术,将复杂的文本或数字信息转化为简单明了的图像,帮助人们理解数据内容、洞察数据之间的关联特性及发掘数据中隐藏的知识,现已被越来越广泛地应用在科技情报研究领域,是宏观层面跟踪科技前沿、预测学科发展、开展信息管理与辅助决策的有效方法。

2.3.1　科技情报研究对可视化技术的需求

在科技情报研究中，数据是重要的依据和基础，如何正确解读数据是进行科技情报分析和决策管理的关键。视觉是人们感知外部信息的主导感官，图像作为视觉信息的主要传达形式，能够将大量的数据信息和抽象知识直观形象地展示给用户[39]，因此，将数据通过图像形式进行解释、分析和模拟，有助于人们发现数据中心隐藏的特征和规律，提高人们对事物的理解能力及对整体概念的掌握。可视化技术即完成上述将数据内容转换为图形或图像并进行显示和交互处理的方法与技术[40]。它利用人们对可视化形式下数据信息的获取能力，可有效解决因科技情报数据量大，难以观察、筛选、发现和理解科技信息等问题[41]。

可视化技术不仅优化了科技情报数据组织和表达的过程，可以更加清晰地呈现数据之间的内部联系，使用户更容易地理解信息的内涵[42]，还能够充分挖掘各项学科之间的演化关系，揭示学科研究主题、研究主体及相关产业发展的内在联系、总体结构特征、演化路径等，并对特定学科领域的研究现状、研究热点、研究前沿和发展趋势进行分析、评估和预测，最终实现提高科研效率、合理配置科技资源、辅助科研决策和促进相关领域开展科技创新等目标[43]。

早在 1998 年，我国的科技情报领域就已经开始了可视化方面的相关研究[44]。世界多个国家和地区，特别是传统科技强国，都在科技创新图谱和可视化技术相关方面开展了研究工作。科技创新图谱和可视化技术为各个科技研究机构、企业、政府等提供了全方位的信息支持服务，利用可视化工具和方法设计出大量面向科学决策、科普等方面的精美知识图谱，其成果和活动已经极大促进了科学技术的进步，对社会发展产生了巨大的积极影响。

2.3.2　可视化技术在科技情报研究中的具体应用

大数据可视化技术通过将抽象的数据映射为各种图形元素，为海量科技创新数据找到了出口，使人们更加有效地理解、查询和分析科技创新数据，在科技情报分析中具有广泛的应用功能，推动了知识理解、信息检索、科学发现和科技政策诸方面的发展。目前，大数据可视化技术在科技情报研究中的具体应用主要分为以下 4 个方面。

2.3.2.1　提高科技创新数据的表达和理解

由于科技创新数据涉及论文、专利、项目、产业及其科研人员、团队机构等相关数据，数据之间具有复杂的关联关系，此外，伴随着信息技术与互联网技术的发展，科技创新数据呈现爆炸式增长的态势，科技信息构成了一个典型的大规模数据网络，并呈现异质性、多元化和组织结构松散等特点[45]。因此，科技信息服务机构和科研人员需要花费更大精力从海量信息中寻找相关学科的发展动态，科技情报研究面临着严峻挑战[46]。面向科技情报的大数据可视化技术可以改变以定性分析为主的传统科技情报研究方法，通过将非空间抽象信息进行分析后转化为可观察的表达形式，将科技数据之间的内部联系更加清晰地呈现出来，帮助人们更容易观察和理解科技数据的结构、关系与演化过程，使人们在海量数据中迅速发现隐藏的特征模式和趋势[40]。

2.3.2.2 优化科技创新信息的检索过程

在这个海量信息的时代，从数据中检索有效信息的难度不断增加，传统的信息检索方法难以准确传达用户的检索意图，常常造成冗余、偏差甚至完全错误的检索结果出现。如何帮助人们更好地理解、查询和分析大规模科技创新信息变得更加重要。在对科技情报进行处理分析时，利用可视化技术对数据组织和检索进行优化改善，借助可视化工具进行数据的组织和展示，可以使人们更容易了解和掌握科技创新信息，提高科技信息的获取效率，提升科技信息检索质量。

在科技信息检索过程中应用可视化技术可从用户问题、信息组织、检索过程和结果呈现几个方面进行改进，主要可在语义检索可视化和信息检索系统设计等部分开展工作。其中，语义检索主要利用元数据实现科技创新资源语义化，并通过转换格式、提取关键字及知识融合等过程将原始信息资源库转化为文本库，并应用各项文本信息可视化技术展现文本库中的信息。信息检索系统设计需要根据信息检索的工作原理设计实现方法，并利用可视化算法和模型对处理的科技创新信息进行描述、交互和呈现，建立检索过程和结果的可视化展示[47]。

通过上述过程，将复杂的文字信息进行可视化展示，能够降低用户实施检索工作及解读检索结果的难度，使用户直观了解和掌握检索内容，优化检索策略，提高检索结果的查全率和查准率。

2.3.2.3 分析科学问题发展规律

科学技术的研究热点始终随着时间、社会发展及事件影响而不断变化[41]。在科技飞速发展和国际形势变幻莫测的情况下，科研人员、组织机构及政府及时分析和识别科技热点问题、预测科技下一步发展趋势有助于占领科学高地，提高国家科技实力和国际竞争力。随着数据挖掘技术的进步和高性能计算能力的提高，可视化技术成为探索科学问题发展规律的常用方法之一，在研究某科技领域的全球发展情况、分析科技领域高水平人才构成、评估科技产出与影响力、分析科学问题的发展趋势及掌握科技热点的变化机制等方面发挥了很大的作用。

以探索科学问题发展规律为目标的可视化分析主要包含 3 个方向：一是研究学科领域的发展状态和规律，即通过计量分析技术构建学科领域随时间维度发展的知识图谱，反映该学科领域的演化过程；二是分析科技人才、团队、机构和国家的产出分布和相互关系，根据时空分布情况展示不同层次科技创新主体的科研水平和合作网络；三是展示科技投入与产出关系，将政府机构等科技投入与产出状况和关系集中展示，以便一目了然地观察科技投入效果与效率[47]。可视化技术可以对科技创新学科领域、科研力量、成果产出等进行分析和展示，能够直观呈现科技情报领域的研究现状和前沿趋势[48]。

2.3.2.4　提高科技创新管理与决策能力

在大数据时代，科技创新管理与决策需要决策机构具备对海量科技创新数据的挖掘和分析能力、对抽象和复杂科技信息的估计和预测能力，以及对潜在风险和机遇的辨别和决策能力。可视化技术能够提供多种工具和方法，以科技创新事实数据为基础，结合专家智慧，整合、分析科技创新信息，从中提炼最具意义的信息并将其进行多视角、精确和易读的展示，支持科技管理决策机构更加深刻和准确地把握未来科技发展方向与当前科技发展态势，为科技规划、科技决策等工作提供理论支持，对国家、区域、省市各级组织机构制定中长期科技发展规划、执行科技创新的管理与决策发挥了重要作用[49]。

2.3.3　大数据可视化实现方法

2.3.3.1　可视化表现形式

在科技情报分析中，可视化技术表达的内容主要包括：首先是形态性信息，包括数据属性、关系结构、展示形式、运动状态及变化等；其次是内容性信息，主要包括事物规律的逻辑联系等；最后是效用性信息，主要包括对认识主体的价值影响等。

数据可视化的表现形式主要包括：概念图、认知地图、思维导图、语义网络、思维地图、雷达图、时间序列、新闻地图、热图、主题地图、聚类、词汇索引、对比图、河流模型等[50]。

数据可视化的布局方式主要包括以下几个方面。①层次结构：包括正交布局（缩进图、聚类树、冰柱图）、辐射布局（径向布局图、双曲树）和空间填充布局（矩形树图、Voronoi 树图）。②拓扑结构：包括树形布局、网格布局和力导向布局。③标签云结构。④时序结构等。

2.3.3.2　大数据可视化软件与工具

1）CiteSpace

CiteSpace 是一款免费的学术文献可视化分析软件，在信息分析领域具有较大影响力且被广泛应用，亦曾是我国开展科技情报分析使用最多的可视化软件[51]。该软件利用数据挖掘、信息处理、知识计量和图形绘制等关键技术，通过对文献关键词进行共现和聚类分析、词频变动检测等方法，可视化展示科技创新数据中相关知识的发展趋势和动向，分析结果具有较强的客观性[45, 48]。

2）VOSviewer

VOSviewer 是一款科技文献分析和知识网络可视化软件。该软件通过对科技文献的关键词、作者等实体进行共现分析，基于构图与聚类技术，使用聚类、标签及密度视图对有效数据进行可视化展示，有助于科研工作者快速知晓研究领域的热点主题、理论和技术，是深入挖掘各领域研究热点的一种方法，被广泛地应用于知识图谱分析领域[52]。

3）Gephi

Gephi 是一款基于 Java 开发的关系可视化网络分析软件，目标是成为"数据可视化领域的 Photoshop"。该软件主要可针对各种复杂网络关系进行分析和展示，通过 10 余种网络布局算法将网络关系直接转换为动态和分层图形，基于统计算法计算网络属性，并可根据用户自行交互设定的规则对网络进行筛选，完成网络滤波，可用于进行数据库的探索性分析、链接分析、社交网络分析等[53]。

4）Pajek

Pajek 是一款用于绘制网络图形的软件，主要为处理大型数据集而设计的网络可视化分析和可视化工具，基于图论、网络分析等理论，可同时处理多个网络，也可以处理二模网络和时间事件网络，能够分析上千乃至数百万个节点和边。该软件提供了纵向网络分析工具，对这些网络进行分析并考察网络的演化过程，此外，其能够区分不同的网络亚结构并分别进行可视化，可实现合作网络、引文网络及数据挖掘等功能[54]。

5）Ucinet

Ucinet 是加州大学的研究人员开发的社会网络分析软件，拥有很强的矩阵分析能力，可实现中心性分析、凝聚子群和区域分析、角色分析、基于置换的统计分析等功能，还包含聚类分析、多维标度、二模标度、角色和地位分析等大量基于过程的分析程序。然而，该软件本身不包含网络可视化的图形程序，因此不具备可视化呈现的功能，需要借助 NetDraw 或者 Pajek 软件才能进行可视化分析[55]。

6）ECharts

ECharts 是一个使用 JavaScript 实现的开源可视化图表工具，可在 PC、移动设备和当前绝大部分浏览器（IE8/9/10/11、Chrome、Firefox、Safari 等）上运行，基于轻量级的矢量图形库 ZRender，内置丰富的图表，可提供常规的折线图、柱状图、散点图、饼图、K 线图，用于统计的盒形图，用于地理数据可视化的地图、热力图、线图，用于关系数据可视化的关系图、treemap、旭日图，用于多维数据可视化的平行坐标等丰富的内置图表。此外，ECharts 还提供了自定义系列，可基于数据生成任何用户需要的图形，实现高度个性化定制的数据可视化图表绘制，展示形式直观，交互丰富[56]。

7）DataV

DataV 是阿里云提供的基于 Vue 的数据可视化组件库，提供了指挥中心、地理分析、实时监控、汇报展示等多种场景模板，展示的视觉效果具有较高的设计水准。除针对业务展示优化过的常规图表外，该工具还能够绘制包括海量数据的地理轨迹、地理飞线、热力分布、地域区块、3D 地图、3D 地球，实现地理数据的多层叠加。此外，DataV 还有拓扑关系、树图等异形图表可供用户实现个性化定制，还可以满足各类大数据实时计算与监控需求，充分发挥大数据计算的能力。该软件提供多种的业务模块级而非图表组件的小工具，交互方式简洁明了，仅需通过拖拽即可完成专业的可视化工作[57]。

8）D3.js

D3.js 是一款基于 Web 标准进行数据可视化的 JavaScript 库，结合了可视化、动态交互和数据驱动的 DOM 操作方法，使用户可以利用浏览器自由设计所需的可视化界面，可将数据生动形象地展示出来。D3.js 是目前最流行的数据可视化库，也是 Github 上排行第二的前端库，源码托管在 GitHub 上，标星数量已达 50 000 多次，有大量用户和丰富友好的案例。此外，D3 基于开源协议 BSD-3-Clause3，可以免费用于商业项目[58]。

2.3.4　科技情报可视化分析在大数据时代面临的挑战

尽管现有针对科技创新情报信息的分析和展示方法不断发展，但针对海量、多源、异构的科技创新信息进行分析和可视化处理正面临巨大的挑战，主要包含以下几个方面。

①由于科技情报分析及可视化的输入数据包含不同来源渠道，如不同信息系统、不同社会主体、不同统计路径等，受数据录入方式、数据来源渠道、数据统计方式及信息系统数据维护错误等因素影响，数据的准确性难以保障。

②科技创新数据实时传输过程中的稳定性难以保证，传输过程存在丢失数据问题。传统无线通信网络数据传输的稳定性和可靠性水平难以满足海量数据处理过程中实时交互的需求。

③海量数据的存储与处理能力欠缺。尽管部分科技创新资源的可视化分析不强调数据的实时处理和展示要求，但需要对不同数据源的海量数据进行存储及大数据分析，对数据的存储能力和计算能力也提出了较大挑战。

④大多数的可视化技术只能对含有固定数量字段的数据进行可视化，难以处理非结构化的数据，使得科技情报可视化分析有较大局限性。随着数据来源和数据结构的变化、应用领域的增加、表现形式的不断变化，以及实时动态效果的增加和用户交互操作等，数据的可视化分析必须具有可扩展性，以应对常见场景中不断增加的数据量[59]。

⑤科技情报数据通常以非结构化形式出现，可视化系统必须与非结构化的数据形式相抗衡，展示结果应该更贴近数据，并有效地提取有意义的信息。随着科技情报数据量的快速增长，大规模并行化成为可视化过程的一个挑战。而并行可视化算法的难点则是如何将一个问题分解为多个可同时运行的独立的任务[60]。

2.3.5 科技情报分析可视化发展趋势

2.3.5.1 集成大型综合性软件工具平台

随着科学图谱和可视化技术成为信息科学的研究热点，集成数据清洗、数据分析、数据挖掘、知识可视化等多领域技术进步成果的大型综合性软件工具开始出现。一些传统科技信息服务公司、出版机构等利用其自身的海量文献信息数据库推出了各种可视化分析产品与服务。汤森路透公司、斯普林格出版社和爱思唯尔集团在各自研发大型文献数据库的基础上，重点研发和推出了集成数据分析、数据挖掘、知识可视化等多领域技术的大型综合性软件工具平台。汤森路透公司在分析 Web of Science 中三大引文数据库的基础上推出了 InCites 工具，能够帮助政府和学术研究机构中的决策者、科研管理人员分析本机构的学术表现和影响力，并针对全球同行的研究成果进行比较，此外，还可提供机构合作推荐等更深层次的分析服务。斯普林格的 SciGraph 不断地从期刊文章、书籍章节、组织、机构、资助者、研究资助、专利、临床试验、会议系列、事件、引用网络、Altmetrics、研究数据集等方面扩展数据，其目标是创建学术领域最先进的关联数据聚合平台，从内部和外部数据仓储中摄取数据，将其转换为整个企业和研究领域可重用的知识。爱思唯尔集团研发的 SciVal 从可视化视角衡量一个机构多年来在科学领域的研究表现，通过将各个专题领域的总体规模进行量化，使机构能了解其研究的重要性和市场份额及在领域内的竞争排名。谷歌学术、微软学术及国内的百度学术等网站在对学术论文、专利等数据索引优势的基础上，能够提供学术成果和学者等学术数据库，并有引文分析、学术趋势分析、学者及机构影响力分析等功能。中国工程院建设的中国工程科技知识中心汇集了我国工程科技相关领域的期刊论文、专利、报告、项目、产业政策资料等海量成果数据，并具备主题分析、战略咨询等功能。

2.3.5.2 三维空间沉浸感体验的可视化

传统的数据可视化方法主要借助图形、动画等手段对信息进行展示，仅涉及二维平面图像的构成，通过对二维平面中每一个点位唯一数值的确定，就可以在图形呈现过程中反映所有数据内容代表的全部信息。为了让图形或动画所传达的信息具有更好的视觉、听觉效果和趣味性，还可以给图形添加丰富的色彩、背景音乐，针对动画增加一些简单的交互。如今，计算机可以用来快速处理大量的数据，大数据处理解决方案已经日渐成熟，但是对处理结果的展示方案仍然停滞于传统的图形和简单的动画。这种表现力有限、缺乏交互的展示方式已经逐渐滞后，甚至无法准确描绘海量数据中体现的内容和隐含的发展状态。随着科技的进步，虚拟现实、增强现实、混合现实硬件产品的相继诞生，使数据可视化有了全新的解决方案[61]。

虚拟现实、增强现实和混合现实技术利用多源信息融合的交互式三维动态视景和实体行为的系统仿真，通过提供实时的视觉、听觉等感官反馈，令用户沉浸到计算机仿真的环境中，使用户深化概念和萌发新的联想[62]。将这种新型技术与科技情报可视化分析相结合，可以将数据从二维展示空间扩展到三维展示空间。虚拟现实技术可以为科技情报分析中的可视化内容提供大量的空间位置信息与相关的深度数据，不再局限在简单的二维空间，并在参数信息不断变化中，通过计算机的引导与控制，使用户通过参数的调整，丰富技术的应用环境[63]。通过 HTC Vive、HoloLens 等虚拟现实或增强现实显示设备进行可视化展示，可以将数据可视化面板固定在场景的任意地方，然后将虚拟物体与三维空间相结合进行交互。与传统的数据可视化展示方式相比，这种通过三维模型进行数据展示的方式更加直观，而且通过场景的切换可以轻松展示更多更详细的数据。此外，通过构建数据与背景之间的关联性，利用可视化数据可以使用户更好地观察和理解数据内容。

2.3.5.3 更自然、多感官的交互功能

科技创新数据的可视化展示并非仅仅是静态形式，而应当具有互动功能。传统的交互类型主要包括选择、探索、链接、过滤、重排和再映射等，通过鼠标等交互工具在有限的二维空间开展交互操作。随着人机交互技术的进步，传统的电脑操作方式已经被颠覆，用户的交互可以通过手势、语音、眼动或身体姿态等方式来完成，彻底摆脱了鼠标与键盘的限制，增加了交互的自然感和数据信息获取的便捷度。例如，当人们凝视可视化展示的数据模型时，界面显示当前数据模型所代表的数值，当人们点击数据模型时，弹出详细的数据描述或者子数据模块。语音识别技术使系统理解用户行为意图，可以让用户通过语音控制直接命令关闭当前窗口。此外，用户可以根据自己的需求对数据可视化程序添加更多的交互功能。与传统的数据展示方式相比，这种多感官结合的自然交互方式更具吸引力，也可帮助用户将注意力更多放置在可视化展示的数据内容中。

📺 2.4 决策剧场

决策是自人类诞生以来就一直面对的古老问题，任何人都难以保证所有的决策都没有失误，毕竟从某种意义而言，所有决策失误都有"试错"的意义。进入 21 世纪以后，信息化浪潮的冲击及全球经济一体化进程的加快不仅导致了经济社会系统中数据的爆发式增长，也为现代宏观决策提出了许多新的课题。这导致当前决策主体要做出的决策，无论是在数量上，还是在复杂程度上都大大增加；而且决策主体进行宏观决策的方式也发生了巨大变化，即由传统的"经验决策"逐渐转变为"数据决策"，由"事后演练分析"逐渐转变为"事前预测"，由"被动执行"逐渐转变为"主动决策"。这些改变对"大数据＋互联网"背景下的决策支持系统提出了更多更高的要求，

即需要将大数据、人工智能、云计算、可视化、数据挖掘等新兴技术有效地应用于决策的过程中。因此，加速构建数字化、网络化、智能化协调统一的决策支持系统成为我国未来决策科学化的重要工作之一 [64-67]。

随着人工智能、数据仓库、联机分析处理及数据挖掘等技术的发展，决策支持系统的定量分析特点更加突出。这些技术在决策支持系统的成功应用一方面能够为决策者提供有力的实证结果，使之做出的决策更符合所谓的"客观规律"；另一方面却容易忽视复杂多变的外界因素、事物发展过程的多变性，而造成只重视数据而不辨方向的局面。换言之，融合新技术会导致决策支持系统的分析结果更加注重数据的客观规律，而可能忽视了事物在发展过程中的复杂性 [68]。相较于传统的决策支持系统，如今融合了新技术的决策支持系统逐渐能够为决策中半结构化和非结构化问题提供一定的定性分析支持。但根据当前各类智能技术的发展状况来看，以定量数学模型为基础、高度依赖计算机的决策支持系统还无法为决策过程中普遍存在的半结构化和非结构化问题（定性、模糊和不确定性问题）提供全部的定性分析支持，即无法处理复杂问题的决策支持。另外，当前决策支持系统的研发主要集中于某一专业领域内部的决策问题，而在其他领域内的通用性较差。随着时代的发展，不仅决策过程中无固定规律可遵循、无固定规则和模型可参考的非结构化问题会越来越普遍，而且决策要面临着过程不确定、信息不完备等情况。如果为解决以上诸多不利因素而频繁调整决策支持系统的知识结构及数据结构，则将导致系统的软硬件开销逐渐增大，而系统也将由于负担过重而使可用性降低 [69-70]。因此，在诸多领域的决策过程中，特别是宏观决策，专家的参与必不可少。因为宏观决策科学性的实现就意味着在决策过程中应当广泛运用先进的科学思想、理论和技术，而专家和学者正是掌握先进的科学思想、理论和技术的典型代表，专家所具备的知识可以为决策提供牢固的支撑。专家直接参与决策过程，可以为行政决策主体提供专业的科学知识，开展多学科的综合论证，从而提高决策的准确性、科学性、有效性 [64]。

综上所述，在可预见的未来，决策支持必须重视专家的聪明才智与实践活动经验，必须借助专家的智慧，即专家决策支持系统是决策支持系统的重要发展方向。其中，专家决策是指专门从事某一领域的工作、具有专门的经验、知识和技能达到一定的专业水平的人员，为了制定新的社会政策与法规，以解决某个或某类社会问题所进行的决策。该决策的特点是以心理学、社会学、行为科学等为基础，依赖决策者的经验判断、创新思维和决策能力，注重环境因素的影响，适于宏观性、战略性决策。专家决策支持系统是由业界专家参与，用数据分析技术支持管理人员解决决策问题的信息系统。其中，决策剧场作为当前较先进的仿真方案和决策支持平台，通过"事实数据＋工具算法＋交互可视化＋虚拟现实"，实现由决策者、领域专家、信息技术专家等共同参与的群体科学化民主决策，能够较好地体现专家决策支持系统的研究范式与思想。现对其基本特征、软硬件基础及应用场景等内容介绍如下。

2.4.1 决策剧场的基本特征

决策剧场（decision theatre，DT）是美国亚利桑那州立大学研究者们提出的一种大视景、高沉浸感、用于群体可视化及群体决策的高端解决方案，其基本含义是以超级可视化计算机为基础，生成高质量、同步良好的多显示通道图像，通过投影系统将其平滑地投射在显示墙上，以供较多人员参与决策时同时使用，为用户提供一个身临其境的大视角可视化环境。这一用于群体可视化及群体决策支持的解决方案在本质上与"在综合集成方法的思想指导下对复杂决策问题进行求解"十分相似[64, 70]。决策剧场将数据和对象库作为公共资源，将仿真、可视化、协作等三大平台整合为一体（图2-1），对复杂问题决策过程和结果进行图形可视化呈现，是一种面向复杂问题的团队式合作框架并辅助决策的新技术结合体，是一个以科学为基础进行合理群体分析的决策支持系统[64-71]。

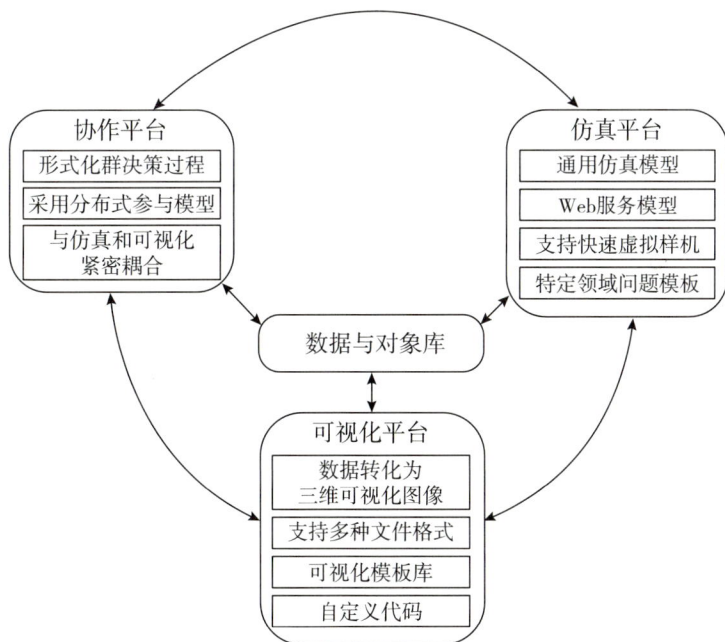

图2-1 决策剧场协作空间示意[70]

21世纪以来，随着大数据、人工智能等方法的发展，利用新一代信息技术实现智能化、交互式决策支持已成为研究热点，决策剧场就是在这样一种大数据时代进行科学决策的软硬件一体化决策环境[66]。因为融合了计算机技术、信息技术、人工智能、管理学、决策学、心理学、行为科学等学科知识与技术，导致决策剧场能够更加全面地反映决策过程中各种影响因素，不仅提高了决策的效率，也增强了决策的相关性和科学性[64]。

决策剧场作为以科学为基础开展合理群体分析的决策支持系统，其把科学和实践紧密地结合到一起，是其参与者（政府官员、科学家、工程师、商业客户等）共同参与决策过程的良好物理环境，其通过可选择的预测方案把未来形象化，是研究者用以提高可视化科学、计算机科学、认知科学和政策学等最新发展水平的实验室。决策剧场的工作方式不是代替决策者做出决策，而是以决策者为中心，成为决策者在决策过程中的一种有效手段和辅助工具。利用现代技术搭建专家决策参与信息支持平台充分传递有效信息是决策剧场发挥作用的内在要求。借助现代计算机科学技术，将相关科学信息通讨网络技术进行集成、整合，为专家提供比较全面的基础资料和研究数据的支持，也为专家在决策参与中与行政决策主体进行直接互动式交流提供了可能和便利（图2-2）。从本质上说，决策剧场系统就是一种先进的计算机用户接口，它通过给用户同时提供诸如视觉、听觉、触觉等各种直观而又自然的实时感知交互手段，最大限度地方便用户的操作，从而减轻用户的认知负担、提高整个系统的工作效率[64]。

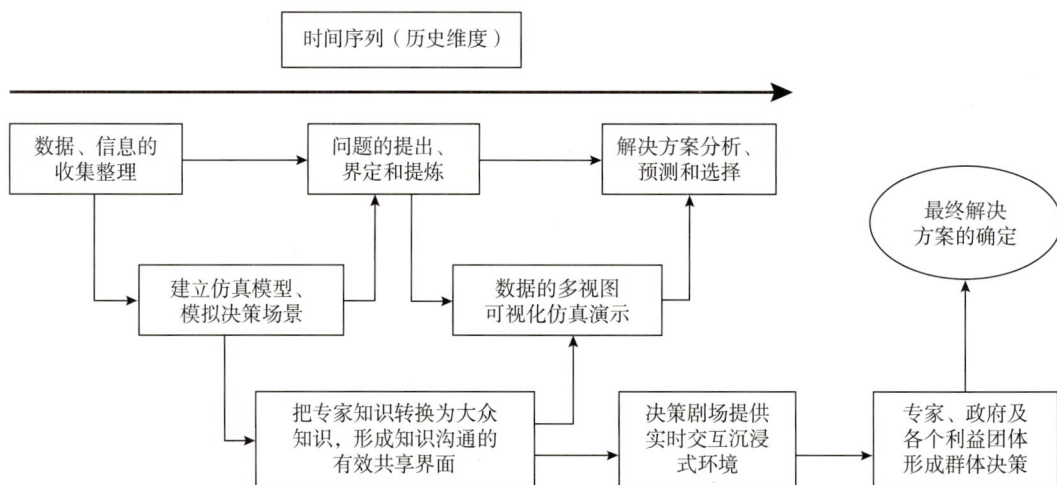

图2-2　决策剧场工作流程[64, 70]

2005年5月，美国亚利桑那州立大学建立了全球第一家决策剧场，为针对未来情景方案评估的决策支持提供了可视化、交互式的支持环境[72]。在吸收美国亚利桑那州立大学决策剧场技术的基础上，华中科技大学公共管理学院经过4年多的论证和筹备，于2010年6月建成了当时世界领先的电子决策剧场[73-74]。随后中国人民大学、哈尔滨工业大学、中国科学技术信息研究所（简称"中信所"）等科研机构结合自身优势和需求先后建立了决策剧场，以满足其宏观决策需求。

2.4.2 决策剧场的软硬件基础

2.4.2.1 群决策理论

在社会、经济、科技迅速发展的今天，决策者面临的决策环境往往错综复杂，要想尽可能做出正确的决策，除了改进决策方法以外，还必须依靠集体的智慧，即进行群决策。所谓群决策就是一个由多个决策者组成的群体作为决策的主体，在对同一决策问题进行全面、综合分析的基础上，根据各种规则、标准，运用各种技术手段，对决策问题做出最优的或满意的抉择。群决策往往在决策效果上具有个体决策所无法比拟的优越性。这是因为群体比个体更加理性和客观，能够承担更多的责任。在群决策过程中，不同个体之间可进行深入的交流和讨论，不仅能够聚集更多的信息、观点和建议，从而有更多的备选方案和选择机会，而且在做最终的选择和判断时，集体的智慧总会超过个体的智慧，从而能够找到更加正确的问题解决方案，取得理想的决策结果。更为重要的是，由于群体身份而带给成员的安全感和归属感，以及因为共同参与决策而带给成员的满意感和公平感，都使群决策显得更加开放、民主，并使最终的决策结果更易得到接受和执行。正是因为群决策的这种增效作用，重大问题的决策一般都采用集体讨论的形式[64]。

2.4.2.2 可视化技术

随着计算机技术的日益发展和计算机应用的不断深入，对当今的决策者来说，传统决策支持技术已经不能完全满足当前环境对于管理水平和决策质量的需求。在信息技术日新月异的今天，可视化技术能够将那些"隐藏"在现有数据库中数据的空间属性挖掘出来为决策提供服务。而且，视觉获取信息在数量和质量上要优于文字，应用可视化技术能够使决策剧场的内容更加丰富、直观，能够使决策群体更好地对大量复杂抽象的数据开展协同分析和处理，有效减少决策的非理性和盲区，有助于人员理解半结构化复杂问题的特征，提高公共决策的智能化程度和决策效率，从一定程度上降低了决策的成本和认知负载。因此，可视化技术已成为决策科学化建设中不可忽视的重要课题[64, 70]。

可视化技术的全称为科学计算可视化（visualization in scientific computing，ViSC），其根本目的是将由实验或数值计算获得的大量数据转换成人的视觉可以感受到的计算机图像。利用图像将大量抽象的数据有机组织到一起，从而形象、生动地展示数据所表示的内容及它们之间的相互关系，帮助人们直接把握复杂的全局，更好地发现和认识规律，摆脱对复杂、大量抽象数据的困惑。科学计算可视化的核心是将三维数据转换为图像，涉及标量、矢量、张量的可视化，流场的可视化，数值模拟及计算的交互控制，海量数据的存储、处理及传输，图形及图像处理的向量及并行算法等。其中，决策剧场中的可视化是指凭借先进的计算机等技术，将决策支持过程中使用的各种数据、模型、知识和推理等转化为直观的、易于理解的，并可进行交互分析、交互控制的静动态画面的过程。将科学计算可视化引入决策剧场中，结合虚拟现实的表达方式，使基于决策剧场的决策支持系统具备处理和分析大量复杂数据的能力[64]。

2.4.2.3 仿真技术

为了最大限度地保证决策的正确性、有效性和科学性，避免人为因素的决策失误，决策剧场需要对决策对象在时空维度的演变规律进行总结分析，并对选择的决策方案进行效果预测，由此便需要借助预测模型、仿真等技术。如何利用仿真技术建立相关模型，并且进行虚拟决策，是决策剧场的基本任务之一。

20世纪40年代末，仿真技术伴随着计算机技术的发展而逐步形成一门独立学科。传统的仿真方法通常是在静态、确定的环境下建立模型，其仿真模型大多是静态、线性及确定性的，且多以模型、事件或初始设定的静态数据为基础。因此，传统仿真方法的系统时效性一般较差，且在仿真运行过程中缺乏足够强健的演进机制和适应能力。随着计算机技术的快速发展，其强大的计算处理能力有效地提升了人们对于数据库、模型库的管理效率。人们利用模型以辅助决策的能力也得到提升，促进了决策支持系统的快速发展[64, 70]。

近些年，为了将仿真中的数字信息及其时空变化过程以更加直观的形式呈现在决策者面前，以确保决策者充分了解系统中变量之间的关系及系统的静动态特性，研究人员将仿真技术与可视化技术相结合构成了仿真可视化技术。利用仿真可视化技术还可以增强决策剧场界面的友好性、交互性，使其具有形象化的特征，便于用户操作和使用系统功能，任何非专业人员都可以通过图标、按钮、提示等方便地操作和使用，以快速建立系统与决策者之间的联系。同时，决策剧场可借助专家智慧、群决策工具、仿真技术及历史数据实现在线仿真，即借助情景模拟与预测帮助决策者进行决策前的相关评估，以充分体现"数据驱动决策"的研究范式[75]。

2.4.2.4 其他软硬件

在传统的群决策情景中，专家看到的支持信息多为文字、简单静态图片等。这可能导致不同专家之间的了解存在偏差，也不能及时沟通，最终造成决策结果相差较大。为了更好地实现群决策及人机交互，决策剧场需要利用可视化技术、仿真技术等建立直观可视化的决策环境。为确保将决策对象历史变化、时空属性及不同决策方案对比等同时向多人进行有效展示，能够提供大角度视景环境的环形长幕便成为决策剧场的必备之选。同时，强大的超级可视化计算机也是决策剧场的硬件基础，其先进的仿真体系结构及强大的模拟三维图形流水线、数据查询存储能力和异地通信能力，可确保专家在决策过程中能够不断地对仿真模型等进行参数的调整和优化，并能够快速地得到响应和结果，这为决策者及时有效的决策构想提供了可能的空间，为决策的正确和有效提供了保证[64]。决策剧场内的软件系统包括事实数据库、知识库、算法模型、多媒体素材库、方案库、多屏展示控制系统、云存储、云计算或集群等虚拟化管理系统、决策流程控制系统、远程视频会议控制系统办公自动化软件、数据软件、可视化软件等基本软件、视频图形图像处理软件等。在诸多先进软硬件的支撑下，决策剧场能实现数十位专家在同一个现场，同时利用动态、可交互的可视化展示方式表达研究内容，专家可在现场及时沟通，相互启发，极大地提高了决策的效率和质量[65]。

全球第一家决策剧场为美国亚利桑那州立大学所建立，为该校公共政策实验室的核心部分。自2005年5月对外开放以来，已经被多次用于美国亚利桑那全州范围内政治决策的制定。美国亚利桑那州立大学的决策剧场为一个交互的三维沉浸式环境，其中包括高性能计算机群和先进的图形技术处理系统。该决策剧场内含一个260°的多面屏幕，有7个背面立体投影，能播放全景的计算机图像和三维视频，并设有反馈工具来收集人们的输入和互动。先进的可视化环境使政策制定者和其他人能够从细节处看问题，通过三维眼镜观看关于行为、决策和政策方面详细的三维图形展示，以评估各种针对未来情景的方案。在该决策剧场中，通常由可视化图像专家和绘图设计专家们给参与者做讲解，决策剧场内的系统包括设计策划系统、视频图像分布处理系统、音频分布处理系统、中心集成控制系统、会议室/决策讨论系统等。

华中科技大学公共管理学院的电子决策剧场于2010年6月建成，其主要硬件包括多通道图像服务器系统、8通道立体背投柱幕系统、无缝连接的270°弧幕、音响及音视频播放系统、视频会议系统、中央集成控制系统、高性能计算机集群运算系统、大型数据中心及其他剧场配套设施等。其无缝连接的270°弧幕，可以覆盖人眼及头部转动的全部视觉范围，最大限度地提高沉浸感，增强了与会者的立体沉浸感和现场感。此外，1920×1080的高分辨率，120 Hz的刷新频率进一步提升了画面的清晰效果，满足决策者长时间舒适观看的要求。该剧场采用SGI顶级的图像服务器集群，可以实时产生大场景、高分辨率的图像。配备的视频会议系统能满足远程决策者参与互动的需求，延伸决策剧场的使用领域。华中科技大学电子决策剧场采用了先进的网格技术与云技术来实现超大规模的仿真模拟与分析计算，在云计算平台上，成千上万台电脑和服务器连接成一片电脑云，可以提供每秒超过10万亿次的运算能力，可以仿真模拟智慧城市、危机应急等复杂的决策模型。采用的决策分析方法包括：问卷调研、专家访谈、因果关联分析、模型研究、仿真实验、数据挖掘、信息融合等[73-74]。

中信所依托其资源与技术优势，在基于情报分析的科技循证决策方面进行了尝试与实践，创新性地建立了决策剧场和创新图谱，其中前者可以视为基于循证理念的数据驱动决策支撑体系的硬件部分，而后者则是软件部分。中信所决策剧场的建设目标是提供一种以交互与沉浸感为核心的物理环境，提供面向科技决策流程的资源、工具与功能支撑，能够实现和提高跨地域、跨部门的无缝合作和复杂因素决策制定的科学性，决策者与系统之间可以通过交互系统进行人机对话，从而更新方案的评价结果，直到决策者满意为止。而创新图谱则是综合利用知识组织与知识图谱等相关技术所建立的一种基于知识图谱的循证分析平台，面向决策问题提供数据分析引擎，最终实现数据驱动的科技创新决策支撑。它们共同构成了面向复杂问题决策的、以证据分析可视化为特点的科技创新决策支撑环境，有助于实现科技决策的科学化、民主化，有助于实现专家知识经验和科技信息大数据及分析模型的有机结合，加强对科技发展规律和趋势的研判、分析、应对、处置及引导能力[75]。

2.4.3 决策剧场的应用场景

决策剧场作为能够为决策提供一站式综合分析服务，并能提供适应快速迭代、高频决策、应急响应、预案统筹等要求的针对性的决策支持工具，具有较广泛的应用，其典型的应用场景介绍如下。

①中央和地方政府公共决策支撑。当前，政府所面对的决策问题越来越复杂，规模越来越庞大，已远远超出了领导者个人的决策能力，各种决策方案的制定往往由一个团队或多个组织协调完成。自 20 世纪 80 年代开始，我国许多不同层级的政府公共管理部门便开始开发相关的决策支持系统以支撑其工作与决策。如今，由先进软硬件支持的决策剧场能够使决策者、专家"眼见为识"地面对决策问题、"身临其境"地体验决策方案，为政府的科学决策提供全方位支持。具体的应用领域有城市规划与土地管理、产业规划与管理、企业生产运作管理、城市交通指挥、武器装备的虚拟采办等[65-77]。

②面向突发污染事件、自然灾害的应急管理。决策剧场能够以政府为主导，以各行业专家、各职能部门为支撑构建起基于电子政务的开放式预警与应急管理的决策支持平台，通过充分整合与共享现有的公共安全信息资源，帮助政府管理者研究及制定公共安全预警信息的定义与标准体系，规范预警信息采集、存储、处理、递送、发布及撤销程序；研究危机信息、社会舆情在信息技术条件下的监测与控制手段，设计信息媒体传播管理模式与控制方法，为应急预警管理工作提供全面的决策支持[73-77]。

③提供与教育相关的服务与监管。通过采集和整合各高校基本信息数据库、录取信息数据库和高校地理信息，运用数据仓库技术对数据进行时序分析、对比分析、统计分析和预测分析，决策剧场在教育领域能够为高校评估、信息分析和交流工作等提供支撑和保障，例如对社会大众展示高校基本信息，为教育主管部门、评估专家、高等学校和社会大众提供信息服务，为国家高等教育的发展规划提供预测和决策支持等[64, 73]。

④科技管理与决策。科技创新在党和国家发展全局中具有十分重要的地位。科技创新实际上是各个创新主体与多种创新要素在一个开放且复杂的巨大系统中相互作用的结果，因此创新系统具有系统性、多元性、不确定性等特点。同时，由于科学研究逐渐进入数据密集型时代，相关的决策问题可借助面向决策剧场的专家决策平台进行处理，即基于各类型科技创新信息，利用决策剧场的硬件平台和决策机制，引导专家可视化思维，深入分析各类科技创新主体创新情况，加强对科技发展现状的了解，加强对科技发展规律和趋势的研判、分析、应对、处置及引导能力，最终实现大数据时

代的科技决策科学化、民主化[64, 75]。

⑤水资源管理。自20世纪80年代中期开始，国内学者为了实现对我国水资源的合理规划利用与调配，开始将决策支持系统的方法应用于水资源规划和管理，例如收集水资源数据对城市供水、农业灌溉等进行规划与调度；根据洪水预报迅速计算不同防洪调度方案的后果，供防汛决策者进行方案选择等具体场景。而且，这类决策问题常常作为美国亚利桑那州立大学决策剧场的典型案例，在诸多报道中被反复提及[64-77]。

参考文献

［1］　张志强，田倩飞，陈云伟. 科技强国主要科技指标体系比较研究［J］. 中国科学院院刊，2018，33（10）：1052-1063.

［2］　中华人民共和国科学技术部. 中国科学技术指标2018［R］. 北京：科学技术文献出版社，2020.

［3］　中国科学技术发展战略研究院. 国家创新指数报告2019［R］. 北京：科学技术文献出版社，2020.

［4］　焦艳平，赵锦辉，张玉兰. 澳大利亚国家学位论文数据库建设与服务模式及对我们的启示［J］. 数字图书馆论坛，2007（8）：65-69.

［5］　CALIS管理中心. CALIS简介［EB/OL］.（2021-09-02）［2021-11-18］. http://www.calis.edu.cn/pages/list.html?id=6e1b4169-ddf5-4c3a-841f-e74cea0579a0.

［6］　北京万方数据股份有限公司. 万方数据介绍［EB/OL］.（2021-11-15）［2021-11-18］. https://www.wanfangdata.com.cn.

［7］　中国知网（CNKI）. CNKI学位论文库介绍［EB/OL］.（2021-11-18）［2021-11-19］. https://kns.cnki.net/kns8?dbcode=CDMD.

［8］　赵亚民，贾娟，李国贤. 基于大数据的科技情报研究技术分析［J］. 科学与财富，2016（9）：493.

［9］　杨思尧. 不同类型高校教育经济与管理专业研究内容比较：基于CNKI研究生论文数据库的知识图谱分析［J］. 高等农业教育，2018（3）：53-59.

［10］　唐超. 大数据时代专利统计工作面临问题及对策［J］. 中国科技纵横，2016（14）：239.

［11］　闵超，步一，孙建军. 基于专利大数据的中国国际专利技术流动分析［J］. 图书与情报，2017（5）：7.

［12］　智研咨询. 2017—2023年中国人工智能市场分析预测及未来发展趋势报告［R］. 北京：智研咨询，2017.

［13］　李莹，周胜生. 基于大数据视角的专利侵权风险预警模式研究［J］. 中国发

明与专利，2021，18（3）：11-17.

［14］ 张永杰. 基于大数据环境的社保基金数字化审计探析［J］. 会计之友，2017（20）：102-105.

［15］ 徐鹤田. 失业保险基金大数据审计探索［J］. 中国内部审计，2018（9）：85-88.

［16］ 王彦博，杨璇，刘曦子. 大数据时代下对冲基金的数据挖掘技术探析［J］. 银行家，2016（9）：120-122.

［17］ MAYER-SCHONBERGER V，CUKIER K. Big data：a revolution that will transform how we live，work，and think［M］. Boston：Houghton Mifflin Harcourt，2013：175-195.

［18］ 马继华. 大数据在中小企业品牌营销中的应用研究［J］. 现代营销，2020（8）：142-143.

［19］ 王娟. 科技型中小企业技术创新路径研究：以知识管理为视角［J］. 技术经济与管理研究，2018（12）：51-54，8.

［20］ 林木西，白晰，何地. 制造型企业基于大数据的商业模式创新［J］. 沈阳师范大学学报（自然科学版），2021，39（4）：325-331.

［21］ 陈竞千. 基于大数据的电商企业发展和创新研究［J］. 现代经济信息，2021（11）：160-161.

［22］ 郭建华. 大数据技术在火力发电企业生产经营中的应用［J］. 贵州电力技术，2017，20（3）：26-28.

［23］ 马费成. 情报学的进展与深化［J］. 情报学报，1996（5）：22-28.

［24］ 梁战平. 情报学若干问题辨析［J］. 情报理论与实践，2003（3）：2-7.

［25］ O. 沃维连涅，蒿菁. 文献计量学：情报学方法论的组成部分［J］. 情报科学，1987，8（2）：1-5.

［26］ 支岭. 基于社会网络分析的我国图书情报学文献计量研究［D］. 淄博：山东理工大学，2012：6-57.

［27］ 朱庆华，李亮. 社会网络分析法及其在情报学中的应用［J］. 情报理论与实践，2008，31（2）：179-183.

［28］ 刘伟权. 自然语言理解与汉语文本信息处理理论研究［D］. 北京：北京邮电大学，1997：1-28.

［29］ 郑举. 分布式文本信息处理系统的研究与实现［D］. 西安：西安电子科技大学，2011：1-32.

［30］ 曾文艺. 基于 SOA 的文本信息处理系统的研究与实现［D］. 西安：西安电子科技大学，2012：1-11.

［31］ 袁鼎荣，钟宁，张师超．文本信息处理研究述评［J］．计算机科学，2011，38（2）：9-13.

［32］ 周彬．我国科技情报指标体系研究与应用进展［J］．情报学报，1991，10（6）：454-464.

［33］ 魏娟霞．基于知识图谱的科技创新指标自适应计算方法研究［D］．北京：中国科学技术信息研究所，2019：1-18.

［34］ 刘志辉，魏娟霞，张均胜，等．基于知识图谱的科技创新指标自适应计算方法研究［J］．情报学报，2019，38（8）：826-837.

［35］ 陈晓慧，万刚，张伟，等．面向叙事结构的地理空间情报可视分析方法［J］．测绘科学技术学报，2017，34（1）：85-90.

［36］ 杨岩，刘志辉，张兆锋．中国科技创新图谱可视化平台研发与应用［J］．中国科技成果，2019（17）：1-3.

［37］ 逯苗苗，李珂涵，孙涛．城市首位度、产业协同与金融发展［J］．制度经济学研究，2019（4）：160-177.

［38］ 康俊杰．基于首位度评价的区域中心城市发展研究［D］．青岛：青岛科技大学，2010：1-10.

［39］ LARKIN J H，SIMON H A．Why a diagram is（sometimes）worth ten thousand words［J］．Cognitive science，1987，11：65-99.

［40］ 庞弘燊．基于科技文献多特征项共现的图谱可视化方法研究［J］．中国科技资源导刊，2017，49（1）：90-101.

［41］ 张兆锋．信息可视化在科技文献深度挖掘中的应用［J］．情报学报，2007，26（3）：408-414.

［42］ 李亚京．我国图书情报领域的可视化现状研究［J］．江苏科技信息，2021，38（13）：1-4，8.

［43］ 刘自强，王效岳，白如江．多维度视角下学科主题演化可视化分析方法研究：以我国图书情报领域大数据研究为例［J］．中国图书馆学报，2016（6）：67-84.

［44］ 张进，陈远．论情报检索可视化过程中信息节点的歧义性问题［J］．情报学报，1998（3）：16-20.

［45］ 周园春．科技大数据知识图谱构建方法及应用研究综述［J］．中国科学：信息科学，2020，50（7）：957-987.

［46］ 王颖．科技大数据知识图谱构建模型与方法研究［J］．数据分析与知识发现，2019，3（1）：15-26.

［47］ 邓伟珍．图书情报领域信息可视化分析方法研究进展综述［J］．科技传播，

2018，10（18）：170-171.

［48］ 曹利红. 基于知识图谱的国际技术竞争情报可视化分析研究［J］. 科技管理研究，2015，35（23）：163-169.

［49］ 谢秀芳，张晓林. 针对科技路线图的文本挖掘研究：集成分析及可视化［J］. 数据分析与知识发现，2017（1）：16-25.

［50］ 陈为，沈则潜，陶煜波，等. 数据可视化［M］. 北京：电子工业出版社，2013.

［51］ 汤建民，余丰民. 国内知识图谱研究综述与评估：2004—2010 年［J］. 情报资料工作，2012（1）：16-21.

［52］ VOSviewer. VOSviewer：科技景观可视化［EB/OL］.（2021-10-27）［2021-12-10］. https://www.vosviewer.com/.

［53］ Gephi. Gephi：开放式图形可视化平台［EB/OL］.（2021-12-05）［2021-12-10］. https://gephi.org/.

［54］ Pajek. Pajek/PajekXXL/Pajek3XL［EB/OL］.（2021-08-30）［2021-12-10］. http:// mrvar. fdv.uni-lj.si/pajek/.

［55］ Ucinet. Ucinet［EB/OL］.（2015-10-12）［2021-12-10］. http://www. analytictech.com/archive/ucinet.htm.

［56］ 百度. Apache ECharts 特性［EB/OL］.（2021-09-21）［2021-12-10］. https://echarts. apache.org/zh/feature.html.

［57］ 阿里云. 什么是 DataV 数据可视化：DataV 数据可视化 - 阿里云［EB/OL］.（2020-07-13）［2021-12-10］. https://help.aliyun.com/document_detail/30360. html? spm=a2c4g.11174283.6.539.n1nuQF.

［58］ 极客学学院. D3.js 入门教程：第一章简介和安装［EB/OL］.（2018-11-28）［2021-12-10］. http://wiki.jikexueyuan.com/project/d3wiki/introduction.html.

［59］ CALDAROLA E G, RINALDI A M. Big data visualization tools：a survey - the new paradigms，methodologies and tools for large data sets visualization［C］. 6th International Conference on Data Science，Technology and Applications，2017.

［60］ CHILDS H, GEVECI B, SCHROEDER W, et al. Research challenges for visualization software［J］. Computer，2013（5）：1-11，46.

［61］ 张开法. 混合现实技术在大数据可视化中的应用［J］. 电脑编程技巧与维护，2019（4）：84-86.

［62］ 刘荣. 基于虚拟现实技术的算法可视化实验研究：以最小生成树 Prim 算法为例［J］. 信息通信，2020（4）：27-28.

［63］ 朱叶. 虚拟现实技术和科学计算可视化研究［J］. 科学与信息化，2018（35）：

14-15.

［64］ 王兴琳. 公共政策场景下决策剧场的机理分析［D］. 哈尔滨：哈尔滨工业大学，2008：6-67.

［65］ 赵志耘，张兆锋，姚长青，等. 面向科技创新的决策剧场研究［J］. 中国软科学，2018（10）：136-141.

［66］ 吴静，张凤，刘峰，等. 基于新一代信息技术支撑智能化宏观决策的方法与实践［J］. 数据与计算发展前沿，2021，3（2）：4-15.

［67］ 王丹力，郑楠，刘成林. 综合集成研讨厅体系起源、发展现状与趋势［J］. 自动化学报，2021，47（8）：1822-1839.

［68］ 佘燕达，孙铭蔚.《周易》系统与决策支持系统之比较研究［J］. 统计与决策，2011（10）：189-190.

［69］ 陈曦，王执铨. 决策支持系统理论与方法研究综述［J］. 控制与决策，2006，21（9）：961-968.

［70］ 熊杰. 面向决策剧场的仿真中多视图及可视化研究［D］. 武汉：华中科技大学，2012：1-20.

［71］ 钟玮. 公共决策实验室［J］. 公共管理与政策评论，2012，1（1）：92.

［72］ EDSALL R M，LARSON K L. Decision making in a virtual environment：effectiveness of a semi-immersive "decision theater" in understanding and assessing human environment interactions［J］. AutoCarto，2006（8）：19-22.

［73］ 毛子骏，徐晓林，许晓东. 电子决策剧场为科学民主决策导航［J］. 中国行政管理，2011（9）：120-122.

［74］ 李颖智，肖来元. 基于电子决策剧场的城市管理决策支持系统体系架构研究［J］. 计算机工程与科学，2014，36（9）：1812-1816.

［75］ 刘志辉，姚长青，魏娟霞. 面向科技创新决策的情报分析方法：理论与应用［J］. 中国科技资源导刊，2019，51（4）：16-23.

［76］ 李亚，李习彬. 公共政策实验室：21世纪的综合政策分析环境［J］. 中国行政管理，2004（5）：70-75.

［77］ 田军，葛新红，程少川，等. 我国决策支持系统应用研究的进展［J］. 科技导报，2005，23（7）：71-75.

本章将通过对数据、方法、技术的描述，系统地介绍中国科技创新图谱如何通过软件平台将不同时空尺度的科技创新大数据进行汇聚、分析，并通过可视分析手段进行展示与应用，对多元化的应用场景提供不同的解决方案。

第3章
中国科技创新图谱的构建方法研究

3.1　中国科技创新图谱的构建方法

科技创新图谱的构建以科技项目、论文专利、科技动态等为主要数据源，以科技成果、科研人员、团队机构、科技项目、主题词等为分析对象，以领域监测、评估评价、关联挖掘、政策模拟为主要研究目标。

3.1.1　中国科技创新图谱的数据集构建

数据是任何系统与分析的基础，对于中国科技创新图谱而言也不例外，为满足整个科技创新图谱围绕科技创新链进行描述和刻画的需求，中国科技创新图谱集成了权威的科技创新数据，这其中包括以下内容。

①中国科技期刊数据：中国科技创新图谱所采用的论文数据以中国科学技术信息研究所发布的"中国科技论文与引文数据库"（CSTPCD）为主，该数据库收集了发布在我国的主要科技期刊题录信息，中国科技创新图谱通过对上述题录信息的解析与分析，进行基础研究成果的刻画。

②中国专利数据：中国科技创新图谱所采用的论文数据以国家知识产权局发布的中国专利数据为基础，包括外观、实用新型和发明三大类专利，中国科技创新图谱通过对上述题录信息的解析与分析，进行技术应用研究成果的刻画。

③国际创新指标数据：中国科技创新图谱用 WIPO 发布的《全球创新指数》来表

征各主要国家和经济体的创新态势。

④城市创新指标数据：中国科技创新图谱收集的创新城市、科技统计年鉴数据和城市统计年鉴数据等，表征我国各主要城市科技创新态势，并对其进行相应的指标构建和计算。

⑤高新技术企业数据：以中国高新技术企业名录数据为基础，通过公开渠道搜集相关企业的基础信息，并以上述信息作为基础与论文、专利等成果数据进行关联分析，从宏观尺度对高新技术企业这一中国科技创新主体进行剖析。

⑥上市企业及其关联数据：以上市、深市主板企业公开的年报、半年报、季报和月报披露的信息为主，对其文本信息进行解析与深度加工，同时结合论文、专利等知识产权信息进行上市企业分析。

⑦科学基金数据：以中国国家自然科学基金委员会公开的自然科学基金完成项目数据为基础，对基本项目题录数据进行加工和分析并与其他信息，如企业、成果等进行关联，进而进行综合的展示与分析。

⑧科技政策数据：以国家部委、各省市科技主管部门官方网站披露的科技政策为主，结合网络爬虫工具对科技信息进行收集。同时，结合文本信息处理分析工具对既有信息进行分析，使非结构数据转换为结构化数据，揭示政策脉络。

⑨地理空间数据：以中国国家地理信息公共服务平台——天地图系统为基础数据（https://www.tianditu.gov.cn/），进行国家、省市、区县的信息展示与分析，保证数据来源的可靠性与准确性。

3.1.2 中国科技创新图谱的分析模型

作为基于循证理念的数据驱动决策支撑体系的软件部分，创新图谱是综合利用知识组织与知识图谱等相关技术所建立的一种基于知识图谱的循证分析平台[1]。在大数据背景下，为确保面向决策问题所提供的数据分析引擎实现数据驱动的科技创新决策支撑的目标，便需要创新政策、情报研究与数据科学等不同领域的支撑，以在不同实体之间建立关联，即对不同信息资源进行展示、对创新要素流动和科技创新现状进行监测及对创新达标和创新趋势进行评价与预测等，而这其中最为关键的内容就是建模，以下将简要介绍中国科技创新图谱构建过程中所涉及的创新动力模型、要素扩散模型、知识转移模型、主题模型、引用模型等工具[2]。

3.1.2.1 创新动力模型

为了挖掘创新规律、预测创新发展趋势，需要对创新动力开展剖析研究。科技创新是一个十分复杂的动态系统，一方面，各个构成要素和影响因素之间存在相互制约、相互作用的非线性关系，而且许多动力因素是难以直接量化的；另一方面，由于创新主体有多种类型，各类型主体的创新动力存在一定的差别。所以，在建立创新动力模型过程中必须借助定性与定量相结合的方法，而且要求该模型工具能够根据实际情况灵活进行修改。因此，相关研究常选择系统动力学（System Dynamics，SD）模型作为研究工具[3]。系统动力学是由美国麻省理工学院 Forrester 教授于 20 世纪 50 年代创立的一种计算机仿真方法，通过综合系统论、信息论、控制论和决策论等理论和方法，建立系统内各因素之间的动态因果关系，并借助计算机进行模拟仿真实验，从而研究系统结构、功能和行为之间的动态联系，获得辅助科学决策的信息。系统动力学能够以数学公式描述各变量之间的关系，通过定性与定量相结合的方法建立模型，借助计算机模拟解决复杂系统问题。借助系统动力学模型来研究创新动力因素之间的相互关系，有利于从系统动力的角度了解技术创新动力的作用机制，进一步探讨如何推动技术创新动力作用提升，促进技术创新活动的开展，为政府、企业及其相关组织提供决策参考[3-4]。除此以外，也可以使用多元线性回归模型、岭回归模型、人工神经网络和随机森林等工具开展关于创新动力要素的相关研究[5]。

3.1.2.2　要素扩散模型

要素的扩散和流动是指资本、劳动力与技术等要素在空间上的转移。创新要素的分布特征决定了区域创新结构的空间差异。区域创新结构变化则意味着创新要素的扩散和流动，这将影响到区域总体的创新发展趋势。因此，作为区域创新结构转换的本质，对创新要素扩散的内在逻辑机制开展研究，将有助于预测创新趋势，实现区域间的创新资源整合和为优化配置提供决策支撑。在创新扩散的研究中，关于技术扩散的相关研究最早，也最为广泛[6]，因此以技术扩散为例。技术扩散是指技术通过一定渠道首次被利用后，通过市场或非市场渠道扩散至不同的顾客、国家、地区、部门、市场和企业。如果没有技术扩散，那么这项创新就没有经济影响力。技术扩散一般可划分为有实体扩散和无实体扩散，其中有实体扩散是指通过引入机械、设备和组件而发生的扩散，主要发生在研发投入密集的制造业部门；而无实体扩散是指不需要购买包含新知识、新技术的机械设备来进行的技术扩散[7]。

经过多年的研究，相关学者已经建立了多个创新扩散模型来预测新产品及新技术的扩散，例如具有里程碑意义的 Bass 模型，它不仅确定了扩散理论的研究方向，而且确定了扩散理论研究的基础[6]。除 Bass 模型族以外，还有能够分析预测个体做出采纳决策概率的概率模型（probit model）[6]、以纵向整合方式揭示部门间实体技术扩散的投入产出法[7]及综合考虑区域间属性值相关性的空间计量模型[8]等。

3.1.2.3　知识转移模型

做到知识转移首先要识别已经存在的知识，然后努力获取这些知识，最后在随后的活动中利用这些知识来开发新的想法或者提升已有的想法，以提高原有的流程或者活动的有效性。知识管理包括知识的获取、储存、清洗、转移和创新等方面的内容。作为知识管理的一个研究领域，知识转移主要聚焦于知识跨越边界的转移，即知识从一个地方、人群或者空间和时间位置转移给其他人，成功的知识转移意味着转移会使接收单元积累或者吸收到新的知识。因此，知识转移在知识管理中起到承前启后的重要作用，在实际应用中发挥着管理和决策支撑、促进资源高效利用等重要作用[9-10]。

当前，关于知识转移模型的研究都是根据知识生成、知识识别、知识处理、知识传播和知识应用这 5 个阶段进行分析的。根据出发点的不同，当前研究知识转移所建立起来的模型不仅聚焦于过程模型，还聚焦于知识转移过程中的要素模型、路径模型等。其中，过程模型主要是将整个知识转移分为不同的阶段，具有代表性的是 Szulanski 提出的初始、实施、调整和整合的四阶段模型及 Gilbert 等提出的获取、交流、运用、接受和同化的五步骤模型；要素模型是以知识转移过程中的要素为基础建立研究模型，比较典型的是 Jeffrey 等提出的包含知识源、知识受体、转移的知识及转移情境的四要素模型，Vito Albin 等归纳出的转移主体、转移意境、转移内容、转移媒介四部分知识转移分析框架；路径模型主要是从知识转移的方式、路径角度来建立模型的，其中比较突出的有 Gunnar Hedlund 提出的 N 型组织模型及 Nonaka 等提出的知识转移的 4 种模式 SECI 模型[10-12]。

3.1.2.4 主题模型

为解决传统文本聚类方法中向量维度过高、数据稀疏等问题，主题模型应运而生。主题模型是通过建模来挖掘语料中隐含主题的一种方法，其本质是以无监督学习的方式对数据集的隐含语义结构进行聚类的统计模型，其利用文本中隐含语义结构，通过参数估计从文本集合中提取一个低维的多项式分布集合，用于捕获词之间的相关信息，即主题，之后按建模挖掘出的主题对文本进行收集、分类和降维。它克服了传统信息检索中文档相似度计算方法的缺点，能够在文本数据中自动找出文字间的语义主题，目前主要应用于自然语言处理领域中的语义分析和文本挖掘两个方面[13-14]。

常见的主题模型包括潜在语义分析模型（latent semantic analysis，LSA）、概率潜在语义分析模型（probabilistic latent semantic analysis，PLSA）、文档主题生成模型（latent dirichlet allocation，LDA）、词向量模型（word to vector，Word2Vec）、文档词向量模型（latent dirichlet allocation to vector，LDA2Vec）等，其中 LDA2Vec 主题模型算法融合了 LDA 和 Word2vec 主题模型的优点，它既能考虑文本上下文含义，又能够考虑潜在语义关系，在近些年研究中较为流行[15]。

3.1.2.5 引用模型

在科技文献的体系结构中，每篇文献都不是孤立存在的，而是由尾注、脚注、间注、参考文献等形式表现出来的引用关系。引用关系又叫引文，对引用关系的分析又叫引文分析。引文分析研究始于 20 世纪 60 年代初，美国信息学家 Garfield 提出科学引文索引（Science Citation Index，SCI），如今将其作为文献计量学的主要研究内容之一。引文分析是指利用数学和统计学方法对科学期刊、学术论文和文献著作等目标对象的引用和被引用现象进行分析，以揭示其中隐含的内在规律的一种信息计量研究方法[16]。

文献引用关系在科技文献的相关研究中十分重要。首先，引用关系在信息检索中能够反映文献的重要程度，这种重要程度可以用关注度和价值度这两个能够量化的指标来表示，其中关注度的影响因素包括被引次数、引用该文献的文献重要程度及引用双方的主题紧密程度；而价值度的影响因素包括引用文献的数量、引用文献的重要程度及引用双方的主题紧密程度。其次，引文能够表明一篇文献的科学依据和相关研究的发展历程与现状，通过对引文数量、类型、语种等特征的分析可以揭示宏观上学科的动态信息和变化规律，例如根据引用关系建立的知识图谱能够直观地表达出该领域的结构、研究演化历史、研究前沿及宏观知识架构[16]。而专利的引文研究有助于追踪技术发展的脉络，测量国家、区域间的技术扩散、技术溢出，衡量发明、技术的质量与价值，分析创新主体的技术战略行为[17]。

近年来，社会网络分析软件快速发展，极大地丰富了引用分析的视角，突破了传统单纯依赖频数进行分析的思路，相关研究以运用引文可视化工具将不同领域的研究热点、研究前沿与作者在空间和时间上建立对应关系的可视化为主。

3.2　中国科技创新图谱的构建技术

中国科技创新图谱的构建需要多种信息处理技术的支持，其过程包含从海量数据中检索所需科技创新数据，按照知识抽取、知识表达和知识融合等知识图谱构建流程，对数据分析和处理后通过交互式可视化平台进行呈现及交互。

3.2.1　大数据检索技术

随着中国科技创新图谱的构建和数字化科技情报资源的增加，相关人员需要通过在线数据库所提供的快速查询与获取信息等服务提取所需信息，然而与现存大量的可用数据库现状相反，用户难以确定所需信息存在于哪一个数据库中，而且需学习许多检索界面与检索的使用方式。此外，由于各数据库所提供的信息服务都有相当严格的使用权限管理机制，因此，如何在提供简单灵活的跨库检索系统的同时，让用户合法使用，成为中国科技创新数据获取需要思考的核心问题。

在构建中国科技创新图谱的过程中，有序的信息组织和分布式的跨库检索尤为重要，并需要解决高并发量的访问、海量信息的检索查询及科技文化信息的资源共享等难题。ElasticSearch 是基于 Lucene 构建的分布式全文检索和分析引擎，具备高性能、高可扩展、实时性等优点。ElasticSearch 对 Lucene 进行了封装，屏蔽了Lucene 框架的复杂性，开发者使用简单 RESTful API 就可以操作全文检索。目前，ElasticSearch 是企业级大数据解决方案的首选工具之一，并且已经有许多成功的使用案例，Github、维基百科、百度、阿里巴巴等企业都已大规模部署及应用[18]。

结合数据规模、性能和功能需求，基于 ElasticSearch 的科技创新资源检索系统可分为数据导入、数据索引、数据检索、缓存 4 个模块[19]。首先用 Logstash 将 NoSQL 中的标准化数据导入 ElasticSearch，当用户发送搜索请求时，SpringBoot 通过 ElasticSearch 官方提供的 Java API 调用 ElasticSearch 实现数据的检索，最后用 VUE 框架对搜索结果进行前端展示。此外，将检索到的资源通过 SpringBoot 存放到 Redis 数据库中，以便进一步提高系统的性能，总体架构如图 3-1 所示。

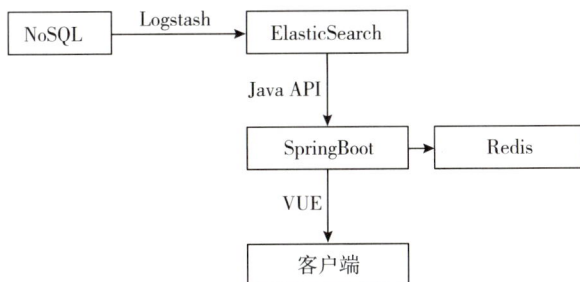

图 3-1　基于 ElasticSearch 的科技创新资源检索系统总体架构

3.2.2　知识抽取技术

如何将不同来源的科技创新资源进行规范化处理，从而获得实体、属性和关系等所需知识是构建中国科技创新图谱的关键技术之一，也是最核心的环节。本体模型中的实体类型主要包括：期刊论文、图书章节、研究人员、机构、基金、项目、会议、数据库、概念等。实体间的关系包括贡献关系、隶属关系、资助关系、举办关系、发表关系、收录关系等。每一个实体都有详细的属性描述，如研究人员的属性包括中文规范名称、英文规范名称、其他名称、性别、出生日期、ORCID、学位、社会任职、职务、职称、专业、研究方向、个人简介、邮箱等[20]。针对不同的数据类型，知识抽取方法有所不同。

实体是知识图谱中的最基本元素，实体抽取是指自动从原始资源中识别出具体的人名、组织机构名、地名、日期、时间等，也称为命名实体学习或命名实体识别[21]。主要方法有基于词典与规则的模式匹配的方法、基于统计机器学习的方法、基于深度学习神经网络的方法及基于计算机视觉领域或注意力机制等多方融合的深度学习方法[22]。

属性抽取的主要方法可通过 Python 爬虫等方法直接获取[23]，也可通过基于规则的方法、基于启发式算法的方法等进行获取。在实际抽取过程中，由于数据源的多样性和源数据的不规范性，不仅需要多种抽取方法相互结合使用，而且需要对数据做很多的预处理与后处理工作，才能保证所抽取数据的质量[24]。

关系抽取是一个文本分类问题[25]。关系抽取是指利用语言学、统计学、信息科学等学科的方法技术，从文本中发现实体间的语义关系，旨在已完成实体识别的基础

51

上，检索实体间所存在的关系，即在已标注实体及实体类型的句子上确定实体间的关系类别。目前，主流的实体关系抽取方法主要分为有监督学习方法、半监督学习方法和无监督学习方法。有监督学习在训练过程中使用人工标注的数据集。半监督学习只需通过对少量的种子标记样本和大量无标记的样本进行迭代训练就可以得到分类模型，常用算法主要有 Bootstrapping 方法、协同训练方法和标注传播方法。无监督学习的实体关系抽取方法不需要预定义任何关系类型，也不依赖标注数据，可以适应无规则内容文本，具有很好的领域移植性[26]。

3.2.3 知识表达技术

3.2.3.1 表达模型

目前，知识图谱的主流数据模型有万维网联盟在语义 Web 上制定的标准数据模型 RDF（Resource Description Framework）图和关联数据基准委员会采用的属性图，以及有向标签图和异构信息网络图。其中，有向标签图和异构信息网络图均为 RDF 图的特殊形式。RDF 即资源描述框架，最初是在语义网背景下设计出来以三元组形式描述资源的一种数据模型。三元组是知识图谱的一种通用表示方式，基本形式主要包括实体 1–关系–实体 2 和概念–属性–属性值等。目前对知识图谱的数据类型并没有统一的严格规定，主流知识图谱数据模型为一般图模型的扩展形式[27]。

3.2.3.2 数据表达形式

中国科技创新图谱中数据的表达基本形式包括基于节点–链接和基于邻接矩阵两种类型。基于节点–链接的图可视技术通常采用点或圆圈等可视元素表示节点，边表示节点间的链接，如图 3–2 所示，其中圆圈表示科技创新图谱的实体，有向线段表示实体之间的关系，并可利用不同颜色或半径表示实体类型。

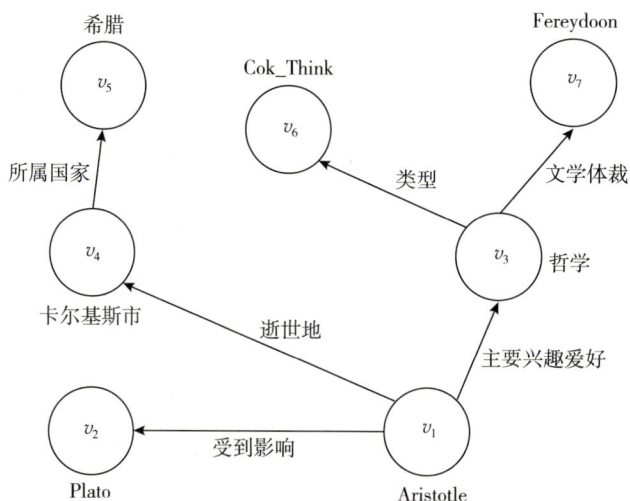

图 3–2 节点–链接图表示形式

当科技创新图谱中的实体之间含有复杂关系时，节点－链接可视技术不可避免地存在边的交叉问题及节点的重叠问题。邻接矩阵可以较好地解决此类问题以提高数据的可读性。在邻接矩阵图中，节点通常用行向量或列向量表示，行列向量的交叉元素反映节点之间的关系，表示有无关系及关系权重等量化信息。邻接矩阵的可视化效果与节点排序有关，如图 3-3 所示。

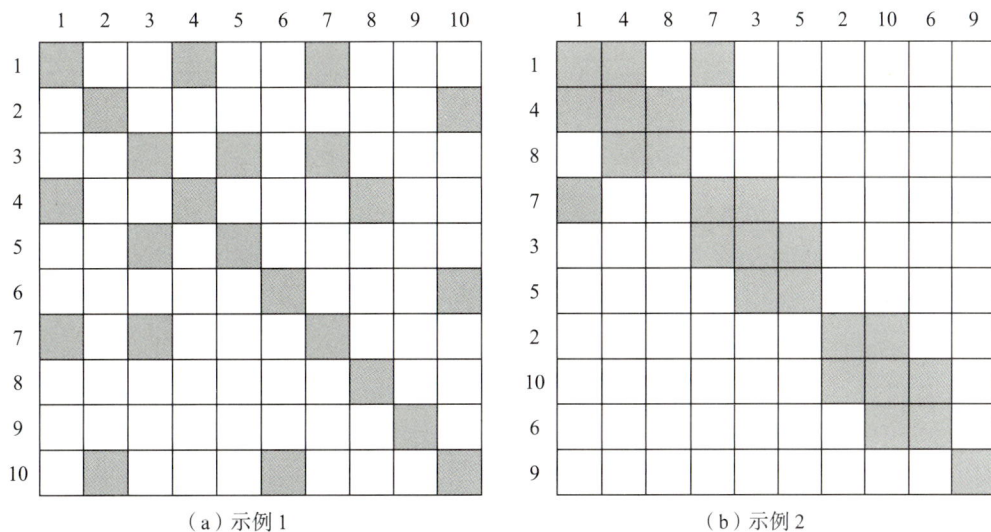

（a）示例 1　　　　　　　　　　　　　（b）示例 2

图 3-3　邻接矩阵表示形式

3.2.4　知识融合技术

由于在知识抽取过程中，科技创新的数据资源是多样化的，因此可能产生知识重复、知识间关系不明确等问题。知识融合通过知识消歧、实体对齐、实体链接等处理过程融合成知识库，可消除实体、关系和属性等与事实对象之间的歧义，使不同来源的知识能够得到规范化整合。其中，实体对齐可用于判断相同或不同数据集中的多个实体是否指向客观世界同一实体，解决一个实体对应多个名称的问题。针对同一属性出现不同值的情况，属性值填充根据数据源的数量和可靠度进行决策，给出较为准确的属性值[21]。通过知识加工过程，将经过融合过程产生的新关系组合或通过知识推理形成的新知识形态进行质量评估，抽象出本体模型，并不断更新和扩充，最终形成完整形态的知识图谱[23]。

3.2.5　关键词与术语分析技术

关键词是表达文献主题概念的自然语言词汇，是论文主要内容的高度浓缩和概括，能够反映论文的研究主旨或方法等内容。一个学术研究领域较长时域内的大量学术研究成果的关键词的集合，可以揭示研究成果的总体内容特征、研究内容之间的内在联系、学术研究的发展脉络与发展方向等。关键词分析是一种将文献中诸多因子联系起来的引证分析方法，通过对关键词出现的频次及成对关键词共同出现的次数的统计分析，可以科学地评价文献、文献作者和文献的学术水平，揭示学科热点和发展趋势[28-29]。

3.2.5.1 关键词提取技术

关键词提取方法可分为有监督的关键词提取和无监督的关键词提取。有监督的关键词提取方法是将关键词提取过程视为二分类问题，以判断每个提取出的候选词是否为关键词，然后训练关键词提取分类器。当新来一篇文本时，首先提取出所有的候选词，然后利用训练好的关键词提取分类器，对每个候选词进行标签分类，将标签为关键词的候选词作为关键词。这种方法精度较高，但是需要大批量的标注数据，数据量的多少将直接影响模型训练的准确性。

相对于有监督的方法，无监督的方法不需要人工标注训练集合，更加快捷，因此这类算法在工程中应用较为广泛[30]。常用的无监督方法包括以下几种。

①基于统计的算法。该类算法抽取文本关键词的过程主要考虑文本中词语的统计信息。首先经过去除停用词等预处理后得到候选关键词集合，然后从候选关键词集合中采用特征值量化的方式得到关键词。常用的特征值量化方式为频率统计，即统计每个词语在文本中出现的频率，出现频率大于一定阈值的词语即关键词。基于统计的算法虽然简单快速，能够提取高频词语，却易忽略低频但与文本主题相关的词语，因此提取结果具有片面性。

②基于词共现图的算法。该类算法是基于词语相关性的关键词提取方法，建立在词频统计算法的基础上，可以找出一些低频但是对主题贡献大的词语作为关键词。根据词共现模型，如果某几个词语在同一句子、段落、文本中出现多次，则它们在一定程度上具有语义相关性，也可以在一定程度上表达出该文本的主题信息，但是这种方式会导致关键词提取单一化。

③基于小世界网络的算法。该类算法将词语及其语义关系映射到文本结构图，通过研究发现该文本结构图具有小世界特征。在小世界网络中，虽然大部分的节点彼此并不相连，但是节点之间仅经过几步就可到达，该类算法认为对文本结构图的小世界特性起关键作用的词语就是文本关键词，算法缺点是不能保证网络的连通性。

④基于词语网络的算法。该类算法是基于词共现图算法的一种发展，在词频统计的基础上，以文本中的词语为节点，以词语之间的语义关系为边，构建包含 n 个顶点的无向图，其边数的取值范围为 $[0, n(n+1)/2]$。利用词语的语义贡献值度量节点重要程度，提取若干词语语义贡献值大的顶点，即文本关键词。但是在计算词语语义贡献值时，可能会将与主题无关的词语误判为关键词。

关键词的提取流程如图 3-4 所示。首先对输入的文本进行过滤停用词等预处理。

然后进入词语语义贡献值计算步骤，该步骤负责计算词语中心度集合的中心点，将中心点对应区域的词语中心度作为词语的语义贡献值。计算词语语义贡献值后，进入词语统计特征值计算步骤，该步骤负责计算词语的统计特征值。最后是词语关键度计算步骤，该步骤将词语语义贡献值计算模块和词语统计特征值计算模块的评分结果加权得到词语的关键度，最后根据词语的关键度输出最终结果。

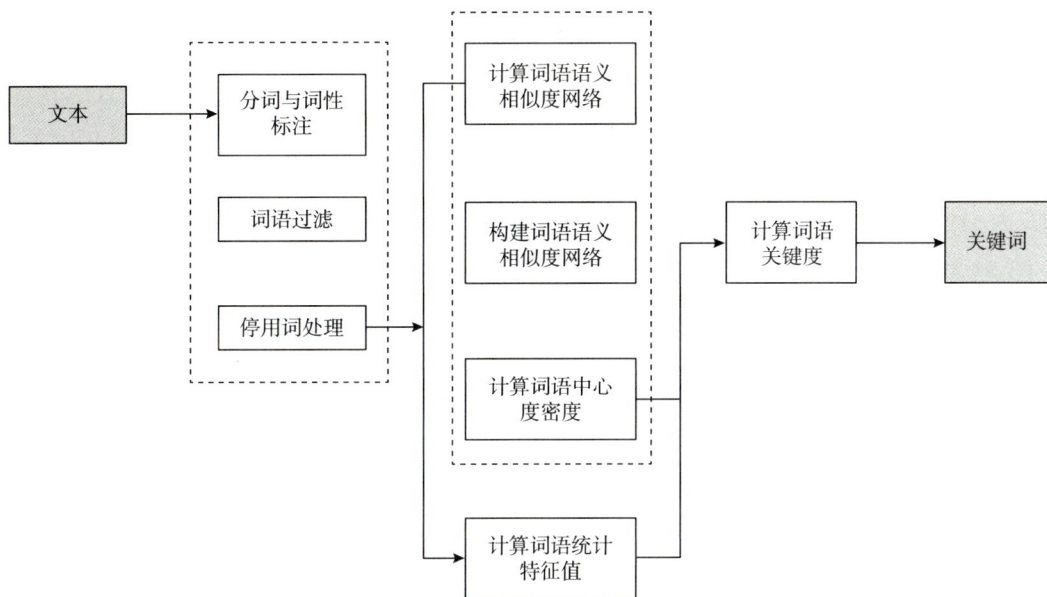

图 3-4　关键词提取流程

3.2.5.2　关键词分析技术

（1）词频分析

词频分析法就是通过分析某一研究领域文献关键词或主题词出现的频率及关联来确定该领域研究热点和发展动向的文献计量方法，是情报学和科学计量学的重要研究方法[31]。在构建中国科技创新图谱时，应用词频分析法对数据当中出现某一词汇的频次进行统计，可以揭示当前的科技研究方向[32]。

（2）共现分析

关键词共现是指两个或者两个以上的关键词在同一篇文献中同时出现。共现分析法的研究对象很广泛，如文本中的重要词汇、作者名称、分类号、标引词条等。若根据研究对象来分，又可分为共词分析和共引关系两类，其中共词分析即利用文献中共同出现的关键词来反映文本之间的关联情况，从而确定该文献所代表的学科及主题结构的研究重点，主要利用包容系数及聚类分析等统计分析方法将众多分析对象之间错综复杂的共词网状关系以图形或数值的方式直观地表示出来[32]。共引关系是指两篇文献同时被后来的文献所引用，共引强度表示同时共同引用这两篇文献的次数，一般认为共引的强度越大，文献之间的关系则越亲密。共引关系主要利用聚类分析、多维尺度分析等多元统计的分析方法，将许多的分析对象互相之间的复杂关系简化成数目较少的不同类别的关系并表达出来[33]。

3.2.6 机器翻译技术

机器翻译技术是利用计算机设备及语言处理系统，自动将一种自然语言（源语）转换为另一种自然语言（译语）的过程，在人工智能技术的支撑下，语言罗列与处理也呈现出自动化、智能化。机器翻译是自然语言处理的一个研究分支，也是人工智能的终极目标之一，具有重要的科学研究价值[34]。语言翻译处理所涉猎的学科具有综合性、复杂性特点，有效地将核心学科与边缘学科进行关联，深化信息工程及计算机科学的技术本质，真正达到翻译理论与翻译实践的整合，成为人们日常工作与生活中的一种常用技术[35]。

机器翻译经历过语言学和语料库学两种范式，前者为基于规则的机器翻译方法，后者则为基于语料库的机器翻译方法。近年来，随着大数据、云计算、深度学习等技术的快速发展，基于语料库的机器翻译逐渐占据主流，其中又以基于人工神经网络的机器翻译最为典型。

基于人工神经网络的机器翻译直接将源语句映射为译语句，以端到端的方式进行语句翻译建模，整个翻译过程是一个端到端的计算过程。这种端到端的神经机器翻译是一种基于序列转换的模型，通常采用编码器－解码器框架结构，如图 3-5 所示。其中，编码器负责将源语句压缩为潜在语义空间中的一个向量，解码器则基于该向量生成等价语义译语句。通过引入可动态捕捉上下文的注意力机制，能够在一定程度上解决模型训练时存在的梯度消失或爆炸问题[36]。

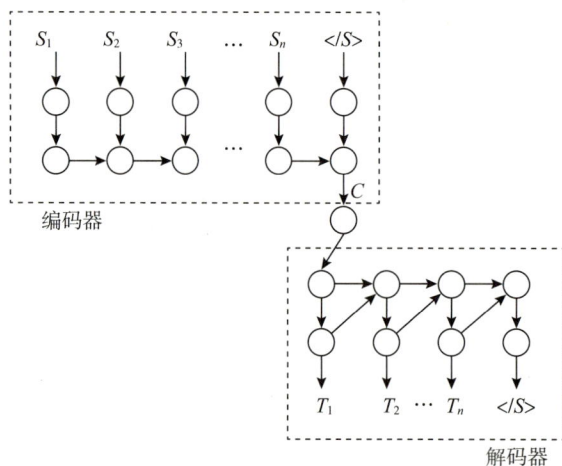

图 3-5　端到端的编码器－解码器框架结构

3.2.7 可视化技术

在构建中国科技创新图谱过程中，可视化方法能够借助图形化手段更高效和更清晰地展示学科主题之间的演化关系，揭示研究主题的内在联系、总体结构特征、演化路径等规律，突出特定学科领域的研究现状、研究热点、研究前沿和发展趋势，辅助科研决策和促进相关领域开展科技创新。

科技创新图谱可视化包括表征和交互两个方面，其中表征主要是寻找合适的表达信息的方式，而交互的主要功能是让参与计算机活动的各个对象之间能够顺利沟通交流。科技创新图谱可视化的实施是一系列数据的转换过程，通过将整理好的数据根据分析目标，选择包括形状、位置、尺寸、值、方向、色彩、纹理等因素在内的合适的视觉结构，将视觉结构进行组合后转换成图形并通过视觉呈现设备呈现给用户，使用户更好地观察和了解数据背后的问题与规律。

科技创新图谱可视化分析中的交互能够为系统与人提供交流平台。当前比较常用的交互技术包括选择式交互、探索式交互、重组式交互、过滤式交互、细节式交互和连接式交互等，其中选择式交互允许用户选中对象并对该对象的特征属性进行展示；探索式交互允许用户查看系统的不同数据子集，常见的探索途径有网页链接及系统的探索导航技术；重组式交互主要对显示数据的空间排列进行改变，为用户提供新的查看角度；过滤式交互主要通过改变某些条件来显示符合条件的某些数据子集；细节式交互可以使用户改变数据显示的抽象层次；连接式交互能够显示出特定数据的相关关系，并且挖掘隐藏的数据，在这种方式下，用户可以很方便地查询对象的不同属性特征，其中，刷取技术是连接类型最常用的技术[32]。

3.3 中国科技创新图谱的主要研究内容

3.3.1 全球创新视角下的中国创新

以 GII 指标数据为支撑，从全球创新的发展来揭示中国创新的位势、趋势与优劣势。通过既有指标体系，在同一框架下以中国 GII 创新指数的历史变化及中国与其他国家的创新比较来明晰中国创新的全球态势。

3.3.2 国家创新体系下的中国创新增长极

以创新统计数据为支撑，探求中国创新的增长极分布。以城市为单元，从创新的投入、产出、基础、绩效 4 个方面综合测试城市的创新发展，并在此基础上进行中国国家视域内的创新增长极分析。

3.3.3 创新链视角下的中国科技创新要素

以创新链为视角，通过数据展示中国创新要素的分布与集聚态势。创新的组合是复杂而多样的，创新链上各类要素主体的细粒度数据可以为描绘中国创新提供自下而上的途径，而通过数据关联、编译分析、地理空间展示等方法，可以揭示中国科技创新链不同要素的分布特征与规律。

参考文献

［1］ 刘志辉，姚长青，魏娟霞. 面向科技创新决策的情报分析方法：理论与应用［J］. 中国科技资源导刊，2019，51（4）：16-23.

［2］ 赵志耘，张均胜，姚长青，等. 面向管理与决策的中国科技创新图谱研究［J］. 情报学报，2018，37（8）：774-781.

［3］ 欧绍华，胡玉松. 基于系统动力模型的企业技术创新动力要素研究［J］. 经济经纬，2015，32（4）：109-113.

［4］ 杨洋，余晓钟. 基于SD模型的我国油气企业技术创新动力机制分析［J］. 当代石油石化，2018，26（12）：43-47.

［5］ 崔俊富，邹一南，陈金伟. 中国科技创新动力研究［J］. 北京航空航天大学学报（社会科学版），2018，31（2）：94-98.

［6］ 刘江婷. 制造企业绿色供应链管理创新扩散模型研究［D］. 大连：大连理工大学，2009：1-20.

［7］ 陈子凤，官建成. 我国制造业技术创新扩散模式的演化［J］. 中国软科学，2009（2）：20-27.

［8］ 郭晗，任保平. 中国区域结构转换的增长效应：要素流动与技术扩散［J］. 经济问题探索，2017（12）：10-17.

［9］ 余鲲鹏. 转型企业知识转移模型与策略研究［D］. 泉州：华侨大学，2013：1-32.

［10］ 马鸿佳，宋春华，毕强. 基于创业生态系统的多层级知识转移模型研究［J］. 图书情报工作，2016，60（14）：16-22.

［11］ 翁清雄，胡蓓. 国外知识转移模型的研究进展［J］. 科技进步与对策，2007，24（3）：195-197.

［12］ 罗艳玲. 知识转移模型的优化研究［J］. 情报科学，2010，28（10）：1578-1583.

［13］ 杨婷，张瑾. 基于主题模型的信息系统研究热点分析［J］. 信息系统学报，

2020，24（1）：102-118.

［14］ 李璐萍，赵小兵. 基于文本聚类的主题发现方法研究综述［J］. 情报探索，
2020（11）：121-127.

［15］ 张楠，赵辉. 基于论文－专利的石墨烯领域硬科技创新技术主题识别研究［J］.
高技术通讯，2021，31（8）：892-900.

［16］ 王丹青. 基于科技文献引用关系的扩展信念网络模型［D］. 保定：河北大学，
2013：1-27.

［17］ 杨冠灿，陈亮，张静，等. 专利引用关系形成的解释框架：一个指数随机图
模型视角［J］. 图书情报工作，2019，63（5）：100-109.

［18］ Elastic 7.16 版：精简的数据集成驱动重要的结果［EB/OL］.（2021-12-08）
［2021-12-15］. https://www.elastic.co/cn/blog/whats-new-elastic-7-16-0.

［19］ 柳帆. 基于 ElasticSearch 的科技资源检索系统的研究与实现［J］. 现代计算
机，2021，27（26）：93-100.

［20］ 王颖，钱力，谢靖，等. 科技大数据知识图谱构建模型与方法研究［J］. 现
代图书情报技术，2019，3（1）：15-26.

［21］ 黄恒琪，于娟，廖晓，等. 知识图谱研究综述［J］. 计算机系统应用，2019，
28（6）：12.

［22］ 焦凯楠，李欣，朱容辰. 中文领域命名实体识别综述［J］. 计算机工程与应
用，2021，57（16）：15.

［23］ 李娇. 基于知识图谱的科研综述生成研究［D］. 北京：中国农业科学院，
2019.

［24］ 家会臣，李应琛，赵树樟，等. 知识图谱研究综述［J］. 电脑迷，2018（36）：
245.

［25］ 李冬梅，张扬，李东远，等. 实体关系抽取方法研究综述［J］. 计算机研究
与发展，2020，57（7）：25.

［26］ 王传栋，徐娇，张永. 实体关系抽取综述［J］. 计算机工程与应用，2020，56
（12）：12.

［27］ 王鑫，傅强，王林，等. 知识图谱可视化查询技术综述［J］. 计算机工程，
2020，46（6）：11.

［28］ 李文兰，杨祖国. 中国情报学期刊论文关键词词频分析［J］. 情报科学，
2005，23（1）：4.

［29］ 李楠，初景利. 近 20 年来我国科技情报研究状况分析［J］. 科技情报研究，
2021，3（4）：19.

［30］ 晁珍珍. 基于关键词提取的专利新颖性分析技术研究［D］. 南京：南京邮电

大学，2020.

［31］ 曹利红. 基于知识图谱的国际技术竞争情报可视化分析研究［J］. 科技管理研究，2015，35（23）：7.

［32］ 邓伟珍. 图书情报领域信息可视化分析方法研究进展综述［J］. 科技传播，2018（18）：2.

［33］ 关鑫. 基于共现分析的图书情报领域可视化研究［J］. 科技资讯，2020，18（14）：2.

［34］ 侯强，侯瑞丽. 神经机器翻译研究：洞见与前景［J］. 外语学刊，2021（5）：54-59.

［35］ 陈诚. 机器翻译技术的综述［J］. 电子技术，2021，50（11）：290-291.

［36］ JUNCZYS-DOWMUNT M，DWOJAK T，SENNRICH R. The AMU-UEDIN submission to the WMT16 news translation task：attention-based NMT models as feature functions in phrase-based SMT［C］. Berlin，Germany：Association for Computational Linguistics，2016.

第二部分

中国科技创新图谱

创新是一个国家发展的原生动力，一个国家整体的创新能力是其在新一代产业科技革命历史大潮中能够挺立潮头的关键所在，本章基于第三方视角和数据，利用中国科技创新图谱平台对中国在全球的创新发展态势进行解析，以期为管理者呈现中国科技创新的整体态势。

第4章
创新图谱视域下的国家创新能力

4.1 科技创新是当今环境下国家发展的根本

虽然近年来全球经济呈现复苏迹象，但深层次、结构性问题没有解决，寻找新经济增长点、解决内生增长动力、提高劳动生产率成为各国面临的重要挑战[1]。联合国教科文组织（UNESCO）发布的《联合国教科文组织科学报告：迈向 2030 年》显示，全球大多数国家现都已认识到科技创新在实现长期可持续发展方面起到的重要作用[2]。历史已经表明，创新是经济发展的发动机，是一个国家的进步和发展最重要的因素，重大原始性科技创新及其引发的技术革命和进步是产业革命的源头[3]，只有不断提升科技创新能力，才能使经济建设和社会发展不断迈上新的台阶，真正实现可持续发展。发达国家如美国、日本、芬兰、韩国等，为了在竞争中赢得主动，依靠科技创新提升国家的综合国力和核心竞争力，建立国家创新体系，走创新之路已成为世界许多国家的选择。

例如，美国将科技创新摆在了重要的位置并持续给予政策、财政、人力支持。为继续主导世界科技创新，强化科技优势地位，早在 2016 年 6 月，美国就公布了一份长达 35 页的《2016—2045 年新兴科技趋势报告》。该报告不仅有助于美国相关部门对未来 30 年可能影响国家力量的核心科技有一个总体上的把握，而且为国家及社会资本指明科技投资方向[4]。科技创新政策研究超前 30 年，体现了极强的前瞻性。近年来，美国先后发布了《21 世纪美国国家安全科技与创新战略》《开放政府数据法案》《核能创新与现代化法案》等一系列与科技创新相关的战略性政策及法案[4-5]。为应对快速发展的科学技术，对原来的科技政策进行补充和调整，及时破除阻碍科技发展的制度因素。在强有力的政策、经济、人力资源支撑下，美国创新位居全球第一梯队，根据 2019—2020 年 CWUR 世界大学最新排名，全世界排前 20 名的研究型大学中，17 所在美国[6]。截至 2021 年，美国共有 399 名诺贝尔奖获得者，远多于其他国家。2018 年度，全球十大顶尖科技公司中，美国占据了 7 家，创新领域的强劲优势是其成为全球经济领头羊的主导因素[7]。

日本是科技立国的典范。第二次世界大战后，日本内外部环境的变化引发国家科技战略的变化，经历了贸易立国、技术立国和科学技术创造立国 3 个阶段的演进[8]。在这个过程中，日本科技创新体系随着国家整体科技战略的变化，同样是动态变化的过程，塑造出技术"引进＋改造"、强化自主研发、平衡基础研究与产业技术开发三大科技发展导向和方式。不同的科技发展导向与科技发展方式决定了不同的发展优先级，使得政府、国立研究机构与大学、企业这三大创新主体的作用不断发生变化，形成不同的相互关系；创新驱动力、主导力量也不断变化，国家创新体系结构由相对松散到紧凑网络状，再由双向互动合作到垂直纵向结构不断变化，共同决定了国家创新体系的总体结构和功能[8]。日本通过科技创新的不断演进，诞生了丰田、松下等诸多具有全球竞争力的企业，日本所获诺贝尔奖人数同样雄冠亚洲，基础研究与应用研究和产业化的联动使得日本始终保持科技创新的活力，并为其应对经济衰退和"少子化"等问题提供了可能的解决方案。

英国是第一次工业革命的策源地。从 20 世纪 90 年代开始，英国政府加强对科技发展的引导，将科技发展目标转向服务于经济发展。21 世纪以来，发展知识经济成为英国科技、工业和商业共同的目标。英国立足于深厚的科学基础和优良的科学传统，建设和完善国家创新体系，努力保持高水平和高效率的科研产出并着眼于未来新兴技术和新兴产业，积极促进科技成果转化与应用，加强科技、教育与产业之间的协调与合作[9]。时至今日，英国仍保持世界科技强国的地位。

中国的发展必须依靠创新，特别是科技创新。中国政府牢牢把握住了全球科技创新的脉搏，进入 21 世纪之后不断从国家顶层设计开始对科技创新进行布局。2016 年发布的《国家创新驱动发展战略纲要》中强调"全球新一轮科技革命、产业变革和军事变革加速演进，科学探索从微观到宏观各个尺度上向纵深拓展，以智能、绿色、泛在为特征的群体性技术革命将引发国际产业分工重大调整，颠覆性技术不断涌现，正在重塑世界竞争格局、改变国家力量对比，创新驱动成为许多国家谋求竞争优势的核心战略。我国既面临赶超跨越的难得历史机遇，也面临差距拉大的严峻挑战。惟有勇立世界科技创新潮头，才能赢得发展主动权"[10]。党的十九大报告指出："要瞄准世界科技前沿，强化基础研究，实现前瞻性基础研究、引领性原创成果重大突破。"加强应用基础研究，拓展实施国家重大科技项目，突出关键共性技术、前沿引领技术、现代工程技术、颠覆性技术创新，为建设科技强国、质量强国、航天强国、网络强国、交通强国、数字中国、智慧社会提供有力支撑。加强国家创新体系建设，强化战略科技力量。[11]习近平总书记在中国科学院第十九次院士大会、中国工程院第十四次院士大会上的讲话强调："中国要强盛、要复兴，就一定要大力发展科学技术，努力成为世界主要科学中心和创新高地。我们比历史上任何时期都更接近中华民族伟大复兴的目标，我们比历史上任何时期都更需要建设世界科技强国！"[12]

4.2 国家创新评价指标体系

中国的科技创新不应是闭门造车，对于中国科技创新而言，首先需要将自身置于国际大环境中，明确自身在国际创新大环境中的位势，知悉自身的优势与劣势，而科技大数据和创新评价分析体系的应用为上述需求提供了底层的支撑，同时结合先进的技术手段，可以将评价分析的全流程细致地体现于可视化的平台或系统之中，达到"看图明义""看图知理"的效果。

4.2.1 国家创新评价指标

目前，国际上具有一定影响力的创新能力评价报告主要包括世界知识产权组织等发布的《全球创新指数》、彭博资讯集团发布的《彭博创新指数》、中国科学技术发展战略研究院发布的《国家创新指数报告》[13]等，其指标体系特点如表 4-1 所示。

表 4-1 不同国家创新评价指标体系基本情况与特点[13]

报告名称	发布机构	初始发布年份	指标维度/个	参与评价经济体数量/个	指标体系特点
全球创新指数	世界知识产权组织等	2007	7	>100	定量与定性相结合，综合考虑不同类型经济体特点，但有西方价值倾向
彭博创新指数	彭博资讯集团	2012	7	50	侧重研发投入、产业创新，缺乏对创新环境的描述
国家创新指数报告	中国科学技术发展战略研究院	2011	5	40	定量与定性相结合，定量为主，反映国家创新卓越性和竞争力指标偏少

鉴于世界科技强国评价的综合性和上述评价指标体系的局限性，需要基于世界科技强国内涵与核心特征，科学遴选评价指标，采用综合评价指数的方法，对世界科技强国建设进程进行监测与评价。GII 指标作为上述指标中较为突出的一个，由国外第三方机构构建，客观考虑较多定量、定性因素，在国内国际有较强的影响力，为包括我国政府在内的多国所采用，成为国家科技创新评价分析的重要指标[13-15]。

4.2.2　GII 指标简介

GII 是世界知识产权组织、康奈尔大学、欧洲工商管理学院于 2007 年共同创立的年度排名，用于衡量全球 100 多个经济体在创新能力方面的表现，是全球政策制定者、企业管理执行者的主要基准工具[16]。GII 是一个详细的量化工具，有助于全球决策者更好地理解如何激励创新活动，以此推动经济增长和人类发展。GII 指数的指标包括知识产权申请率、移动应用开发、教育支出、科技出版物等代表科技与创新的定量化指标，以及制度、文化、政策环境等定性化指标[17]。

GII 指标的大类可以分为创新投入与创新产出。

创新投入次级指数衡量的是体现出创新活动的国家经济要素，这些要素共分为五大类：①制度；②人力资本和研究；③基础设施；④市场成熟度；⑤商业成熟度。创新产出次级指数体现的是创新成果的实际证据，分为两大类：①知识和技术产出；②创意产出。上述七类指标构成了 GII 的主要指标门类，其得分之和为 GII 得分。同时，GII 对于创新效率的测试也采用了既有指标，即将创新投入类要素与产出类要素相除，所得比值为创新的效率值。

如表 4-2 所示，在上述二级指标明确的情况下，三级指标进一步对二级指标进行刻画。

在"制度"指标中，三级指标将二级指标进行了分割，并利用创新系统思想将指标分为了政治环境、监管环境、商业环境。

而在"人力资本和研究"相关的指标中，基于从基础人才到研发人才的培养流程，将指标分为了教育（基础教育）、高等教育、研究和开发（研发）。

在基础设施中，GII 指标特别考虑了 ICT 技术对创新的影响，同时将普通基础设施和影响研发人员日常活动的"生态可持续性"指标纳入其中。

在市场成熟度方面，GII 指标考虑了一个成熟的创新生态环境中金融、市场对科技创新的直接作用，将指标分为了信贷，投资及贸易、竞争和市场规模。

在商业成熟度方面，为衡量创新的辐射与吸纳及商业参与的主体人员中知识型工人所占比例对于科技创新的作用，将指标分为了知识型工人、创新关联、知识的吸收。

与投入指标不同的是，在产出指标中 GII 特别考虑了创意产出这一项指标，特别是无形资产、创意产品和服务、网络创意等，这对于综合科技创新评价具有借鉴意义。

表 4-2　GII 创新指标模型

一级	二级	三级
创新投入	制度	政治环境
		监管环境
		商业环境
	人力资本和研究	教育（基础教育）
		高等教育
		研究和开发（研发）
	基础设施	信息通信技术（ICT）
		普通基础设施
		生态可持续性
	市场成熟度	信贷
		投资
		贸易、竞争和市场规模
	商业成熟度	知识型工人
		创新关联
		知识的吸收
创新产出	知识和技术产出	知识的创造
		知识的影响
		知识的传播
	创意产出	无形资产
		创意产品和服务
		网络创意

2021 年 GII 排名前十的为瑞士、瑞典、美国、英国、韩国、荷兰、芬兰、新加坡、丹麦和德国。与 2020 年相比，中国排名上升 2 位，居第 12 位，突显了我国科技创新发展的良好势头[18]。

4.3　中国科技创新能力在全球科技革命浪潮之中稳步提升

中国科技创新图谱借鉴 GII 指标体系，以中国为主要研究分析对象，将中国置于全球其他国家同一分析框架之中，从创新投入、创新产出及创新效率等多个方面对中国的创新态势进行分析。本书以上述数据与中国科技创新图谱可视化成果为基础，从 3 个角度对全球创新环境下的中国科技创新态势进行分析。中国科技创新图谱利用第三方视角，结合可视化展示分析手段，对中国科技创新在全球位势的变化通过直观的方式呈现出来，使得宏观科技政策管理人员可以通过同一评价体系，对同一时间内中国自身及其与其他国家创新态势的变化进行把握。

通过后台数据的汇集与可视化展示手段，中国科技创新图谱希望从 3 个视角对中国创新进行描述，包括以下内容。

①全球视角下，中国科技创新指标与排名的变化。这体现了研究对象固定的条件下，中国创新能力随着时间的变化情况，是对中国创新在"纵向"维度的整体、直观的展示与分析。

②全球视角下，中国科技创新效率的变化。科技创新的投入与产出是研究不同尺度科技创新主体的重要内容，创新效率代表了一个国家创新的动力，因此，中国科技创新图谱结合时间维度将中国的创新效率与其他国家的创新效率放在同一分析指标和时间维度下进行展示，以期揭示中国科技创新的效能变化。

③全球视角下，中国与其他国家的创新对比。中国创新取得的长足进步令人欣喜，但我们仍然有需要进一步提升改进的地方，在同一评价体系下，与其他发达国家进行对比，依据科技情报分析"定标比超"的理念，可以让决策者和管理人员对于中国创新的优劣做到"一目了然"。

4.3.1　中国创新排名逐年提升

在中国科技创新图谱中，对各个国家的创新得分进行排名，部分主要经济体在 2016 年和 2020 年的 GII 得分分别如图 4-1 和图 4-2 所示。

从区域分布来看，全球整体的创新态势仍以西欧和北美为主要核心，美国、德国、法国、英国、瑞典、荷兰等欧美国家在过去相当长的一段时期一直是全球科技创新的中心，而亚洲则以韩国、日本为主，上述国家利用全球 3 次工业革命浪潮，使得自身获得了长足的进步与发展，至今仍在国际科技创新、经济活动和政治事务中扮演着主要角色。从整体空间布局的变化趋势来看，亚洲特别是东亚成为近年来新兴科技创新的中心，而中国则成为亚洲特别是东亚科技创新增长的新引擎、新高地。

图 4-1　2016 年中国 GII 指数排名

图 4-2　2020 年中国 GII 指数排名

从中国在全球 GII 创新指标体系的表现来看（图 4-3），近几年中国排名逐年提升。从图 4-3 所示的排名变化来看，中国的科技创新排名在 2015—2020 年始终保持着强劲的增长趋势，根据《国家中长期科学和技术发展规划纲要（2006—2020年）》中所提及的目标，到 2020 年中国的科技创新全球排名要达到前 15 位，而从 GII 指标体系来看，毫无疑问中国近年来的科技发展已经交上了一份满意的答卷。

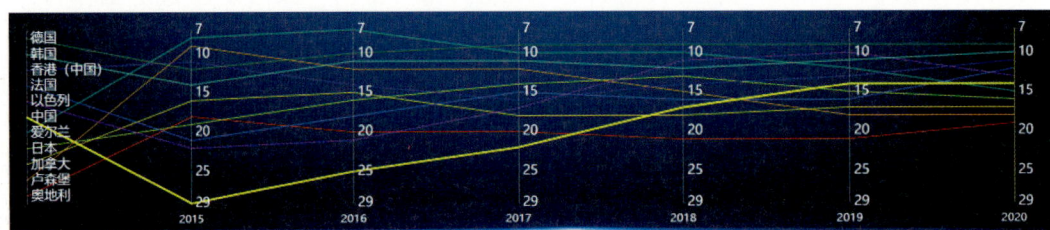

图 4-3　中国 GII 指数历年排名变化

4.3.2　中国创新效率不断提高

创新需要进行不同的投入以获得相应的产出，并形成创新的闭环，使得创新过程可以源源不断地为经济社会发展提供动力。创新的投入与产出需要进行效率评价，从系统角度分析创新效率。

在 GII 体系中，指标分为投入与产出两个大类，通过经济体两类指标的比值来分析它们的效率，即效率值。通过对效率值取中位数来对不同国家的创新效率进行分割。

从各国创新效率的分布来看，北美、欧洲、亚洲特别是东亚，创新效率均在中位数之上；而南美洲、非洲及西亚、中亚和东欧部分国家，创新效率低于国际中位数。中国创新效率在过去 5 年中始终保持在中位数之上，这也从侧面说明中国在过去一段时期内创新的量质同升，兼顾规模与效率。

除直观的创新效率中位数对比之外，GII 还将经济与科技两项关键指标纳入创新效率的分析体系当中，其分别选取人均 GDP（美元计价）和 GII 得分来代表经济能力、创新能力。GII 将二者用散点图进行表达，在评估经济体创新效率的基础上进一步分为领先者、实现者、表现欠佳者。

从图 4-4 和图 4-5 来看，中国作为科技创新效率不断提高的国家，正在由实现者集团向领先者集团靠拢。

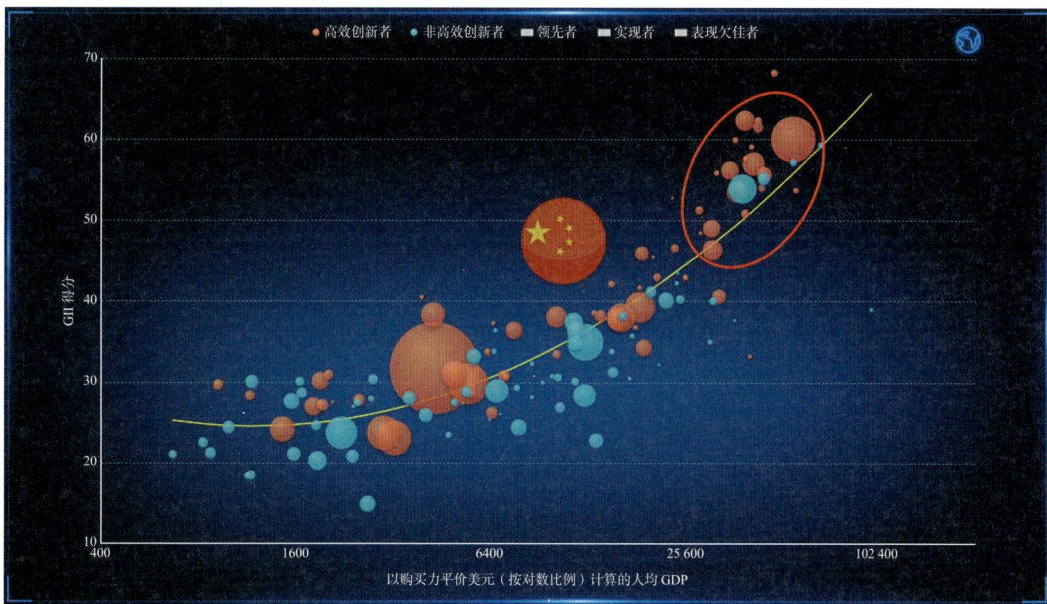

图 4-4　2015 年创新效率散点分布

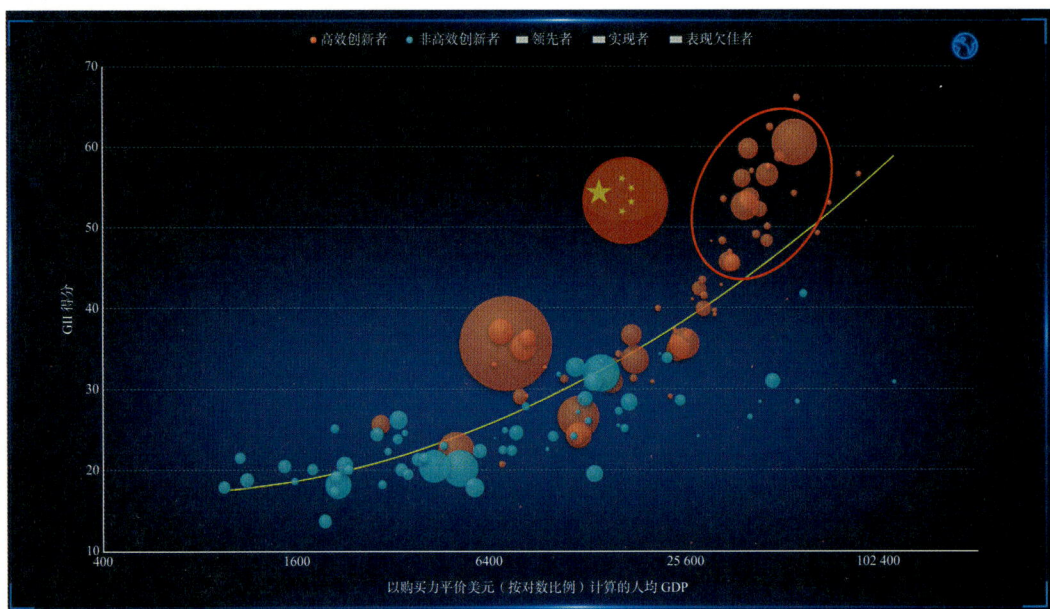

图 4-5　2020 年创新效率散点分布

4.3.3　中国与主要科技强国的创新特点

知识经济加速发展、科技创新日益系统化使得全球科技竞争与合作关系日趋明显。创新与经济社会发展类似，也有先发与后发优势。在当今新一轮产业科技革命的背景下，传统科技强国如美国、德国、法国、英国、日本等均根据自身特点，在多个或单个特定新兴技术领域发力，其利用自身在市场、商业、法律、文化等方面的优势，全方位地投入新一轮科技革命的浪潮之中。同时，以中国、印度等国为代表的新兴经济体，一方面，通过技术的引进、吸纳、转化提升自身经济、社会实力；另一方面，根据自身情况，选择符合自身发展的方向和道路，积极进行科技创新活动以避免错过新一轮重大发展机遇。而 GII 指标从宏观尺度为中国与其他国家进行比较、对标提供了良好的平台。

在同一指标体系下，2015 年中国与美国创新的差距主要体现在如下指标中（图 4-6）：首先是体现创新环境的市场成熟度指标，2015 年中国得分为 49.3 分，美国得分为 81.5 分；其次是商业成熟度指标，中国得分为 44.9 分，美国得分为 55.4 分；再次是创意产出指标，中国得分为 35.1 分，美国得分为 47.8 分。从以上结果不难看出，至少在 2015 年美国作为老牌发达资本主义国家，创新投入中的商业环境和市场环境要优于中国，同时在创新产出方面也强于中国。

而通过 2020 年的得分对比来看（图 4-7），中国与美国的创新差距有所缩小。就市场成熟度指标而言，中国得分为 58.5 分，美国得分为 81.4 分；就商业成熟度指标而言，中国得分为 52.9 分，美国得分为 62.8 分；就创意产出指标而言，中国得分为 47.0 分，美国得分为 47.7 分。

从整体来看，在市场和商业环境方面中国有着长足的进步，但与发达国家相比仍有一定的差距，中国未来在科技创新综合管理与体制机制方面需要不断完善。而从创新的产出方面来看，中国紧跟世界发展步伐，不断提高自身科技创新产出能力与水平。

图 4-6　2015 年中美 GII 指标对比

图 4-7　2020 年中美 GII 指标对比

综上所述，基于 GII 指标体系与中国科技创新图谱，可以看出中国近年来在全球科技创新中取得了长足的进步，创新总体得分、创新效率均排名靠前，而与主要发达国家之间的差距也在进一步缩小，这为中国实现科技创新自主、积极拓展外部发展环境打下了坚实的基础。

📉 4.4 本章小结

　　本章从科技创新宏观管理及新兴技术分析的角度，详述了中国科技创新图谱相关平台及其延伸应用。从国家创新分析角度来看，中国科技创新图谱将时间、空间、国家创新这 3 个分析维度纳入统一的平台，利用同一指标体系对中国科技创新在全球的位势、效能进行了分析，同时也通过对比分析，使得中国与其他国家的创新差异得以呈现。从技术分析角度来看，以区块链等新兴技术为例，对相关技术的政策、机构、产出等进行多维度刻画及国家间的对比分析，能够为后续政策管理、发展、应用、推广提供宏观尺度的支撑建议。中国科技创新图谱"可见即可得"的科技信息分析平台对于从时空角度分析国家科技创新的宏观层面与微观层面均提供了较好的支撑。

参考文献

［1］　李佳欣. 浅谈让科技创新成为推动我国经济增长的内生动力［J］. 市场周刊·理论版，2018（31）：2.

［2］　联合国教科文组织. 联合国教科文组织科学报告：迈向 2030 年［R/OL］.［2021-11-11］. https://zh.unesco.org/unesco_science_report.

［3］　龚一萍. 经济发展的制度功能效应分析［J］. 江西社会科学，2011（7）：7.

［4］　齐瑞福，陈春花. 美国科技创新政策新动向与我国科技发展战略新机遇［J］. 科技管理研究，2021，41（3）：10.

［5］　陈宝明，丁明磊. 中美科技创新政策走向及对经济增长潜力的影响［J］. China economist，2017（4）：34-49.

［6］　世界大学排名中 2019—2020 CWUR 世界大学排名［EB/OL］.（2019-08-14）［2021-11-12］ https://cwur.org/2019-2020.php.

［7］　全球十大顶尖科技公司排行，美国独占七家，中国这两家企业上榜［EB/OL］.（2018-12-20）［2021-11-22］. https://baijiahao.baidu.com/s?id=16203463468588 12878 &wfr=spider&for=pc.

［8］　王溯，任真，胡智慧. 科技发展战略视角下的日本国家创新体系［J］. 中国科技论坛，2021（4）：180-188.

［9］　刘云，陶斯宇. 基础科学优势为创新发展注入新动力：英国成为世界科技强国之路［J］. 中国科学院院刊，2018，33（5）：484-492.

［10］　国务院. 国家创新驱动发展战略纲要［EB/OL］.（2016-05-20）［2021-11-10］.

http://www.scio.gov.cn/xwfbh/xwbfbh/wqfbh/33978/34585/xgzc34591/Document/1478339/1478339_1.htm.

［11］习近平. 决胜全面建成小康社会　夺取新时代中国特色社会主义伟大胜利［EB/OL］.（2017-10-18）［2021-11-10］. https://www.gov.cn/zhuanti/2017-10/27/content_5234876.htm.

［12］习近平. 在中国科学院第十九次院士大会、中国工程院第十四次院士大会上的讲话［EB/OL］.（2018-05-28）［2021-11-10］. https://www.ccps.gov.cn/xxsxk/zyls/201812/t20181216_125694.shtml.

［13］玄兆辉，曹琴，孙云杰. 世界科技强国内涵与评价指标体系［J］. 中国科技论坛，2018（12）：28-34，51.

［14］周频，甘泗群，黄跃. 创新型国家建设中的政府作为：基于 WIPO《全球创新指数 2016》的视野［J］. 中国软科学，2016（z1）：254-262.

［15］曹杰，王少鹏. 基于全球创新指数的中国创新型国家建设进程比较分析［J］. 科技管理研究，2016，36（21）：6-11.

［16］陈丽竹. 从 GII 报告（全球创新指数）看我国创新能力发展趋势［EB/OL］.（2020-07-30）［2021-11-12］. https://baijiahao.baidu.com/s?id=1706694073482753459&wfr=spider&for=pc.

［17］朱海扬，姚景淳，丁崇泰. 国家创新力减退了吗？——基于全球创新指数的研究［J］. 科技管理研究，2020，40（2）：11-21.

［18］中国发展门户网. 2021 年全球创新指数　瑞士瑞典美国名列前茅［EB/OL］.（2021-11-11）［2021-11-22］. https://baijiahao.baidu.com/s?id=1716125780795323981&wfr=spider&for=pc.

导语

　　区域特别是城市群这一空间单元已经日益成为全球各国经济、社会、科技发展的核心地理单元，围绕城市群开展推进科技创新的制度建设、资源布置、产业布局、协同发展等的成效将直接影响国家创新的增长极。本章基于中国科技创新图谱理念，对中国各主要城市群进行解构与分析，并以长三角城市群为例探索中国科技创新图谱在城市群内的应用模式。

第5章
创新图谱视域下的城市群

5.1 城市群是支撑中国创新发展的核心空间单元

　　1961 年，法国地理学家戈特曼在他的著作《城市群：城市化的美国东北海岸》中第一次提出了城市群的概念，具体是指人口规模在 2500 万人以上和人口密度超过250 人 / 平方千米的特大城市[1]。关于城市群的具体定义，范畴学者们众说纷纭，但认识方向大体一致，即城市群包含多个地缘相接的城市，且各城市间的联系越来越紧密，共同对特定的区域发展产生实质性影响。随着工业化的推进，城市群的产生和发展已成为带动国家整体发展的内生动力[2]。

　　在世界主要国家，由于区域或城市群聚集了绝大部分的科技创新力量，包括人才、资金、知识、技术等，因此建成创新型国家必然需要从城市科技创新方面进行分析。由于地理空间距离的作用，相邻的城市之间不同科技创新要素的流动会带动整个区域创新的发展，产生人才、知识等创新要素的吸收与溢出[3]。因此，积极提升我国各个城市群的创新能力是保证我国经济稳定发展并持续增长的关键，而对城市群科技创新进行归纳、整理、研究、分析也是科技管理与科技信息分析的一项重要课题。

5.2 城市群是支撑各国发展的核心空间引擎

5.2.1 纽约都市圈

纽约都市圈地处美国东北部大西洋沿岸平原，北起缅因州，南至弗吉尼亚州。区域总面积约13.8万平方千米，占美国面积的1.5%，人口总量占全美国总人口的20%，城市化水平达到90%以上，是世界金融的核心中枢及国际航运中心，为世界城市群之首[4]。

该都市圈内，核心城市为纽约市，它是世界金融中心、总部经济和贸易中心，拥有美国最大的商贸港口、世界知名的跨国银行和多家全美著名的大银行总部。三轴点分别是费城、华盛顿和波士顿。其中，费城是制造业与运输中心，以钢铁、造船、国防、电子、航空等为主导产业；华盛顿是政治与金融中心，拥有全美政治、经济、军事等的最高指挥机构，集聚了世界银行、美洲发展银行等全球性金融机构的总部；波士顿是科技和教育中心，拥有全美100多所高校，集聚了众多的高新技术企业和研究机构。各城市分工协作，功能定位合理，形成多元化和互补性的产业结构。科技创新是纽约都市圈快速成长的关键因素，纵观纽约都市圈发展历程，几乎每一次的技术革新都推动了产业结构的转型升级，所形成的新产业均成为其经济支柱[5]。纽约都市圈高度重视基础研究，波士顿大学、哈佛大学及麻省理工学院等国际著名学府集聚，为都市圈源源不断引进培育顶尖创新人才的同时，实现知识创新溢出，形成技术创新的良好氛围；林立的技术孵化器、先进技术中心、实验室等推动技术项目从研发走向产业化；大数据、互联网等在金融领域的应用，推动金融创新不断出现，纽约金融中枢的资金辐射力度不断增强，为周边产业尤其是高新技术企业提供畅通的投融资渠道。良好的创新环境是纽约都市圈发展的保障，纽约都市圈内建立了诸多非政府组织，如麻省技术领导委员会等，其是纽约都市圈市场经济条件下弥补政府职能和市场失灵的有益途径。同时，纽约都市圈内大力鼓励科技研发，提高R&D费用扣除标准和设备折旧率，加速了高新技术企业收回投资。着力培育创新文化，长期以来已形成鼓励创新和自由思考的创新文化与社会氛围。

5.2.2 旧金山湾区

旧金山湾区是美国加利福尼亚州北部的一个大都会区，位于沙加缅度河下游出海口的旧金山湾四周，共有9个县，城镇多达101个，面积17 955平方千米，总人口数在700万人以上。旧金山湾区分为北湾、旧金山城、东湾和南湾。其中，南湾是硅谷的中心地带，重点发展高新技术产业；旧金山城重点发展金融业、滨海旅游等现代服务业，奥克兰市以港口经济为主，其他地区以农业旅游为主，形成以高新技术产业为主导、科技金融紧密结合、其他服务业配套发展的产业体系[6]。

世界顶尖的大学是旧金山湾区形成政产学研科技协调创新的动力源泉。据统计，旧金山湾区每245.2平方千米、每10.4万人就有一所大学，共有大学70多所，其中世界级研究型大学5所，分别为斯坦福大学、加州大学旧金山分校、加州大学伯克利分校、加州大学戴维斯分校、加州大学圣克鲁兹分校，数量众多的高质量院校在旧金山湾区科技创新发展中发挥了重要的积极作用。实际上，旧金山湾区科技创新的源头正是该区域众多具有较强研究能力的世界名牌大学和各类研究机构，它们不仅为湾区科技创新打下了深厚的研究基础，还为湾区发展提供创新人才、实验室、孵化器等要素。长期以来，湾区的创新创业者所引用的大学专利或科技论文大多出自湾区的知名大学。由于诸多大学、企业家及其他中介组织的共同倾力推动，旧金山湾区才形成系列创新制度和创新氛围，如公司制度、大规模生产制度、风险投资体系、容忍失败、鼓励跳槽等[7]。

产业集群的主要优势之一，就是集群内部通过知识、技术等各种要素的互动而产生的集群创新效应。一方面体现在大企业对创新的"极心"作用；另一方面体现在众多中小企业对创新的高敏感性和灵活性。高科技产业的聚集发展是旧金山湾区科技创新发展的重要支撑。目前，旧金山湾区聚集了一大批具有世界影响力的高科技创新企业，形成了各领域的高科技产业集群。据统计，全球独角兽公司总部位于美国加利福尼亚州的有101家，旧金山湾区拥有谷歌、脸书、苹果、惠普、英特尔、思科、特斯拉等一批极具世界影响力的大公司，同时集聚了不少中小型高科技企业，其中不超过50人的公司占科技公司的80%，约5000家。旧金山湾区已经形成了大、中、小型科技创新企业协同发展的高新技术产业集群，融科研、技术、生产为一体，信息技术、人工智能、无人驾驶、新材料、新能源、航天科技、生命医药等多个领域在全球独领风骚[8]。

5.2.3 东京湾区

东京湾区以东京为中心，以关东平原为腹地，包含东京、横滨、川崎、千叶、横须贺等几个大中城市，拥有由横滨港、东京港、千叶港、川崎港、木更津港、横须贺港6个港口首尾相连的马蹄形港口群，年吞吐量超过5亿吨，在庞大的港口群带动下，形成京滨、京叶两大工业地带，钢铁、石油化工、现代物流、装备制造和高新技术等产业十分发达[9]。在重点城市定位方面，东京是经济与政治中心，神奈川县是工业与物流中心，埼玉县是副都与运输中心，千叶县是商务与货运中心。

从1959年开始，日本先后5次制定了基本规划并出台了系列法律，明确各地区职能定位和空间布局，通过立法将权利下放到各地区，逐步推动制造业的产业转移和高端服务业的集聚发展，不断优化城市配套建设，加快错位、联动、衔接的东京湾区的形成[10]。同时，为了加强跨区域的协作性，从东京湾区大局出发实施一系列包括交通、环境、信息共享平台建立、产业一体化和行政体系改革等方面的政策措施，引导其建设发展。以京滨、京叶工业区为核心的东京湾沿岸是日本经济最发达、工业最密集的区域，以传统制造业转移起步，发展至今最重要的原因是高度重视科技创新，重点体现在 3 个方面：一是高校院所集聚营造良好创新氛围，高校院所有庆应大学、丰田研究所等；二是确立企业科研主体地位，引导企业加强研发经费投入，培育技术创新能力，东京湾区已培育出一大批具有技术研发功能的大型企业，如 NEC、佳能、三菱电机、三菱重工等；三是东京湾区内加强产学研协同创新环境建设，建立了专业的产、学、研协作平台，并促进各大学与企业的合作，加强大学科研成果的产业化。

5.3　中国的城市群发展战略

2018 年 11 月 18 日，《中共中央　国务院关于建立更加有效的区域协调发展新机制的意见》中明确指出，以"一带一路"建设、京津冀协同发展、长江经济带发展、粤港澳大湾区建设等重大战略为引领，以西部、东北、中部、东部四大板块为基础，促进区域间相互融通补充。以"一带一路"建设助推沿海、内陆、沿边地区协同开放，以国际经济合作走廊为主骨架加强重大基础设施互联互通，构建统筹国内国际、协调国内东中西和南北方的区域发展新格局。以疏解北京非首都功能为"牛鼻子"推动京津冀协同发展，调整区域经济结构和空间结构，推动河北雄安新区和北京城市副中心建设，探索超大城市、特大城市等人口经济密集地区有序疏解功能、有效治理"大城市病"的优化开发模式。充分发挥长江经济带横跨东中西三大板块的区位优势，以共抓大保护、不搞大开发为导向，以生态优先、绿色发展为引领，依托长江黄金水道，推动长江上中下游地区协调发展和沿江地区高质量发展。建立以中心城市引领城市群发展、城市群带动区域发展新模式，推动区域板块之间融合互动发展。以北京、天津为中心引领京津冀城市群发展，带动环渤海地区协同发展。以上海为中心引领长三角城市群发展，带动长江经济带发展。以香港、澳门、广州、深圳为中心引领粤港澳大湾区建设，带动珠江—西江经济带创新绿色发展。以重庆和成都、武汉、郑州、西安等为中心，引领成渝、长江中游、中原、关中平原等城市群发展，带动相关板块融合发展。加强"一带一路"建设、京津冀协同发展、长江经济带发展、粤港澳大湾区建设等重大战略的协调对接，推动各区域合作联动[11]。

5.3.1　京津冀城市群

京津冀位于东北亚中国地区环渤海心脏地带，是中国北方经济规模最大、最具活力的地区，越来越引起中国乃至世界的瞩目。2019 年，京津冀三地地区生产总值合计 84 580.08 亿元，占全国的 8.5%[12]。

2015 年 4 月 30 日，中共中央政治局召开会议，审议通过《京津冀协同发展规划纲要》，京津冀协同发展迎来实质发展期。该规划纲要对于京津冀城市群的定位是：京津冀城市群是以首都为核心的世界级城市群、区域整体协同发展改革引领区、全国创新驱动经济增长新引擎、生态修复环境改善示范区[13]。三省市定位分别为：北京市为"全国政治中心、文化中心、国际交往中心、科技创新中心"；天津市为"全国先进制造研发基地、北方国际航运核心区、金融创新运营示范区、改革开放先行区"；河北省为"全国现代商贸物流重要基地、产业转型升级试验区、新型城镇化与城乡统筹示范区、京津冀生态环境支撑区"[13]。

该规划纲要特别强调，创新驱动既包括科技创新，也包括体制、机制、政策和市场等方面的创新。一要强化协同创新支撑。加快北京中关村和天津滨海高新区国家自主创新示范区发展，打造我国自主创新的重要源头和原始创新的主要策源地；做好北京原始创新、天津研发转化、河北推广应用的衔接，构建分工合理的创新发展格局；在大气污染治理、绿色交通、清洁能源等区域共同关注的问题上，联合攻关，协同突破。二要完善区域创新体系。构建体制、机制、政策、市场、科技等多位一体的创新体系，共同培育壮大企业技术创新主体，建设科技成果转化服务体系，完善科技创新投融资体系，促进科研成果尽快转化为生产力。三要整合区域创新资源。集聚高端创新要素，促进科技创新资源和成果开放共享，加强科技人才培养与交流，为创新驱动发展提供有力支撑。

5.3.2 长三角城市群

长江三角洲（长三角）地区，包括上海市、江苏省、浙江省、安徽省，共41个城市；位于中国长江的下游地区，濒临黄海与东海，地处江海交汇之地，沿江沿海港口众多，是长江入海之前形成的冲积平原。2020年，长三角地区生产总值达24.5万亿元；常住人口城镇化率超过60%，以不到4%的国土面积，创造出中国近1/4的经济总量和1/3的进出口总额[14]。长三角地区的一大特点是科教资源丰富，该区域内拥有上海张江、安徽合肥2个综合性国家科学中心，全国约1/4的"双一流"高校、国家重点实验室、国家工程研究中心。区域创新能力强，年研发经费支出和有效发明专利数均占全国1/3左右，上海、南京、杭州、合肥研发强度均超过3%。科创产业紧密融合，大数据、云计算、物联网、人工智能等新技术与传统产业渗透融合，集成电路和软件信息服务产业规模分别约占全国的1/2和1/3，在电子信息、生物医药、高端装备、新能源、新材料等领域形成了一批国际竞争力较强的创新共同体和产业集群[15]。

2019年通过的《长江三角洲区域一体化发展规划纲要》要求推动科技创新与产业发展深度融合，促进人才流动和科研资源共享，整合区域创新资源，联合开展"卡脖子"关键核心技术攻关，打造区域创新共同体，共同完善技术创新链，形成区域联动、分工协作、协同推进的技术创新体系[14]。科创产业融合发展体系基本建立。区域协同创新体系基本形成，成为全国重要创新策源地。优势产业领域竞争力进一步增强，形成若干世界级产业集群。创新链与产业链深度融合，产业迈向中高端。加强协同创新产业体系建设。深入实施创新驱动发展战略，走"科创＋产业"道路，促进创新链与产业链深度融合，以科创中心建设为引领，打造产业升级版和实体经济发展高地，不断提升在全球价值链中的位势，为高质量一体化发展注入强劲动能。构建区域创新共同体、加强产业分工协作、推动产业与创新深度融合。到 2025 年，研发投入强度达到 3% 以上，科技进步贡献率达到 65%，高技术产业产值占规模以上工业总产值的比重达到 18%[15]。

5.3.3　粤港澳大湾区

粤港澳大湾区，包括香港特别行政区、澳门特别行政区和广东省广州市、深圳市、珠海市、佛山市、惠州市、东莞市、中山市、江门市、肇庆市，总面积为 5.6 万平方千米，是中国开放程度最高、经济活力最强的区域之一，在国家发展大局中具有重要战略地位[16]。建设粤港澳大湾区，既是新时代推动形成全面开放新格局的新尝试，也是推动"一国两制"事业发展的新实践[17]。

2019 年 2 月 18 日，中共中央、国务院印发《粤港澳大湾区发展规划纲要》。按照该规划纲要要求，粤港澳大湾区不仅要建成充满活力的世界级城市群、国际科技创新中心、"一带一路"建设的重要支撑、内地与港澳深度合作示范区，还要打造成宜居宜业宜游的优质生活圈，成为高质量发展的典范[17]。以香港、澳门、广州、深圳四大中心城市作为区域发展的核心引擎。国家对粤港澳大湾区的定位包括：瞄准世界科技和产业发展前沿，加强创新平台建设，大力发展新技术、新产业、新业态、新模式，加快形成以创新为主要动力和支撑的经济体系；扎实推进全面创新改革试验，充分发挥粤港澳科技研发与产业创新优势，破除影响创新要素自由流动的瓶颈和制约，进一步激发各类创新主体活力，建成全球科技创新高地和新兴产业重要策源地。同时，要求粤港澳大湾区相关行政主体深入实施创新驱动发展战略，深化粤港澳创新合作，构建开放型融合发展的区域协同创新共同体，集聚国际创新资源，优化创新制度和政策环境，着力提升科技成果转化能力，建设全球科技创新高地和新兴产业重要策源地[17]。

5.4　面向城市群的探索性空间分析方法

随着城市规划及区域地理学科的发展，对于城市群结构进行分析的方法已经较为丰富。例如，方创琳等[18]在 2005 年就对中国主要城市群的空间结构进行了对比分析，其主要评价指标侧重于经济、人口等基础数据，其研究对象涵盖了中国当时的主要城市群，包括长三角、珠三角、京津冀地区等。张祥建等[19]也从经济地理的角度通过对长三角城市群产业集群的分析剖析了其空间结构。而对于城市结构研究的定量化方法而言，其研究应用更为广泛，常用方法包括空间密度法、首位度分析法、位序–规模法等。例如，许庆明等[20]基于日本、韩国城市人口集聚密度和产业结构的比较，研究了中国长三角城市群城市人口集聚密度、区域产业结构优化方面的问题。曾鹏等[21]利用经济和人口数据结合首位度分析方法对我国十大主要城市群的城市规模结构进行了分析。柳坤等[22]则利用位序–规模法，探讨了第三产业在我国三大城市群的空间分布。

5.4.1 城市群空间密度

空间密度法多应用于人口空间单元与结构分析方面，主要对城市内部及区域人口分布的时空变化进行了研究[23-24]。人口密度结合空间插值分析方法，可以直观地反映区域人口分布和聚集城市的中心性。在本研究中，利用空间数据和城市创新要素数据，计算城市创新要素的空间密度，其式如下所示：

$$D_i = \frac{BSP_i}{S_i}。 \tag{5-1}$$

其中，D_i 表示城市创新要素空间密度，BSP_i 表示城市创新要素，S_i 表示城市行政区划面积。同时，利用距离反比例权重法进行空间插值[25]，展现城市群城市创新要素分布密度变化。

5.4.2 区域均匀指数

区域均匀指数考虑区域内全部城市，对其某一指标的分散和集聚度进行定量化表征。罗震东等[26]根据改进前人提出的均匀度指数计算方法，将区域面积引入均匀度计算当中，以表征区域各单元某一指标的分布均衡程度，其计算式如下所示：

$$t_i = \left(\frac{BSP_i}{\sum\limits_{i=1}^{n} BSP_i} \right) \times \left(\frac{S_i}{\sum\limits_{i=1}^{n} S_i} \right)。 \tag{5-2}$$

$$UI = \sum_{i=1}^{n} \sqrt{t_i}。 \tag{5-3}$$

其中，t_i 为每个单元指标占城市总指标的比重，UI 为均匀指数。UI 的取值范围为（0，1），其越接近 1 表明上述特征分布在区域越均匀，越接近 0 则表明越集聚。

5.4.3 城市群首位度

城市群首位度往往用来反映某一城市在区域的主导性，1939 年，杰斐逊首先提出了首位度的计算方法，其基本计算方法是将研究区域内排名第一的城市和排名第二的城市的人口规模相比[27]，在实际应用中也可以根据研究对象将其替换为其他对象，本书针对城市创新要素数量进行首位度计算，用以表征不同城市群内城市创新要素在最大城市的集中度。首位度计算方法有二城市法、四城市法及十一城市法[28]。由于城市群内城市规模限制，本研究采用二城市首位度和四城市首位度计算方法，其计算方法如式（5-4）和式（5-5）所示：

$$S_2 = \frac{BSP_1}{BSP_2}。\tag{5-4}$$

$$S_4 = \frac{BSP_1}{BSP_2 + BSP_3 + BSP_4}。\tag{5-5}$$

式（5-4）和式（5-5）中，S_2 和 S_4 分别代表二城市首位度和四城市首位度，BSP_1、BSP_2、BSP_3、BSP_4 分别代表城市创新要素数量排名第一、第二、第三、第四的城市的基础研究人员数量。

5.4.4　城市位序 – 规模测度

位序 – 规模律（Rank–Size Rule）是从城市的规模和城市规模位序的关系角度来考察一个城市体系的规模分布状况[29]。对于城市位序与规模的研究，最早由奥尔巴克和辛格提出，根据其研究，城市的位序和规模可以由以下数学关系表示：

$$y = B \times x^{-a}。\tag{5-6}$$

两边取对数则可变为如下形式：

$$\log(y) = -a \times \log(x) + \log(B)。\tag{5-7}$$

式（5-6）和式（5-7）中，y 代表行政区某一指标的基础人才规模，x 代表其位序，B 为常数，a 为位序 – 规模的维数。通常认为，当 $a=1$ 时，表示分布结构较为均衡；当 $a<1$ 时，表示城市体系结构不突出；当 $a>1$ 时，则表示等级较高城市对于相应指标而言，具有较高的集聚性[30-31]。在本书中，x 由同一城市群内不同城市的城市创新要素数量排序得到，而 y 则代表相应城市的城市创新要素数量，同时，通过回归分析得到 a 的值。

5.5　科技创新图谱视角下城市群的空间分异与结构

基于城市群，利用城市群评价分析方法，本书进一步对城市群所涉及的具体科技创新要素数据进行展示与分析。

以创新要素中的论文和专利数据为例，结合京津冀、长三角、粤港澳（除港、澳）大湾区进行首位度计算。从结果来看，在京津冀城市群，北京是论文与专利两个评价指标的首位城市，其首位度数值较高，分别为 3.45 和 2.10。在长三角城市群，上海同样是论文和专利的首位城市，但其首位度数值尚不到 1，分别为 0.72 和 0.52，与北京在京津冀的首位度相比相差甚远。这也说明在长三角城市群中，除上海外排名在其后的城市创新实力同样不容小觑。在粤港澳大湾区，广州是论文的首位城市，首位度数值为 2.77，而深圳是技术创新（专利）的高地，首位度数值为 0.77。

5.6　区域创新图谱构建与应用——以长三角城市群为例

伴随着数字经济时代和以数据为驱动的科学研究发展阶段的到来，科学数据、研发服务等科技资源种类和数据日益增长，对城市群经济与科技创新的支撑作用日益显现，这也对科技资源提出了更高的要求和更多的需求，亟待突破行政区划界限，在更大范围、更广领域、更高层次优化科技资源配置，发挥对区域创新的基础性支撑作用。

长三角科技创新图谱基于中国科技创新图谱的理念，建设城市群科技创新可视化平台，旨在通过对科技创新各类数据的有效组织和管理，以信息技术为手段，以数据可视化分析展示为基础，高效地从科学发展的角度来分析城市群及城市群内城市科技创新建设的成效，以及揭示科技创新与经济社会发展的互动规律，以及制度创新、组织创新和科技、经济进步的互动关系，及时通过数据分析城市群创新的态势，从而提升科技管理与协同创新水平，以进一步提升特定区域的科技创新能力。

5.6.1　长三角城市群内的基础研究合作

表征一个区域的基础科技创新，除了城市群各城市自身的论文发布数量外，往往更看重内部不同城市的协同性。对于一个城市群而言，城市间的论文合作天然地反映了各城市间的基础研究合作。本书以中国科技核心期刊论文为数据源，分析长三角地区合作论文的分布与变化态势，以此反映区域内基础研究合作态势。

从论文合作数量的变化来看（图 5-1），所有城市的论文合作均呈现出增加的态势。对于区域基础研究的主要城市而言，南京、上海、杭州是区域的主要城市，论文的发表往往也主要依托高校和科研院所，而上述 3 个城市是区域高校和科研院所的主要集聚地，因此它们也是区域论文合作发表的主要来源城市。如果以论文的被引用次数来衡量基础研究被认可和使用的程度，那么这 3 个城市同样位于整体区域前列。这3 个城市中，南京市的高校与科研院所论文被引用数量最多，因此其核心期刊论文数量和论文的被引用数量均高于其他 2 个城市。

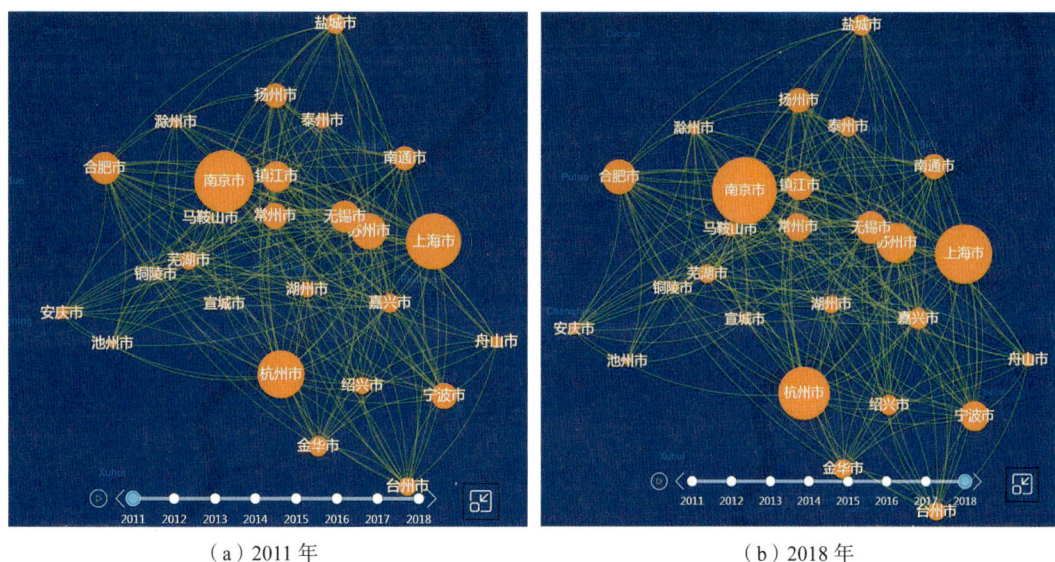

<table>
（a）2011 年　　　　　　　　　　　　　（b）2018 年
</table>

图 5-1　长三角核心城市论文合作变化

　　从整体网络分布来看，网络的中心节点为南京、上海、杭州，其次为苏州、无锡、合肥等，整体城市群的基础研究合作网络节点分布呈现出了较好的层次性。而从论文合作的领域来看（图 5-2、图 5-3），主要集中在医学、电工、化学、建筑、交通运输等，与大型科研仪器的学科分布类似，论文反映出来的学科分布也与区域的经济和产业布局有一定的关联。这也进一步说明，区域间的基础研究合作将为未来区域间的科技创新协同和经济发展提供有力支撑。

图 5-2　长三角核心城市论文合作领域

图 5-3　长三角核心城市论文合作关键词

5.6.2　长三角城市群内的专利转移

与论文相比较而言，专利是应用研究的代表，而专利的转移则代表城市群内各城市间技术的吸纳与输出。

从长三角城市群历年专利转移的数量来看（图 5-4），其数据保持较高水平，但各年度有所变化。而从专利转移的转让与受让方来看，其特色非常明显，个人和公司是转让方的主体，受让方中公司占据了大多数，这说明长三角区域内的专利转移的核心是处于技术应用最前沿的公司，公司的需求直接决定了技术成果转换的数量和类型。

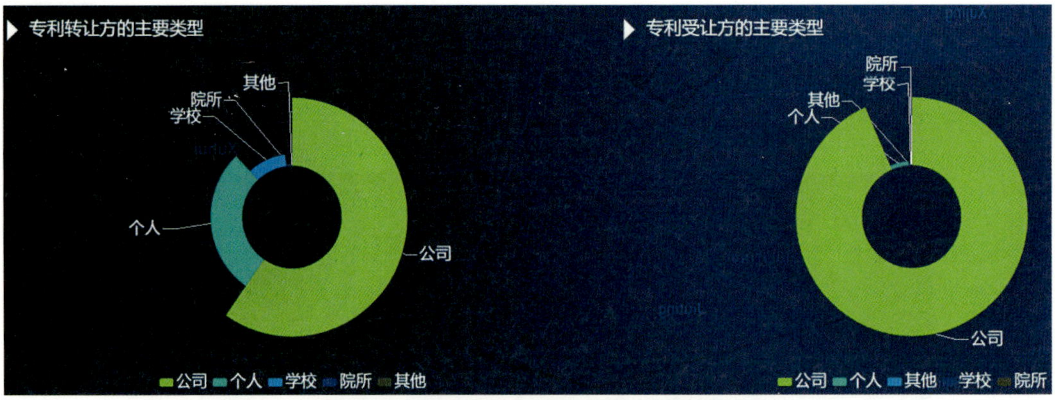

图 5-4　长三角专利转移转让主体信息

而从专利转移的城市来看，上海相较于长三角其他城市有着明显的优势，始终占据长三角专利转移核心城市的位置（图 5-5）。其次是苏州、南京、无锡、杭州等城市。如果与基础研究进行对比，再结合专利转移的转让与受让群体，可以发现产业群分布集中的区域——上海及苏南地区（苏州、无锡、常州）是整个区域专利转移的重心所在，企业的分布直接决定了整个区域技术应用与转换的态势。

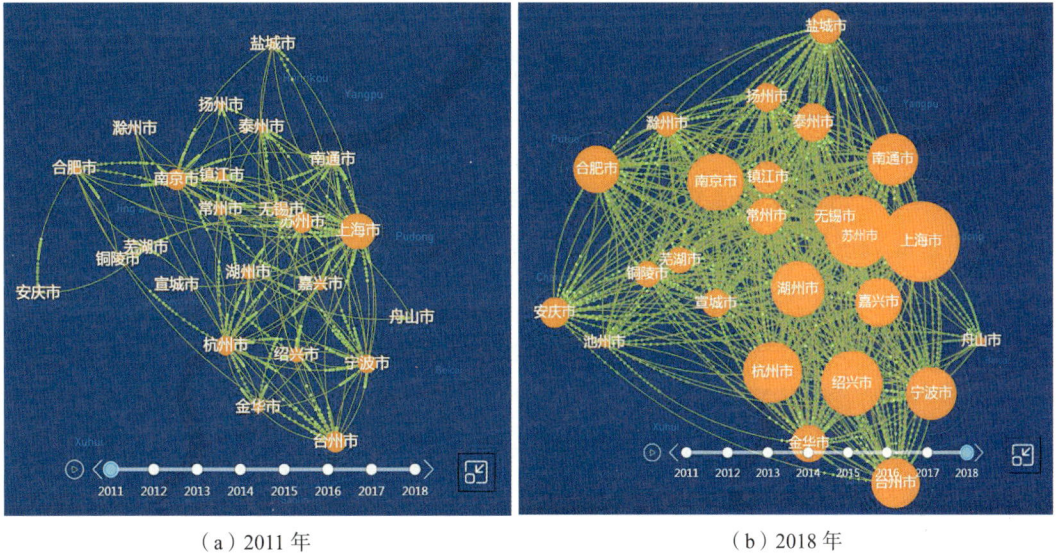

（a）2011 年　　　　　　　　（b）2018 年

图 5-5　长三角核心城市专利转移转让变化

　　从专利转移的 IPC 分类来看（图 5-6），主要集中在与制造业密切相关的化学、冶金、作业、运输等领域；从技术领域来看（图 5-7），电机装备、机床、热处理与燃烧设备、医药化学及环保技术占核心地位，这也响应了区域先进制造业、新能源与新一代医药卫生等战略性新兴产业的布局与定位。

图 5-6　长三角核心城市专利转移转让 IPC 分类

图 5-7　长三角核心城市专利转移转让技术领域

5.6.3 长三角城市群内的上市企业

上市企业往往是一个城市和区域经济发展的龙头，同时某一产业中上市企业的聚集也会对该产业的发展产生深远的影响。在此，展示了长三角地区 A 股主板上市企业（沪 A、深 A）的情况。

从长三角上市企业整体空间发展来看（图 5-8），相比 2013 年，2018 年长三角主板上市企业数量增加，其营业收入和利润同样出现了增长的态势。从上市企业的空间分布来看，长三角地区上市企业的集中程度更为明显，以上海为中心，以杭州、南京为两翼，呈现了一定的空间集聚态势。

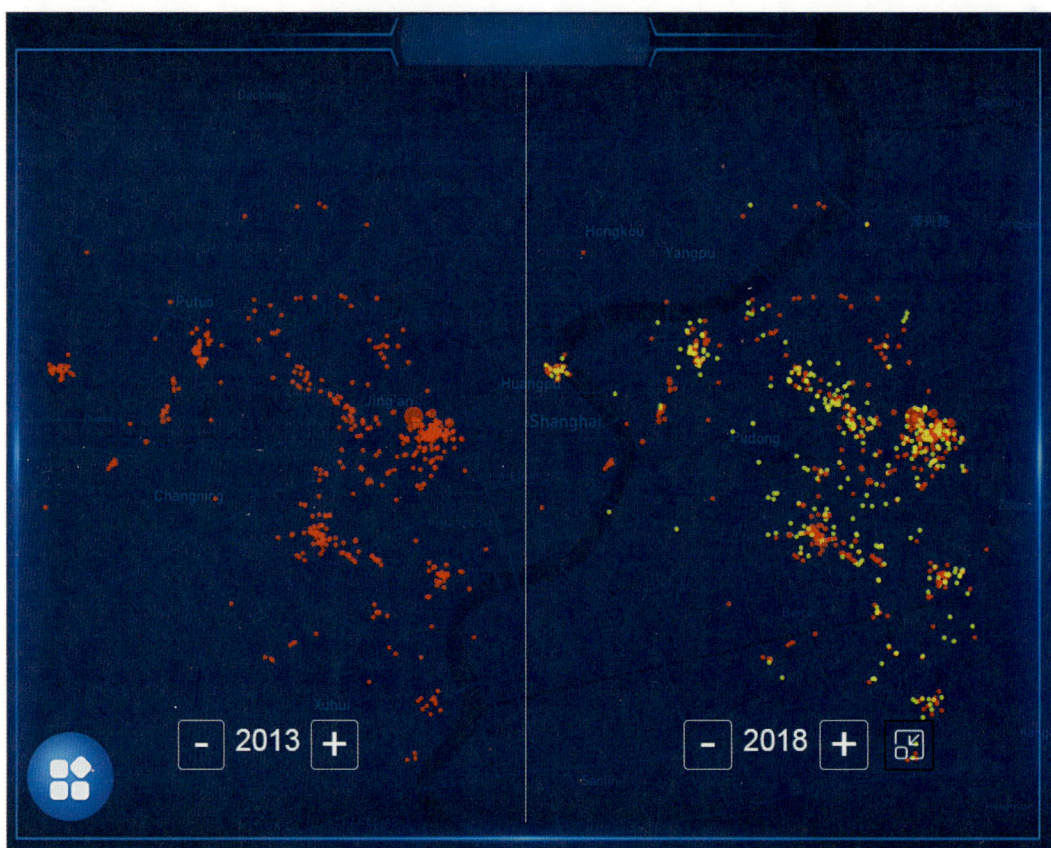

图 5-8　长三角核心城市上市企业数量变化（2013 年和 2018 年）

上市企业的发展同样需要科技创新的支撑，从支撑企业创新发展的人力资本来看（图 5-9），上市企业技术人员的数量也呈现了不断增长的态势，这为后续长三角上市企业的创新发展提供了必要的基础和支撑。

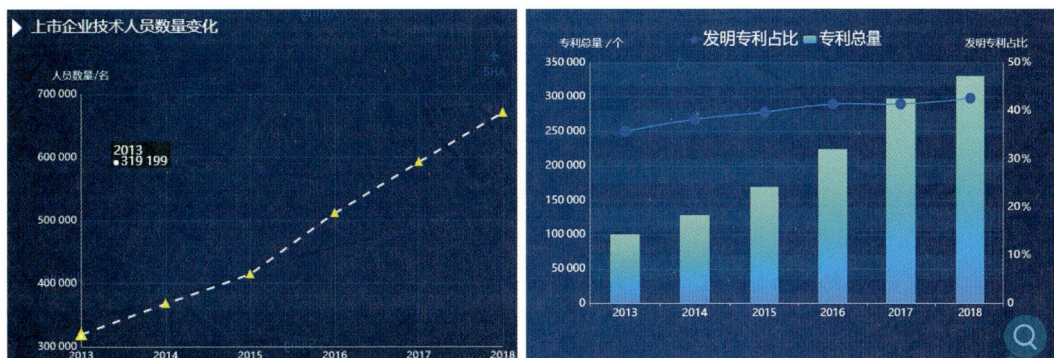

图 5-9 长三角核心城市上市企业科技创新要素变化（2013—2018 年）

从上市企业的证监会行业分类来看（图 5-10），作为我国制造业的核心区域，长三角地区的主板上市企业以制造业，信息传输、软件和信息技术服务业为主，而这也与长三角地区优先发展先进制造业、新一代信息技术的产业布局相吻合。

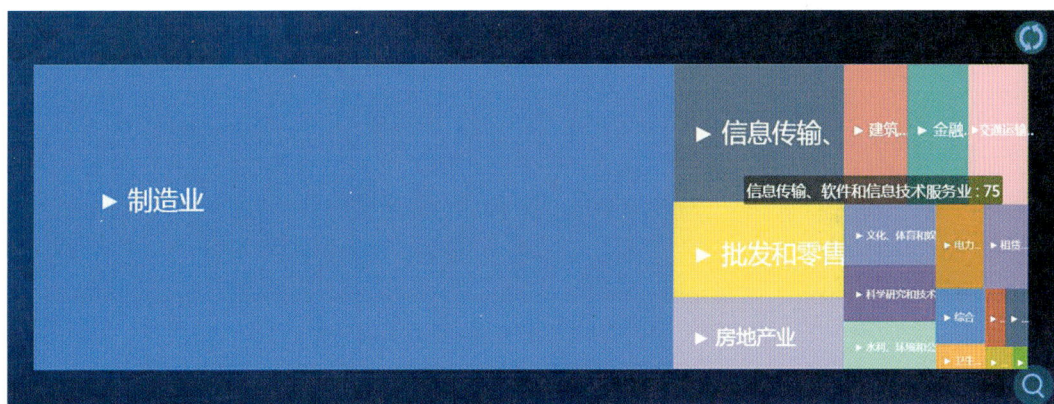

图 5-10 长三角核心城市上市企业行业分类

5.6.4 长三角城市群内的城市创新

在逐个研究了论文、专利这些代表基础研究与应用转化的科技创新核心内容之后，我们将目光聚集于区域的整体分布态势，利用中国科技创新型城市评价的部分指标，结合专家的权重对长三角区域的各个城市进行指标的分析与对比。根据指标对比，上海的 R&D 经费投入（表征科研投入力度、科创态势）及规模以上工业企业主营业务收入（表征经济态势）均在区域内有着明显的优势。而从整体评价来看，其在创新基础、投入、产出和绩效方面均处于领先位置，始终处于区域的核心。同时，长三角区域各个城市的差距并不大，特别是苏中、苏南城市的创新得分可以说是不分伯仲，这直接说明了区域发展的均衡程度。如果将区域发展广义上的投入（基础、投入）与产出（产出、绩效）对比来看，区域内城市的投入与绩效表现较好，而在投入与产出方面则需要进一步加强（图 5-11）。

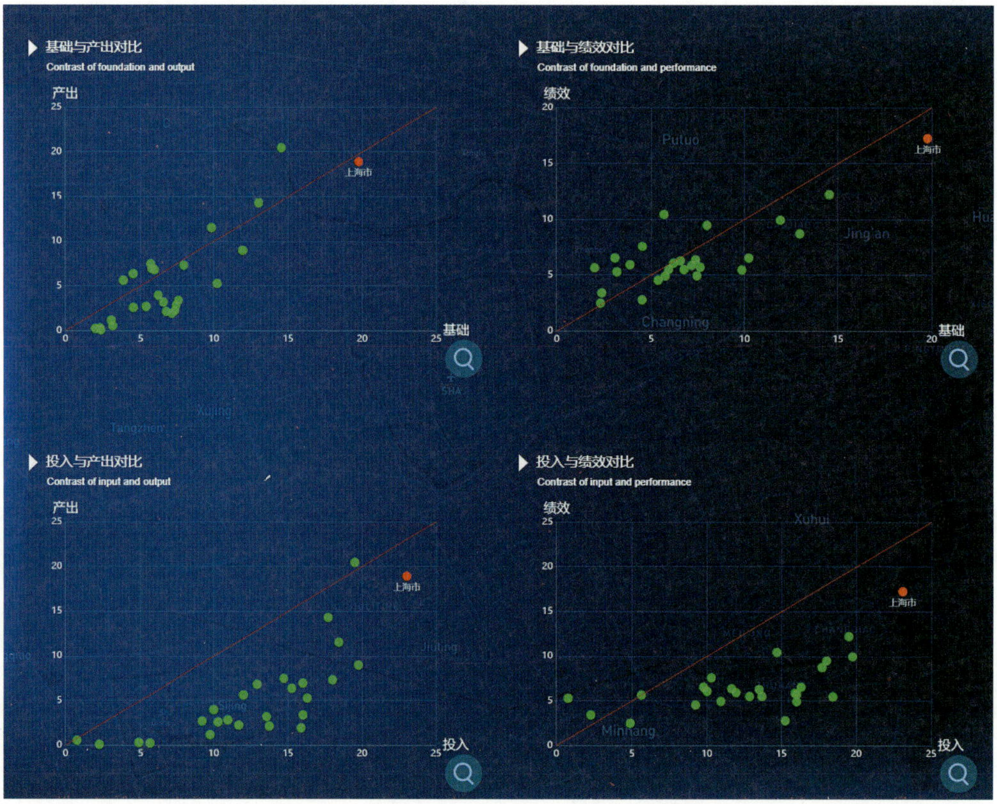

图 5-11　长三角核心城市创新指标分项对比

5.7　本章小结

　　以城市群为代表的区域创新是国家创新的重要战略支点，其不仅承载着大部分的经济、社会、科技创新资源，同时也是不同层次、不同发展水平的城市间关联、合作、协同发展的基础。通过将中国科技创新图谱相关构建理念与城市群创新特点相融合，中国科技创新图谱针对城市群的分析集中面向城市群的创新态势和创新协同，特别是中国科技创新图谱采用了科技成果数据对城市群协同作用进行表达，利用科学计量及地理空间可视化方法对论文、专利数据进行挖掘和展示，使城市群的科技创新协同特征一目了然，城市群的创新协同变化跃然图上，这对于城市群内各城市间协同创新管理和政策的推出具有辅助支撑作用。

参考文献

［1］　尹德挺，史毅. 人口分布、增长极与世界级城市群孵化：基于美国东北部城市群和京津冀城市群的比较［J］. 人口研究，2016，40（6）：87-98.

［2］　李俊杰，王雪颜. 产业集聚对城市群层级空间分异效应的实证研究［J］. 城市，2021（7）：3-17.

［3］　吕海萍. 创新要素空间流动及其对区域创新绩效的影响研究［D］. 杭州：浙江工业大学，2020.

［4］　庞德良，唐艺彬. 纽约都市圈的城市空间结构功能及其演化动力因素［J］. 社会科学战线，2012（7）：252-254.

［5］　杨道玲，邢玉冠，李祥丽. 粤港澳大湾区科技创新的优势与短板：基于多源数据的世界四大湾区对比研究［J］. 科技管理研究，2020，40（10）：105-111.

［6］　樊明捷. 旧金山湾区的发展启示［J］. 城乡建设，2019（4）：74-76.

［7］　李万，周小玲，胡曙虹，等. 世界级科技创新城市群：长三角一体化与上海科创中心的共同抉择［J］. 智库理论与实践，2018，3（4）：94-100.

［8］　刘欣博. 美国旧金山湾区高新技术产业创新体系研究［D］. 长春：吉林大学，2020.

［9］　张荣忠. 日本京滨地区港口全方位合作［J］. 中国港口，2009（4）：2.

［10］　邓奕. 日本第五次首都圈基本规划［J］. 北京规划建设，2004（5）：3.

［11］　新华社. 中共中央国务院关于建立更加有效的区域协调发展新机制的意见［EB/OL］.（2018-11-29）［2021-11-10］. http://www.gov.cn/zhengce/2018-11/29/content_5344537.htm.

［12］　李仪灵，朱婧. 一图看懂京津冀超级城市群［J］. 中国公路，2017（4）：4.

［13］　京津冀协同发展规划纲要［EB/OL］.（2015-04-30）［2021-11-10］. https:// www.ndrc.gov.cn/gjzl/jjjxtfz/201911/t20191127_1213171.html?code=&state=123.

［14］　张阿嬣. 长三角一体化如何实现1+1+1+1>4［EB/OL］.（2019-12-17）［2021-11-01］. http://ex.cssn.cn/zhcspd/zhcspd_tt/201912/t20191217_5060248.html?COLLCC=3594598031&COLLCC=1967443991.

［15］　人民网. 长江三角洲区域一体化发展规划纲要［EB/OL］.（2019-12-01）［2021-10-13］. https://baijiahao.baidu.com/s?id=1651768157670513596&wfr=spider&for=pc.

［16］　张晨晨，张杰，吴祥茵，等. 基于多源时空数据的粤港澳大湾区建设用地扩张及动力机制研究［J］. 地理信息世界，2020，27（2）：6.

［17］ 新华社. 粤港澳大湾区发展规划纲要［EB/OL］.（2019-12-01）［2021-10-13］. http://www.xinhuanet.com/gangao/zt/ldzt/ldzter3/index.htm.

［18］ 方创琳, 宋吉涛, 张蔷, 等. 中国城市群结构体系的组成与空间分异格局［J］. 地理学报, 2005, 60（5）: 827-840.

［19］ 张祥建, 唐炎华, 徐晋. 长江三角洲城市群空间结构演化的产业机理［J］. 经济理论与经济管理, 2003（10）: 65-69.

［20］ 许庆明, 胡晨光, 刘道学. 城市群人口集聚梯度与产业结构优化升级: 中国长三角地区与日本、韩国的比较［J］. 中国人口科学, 2015（1）: 29-37.

［21］ 曾鹏, 陈芬. 我国十大城市群等级规模结构特征比较研究［J］. 科技进步与对策, 2013（5）: 42-46.

［22］ 柳坤, 申玉铭, 刘辉. 中国三大城市群服务业规模结构及演化特征［J］. 地理科学进展, 2012, 31（10）: 1289-1294.

［23］ HOLT J B, LO C P, HODLER T W. Hodler. Dasymetric estimation of population density and areal interpolation of census data［J］. Cartography & geographic information science, 2004, 31（2）: 103-121.

［24］ 毛其智, 龙瀛, 吴康. 中国人口密度时空演变与城镇化空间格局初探: 从2000年到2010年［J］. 城市规划, 2015, 39（2）: 38-43.

［25］ 赵虎, 李霖, 张志军, 等. 基于扩展空间句法的城区人口密度估算方法［J］. 测绘科学, 2009, 34（4）: 150-152.

［26］ 罗震东, 张京祥. 大都市区域空间集聚 – 碎化的测度及实证研究: 以江苏沿江地区为例［J］. 城市规划, 2002, 26（4）: 61-63.

［27］ MUTLU S. Urban concentration and primacy revisited: an analysis and some policy conclusions［J］. Economic development & cultural change, 1989, 37（3）: 611-639.

［28］ RASHID A W, KHAIRKAR V P. Declining city-core of an Indian primate city: a case study of Srinagar city［J］. International journal of environmental sciences, 2012（4）: 2090-2103.

［29］ CHEN Y, ZHOU Y. The rank-size rule and fractal hierarchies of cities: mathematical models and empirical analyses［J］. Environment & planning B planning & design, 2003, 30（6）: 799-818.

［30］ SAVAGE S H. Assessing departures from log-normality in the rank-size rule［J］. Journal of archaeological science, 1997, 24（3）: 233-244.

［31］ 张超, 王春杨, 吕永强, 等. 长江经济带城市体系空间结构: 基于夜间灯光数据的研究［J］. 城市发展研究, 2015, 22（3）: 19-27.

导语

> 城市是人口、经济、社会聚集的核心空间单元，同时也是承担科技创新任务的重要空间治理单元。随着我国城镇化进程的不断推进，城市未来将成为科技创新的主要治理单元，本章基于中国科技创新图谱理念，对构成中国科技创新增长极的主要城市分布进行描述，并将中国科技创新图谱理念与具体城市创新治理应用相结合进行了探讨。

第6章
创新图谱视域下的城市创新

6.1　城市是创新的主要空间载体

以城市为核心的科技创新中心是创新资源集聚、创新链要素协同发展于同一地理空间而形成的。城市，特别是成为科技创新中心的城市集聚了较多的科学研究资源，并持续产出高水平科学研究成果，辐射和影响周边地区乃至全球的科学发展，引领全球科学发展趋势。

能够成为创新中心的城市往往是一国或一个区域的经济社会发展增长极。集聚着域内典型的产业且产业门类较为丰富，包含诸如新一代信息技术、先进制造业、现代生产服务业等多元的战略性新兴产业。为城市自身提供源源不断的科技创新技术、产品、服务等，引领着城市、区域乃至国家经济的发展。

同时，能够成为创新中心的城市可以形成良好的创新生态与创新网络，将各创新要素主体集聚于自身空间范围内，并使其协同、协调、协作，保证创新驱动发展对于城市发展的持续促进作用，保证人员、知识、创新主体的吸纳、辐射与流动，体现该城市作为区域创新、国家创新乃至全球创新的核心节点作用。

6.1.1 城市是世界各国驱动创新的引擎

创新型城市是指主要依靠科技、知识、人力、文化、体制等创新要素驱动发展的城市，对其他区域具有高端辐射与引领作用[1]。创新型城市的内涵一般体现在思想观念创新、发展模式创新、机制体制创新、对外开放创新、企业管理创新和城市管理创新等方面[2]。

清华大学产业发展与环境治理研究中心和自然科研（Nature Research）经持续跟踪研究，联合发布了《全球科技创新中心指数2020》，其对全球科技创新中心的特征进行了概括[3]。

一是全球科技创新中心城市呈现出差异化发展路径和特色化定位，大部分城市在科学中心、创新高地、创新生态3个一级指标排名中存在比较明显的分化趋势，各城市呈现出特色化、差异化的创新发展路径。

二是科学研究和技术创新是影响城市在全球创新网络中位置的重要因素，拥有世界一流的大学和科研机构、具有深厚科学积淀的城市占据了全球科技创新指数综合排名的半壁江山。

三是全球科技创新中心格局正在发生变化，数字经济的快速发展使亚洲城市在创新高地方面的吸引力不断加强，新经济在亚洲的发展势头和巨大影响力与日俱增；欧美城市的创新生态引领世界一流的创新环境，在创新文化包容度和公共服务吸引力等方面表现突出。

世界各主要发达国家和新兴经济体均形成了具有自身经济、社会和科技创新特点的创新型中心城市。例如，以金融为主的纽约市在2008年金融危机之后，迅速调整城市发展策略，2009年纽约发布《多元化城市：纽约经济多样化项目》，随后又启动"东部硅谷"发展计划，并在2015年发布的新10年发展规划《一个新的纽约市：2014—2025》中，再次明确了"全球创新之都"（global capital of innovation）的城市发展定位[4]。在英国，伦敦凭借雄厚的金融基础和实力成为全球顶尖的科技创新中心城市。英国和伦敦市政府推出的系统、高效的科技战略和政策体系，如《伦敦创新战略与行动纲要（2003—2006）》《伦敦建设"Tech City"计划（2010）》《伦敦科学、知识与创新战略规划》等，发挥了良好的催化作用，将伦敦科技创新优势有效融合以确保城市的领先发展[5]。东京则是日本创新的核心城市，东京集中了日本约30%的高等院校和40%的大学生，拥有日本1/3的研究和文化机构，以及日本50%的PCT专利产出和世界10%的PCT专利产出。2014年3月，日本政府正式指定东京圈、关西圈、福冈县福冈市、冲绳县4个地区为国家战略特区。其中，将东京圈定位为"国际商务创新中心"，战略任务是促进国际资本、国际人才、国际企业聚集东京，开创具有国际竞争力的东京新产业[6]，其核心性可见一斑。

6.1.2　以创新城市为引领的中国创新中心建设

科技部于 2010 年 4 月 6 日在《科学技术部关于进一步推进创新型城市试点工作的指导意见》[7]中明确指出："城市是区域经济社会发展的中心，是国家经济产出最重要的基地，是各类创新要素和资源的集聚地，城市的发展对区域和国家发展全局影响重大。创新型城市是指自主创新能力强、科技支撑引领作用突出、经济社会可持续发展水平高、区域辐射带动作用显著的城市。加快推进创新型城市建设，对于增强自主创新能力、加快经济发展方式转变、促进区域经济社会又好又快发展和建设创新型国家意义重大。"

创新型城市的发展与建设在我国科技、经济和社会发展中起到如下作用[7]：①创新型城市是创新型国家建设的重要支柱；②创新型城市在加快经济发展方式转变中发挥着核心带动作用；③建设创新型城市是探索城市发展新模式的迫切要求；④建设创新型城市是推进国家创新体系建设的关键环节。截至 2020 年，我国创新型城市坐拥全国 47% 的国家高新区，培育了全国 80% 的高新技术企业，贡献了 90% 的技术市场合同成交额和 75% 的高新技术企业营业收入，科创板上市企业占到全国的 94%，建设创新型城市对于促进科技创新自身与国民经济发展起到了举足轻重的作用。

我国自上而下的创新城市政策建设体系，为创新型城市的发展提供了有力的保障。2016 年，习近平总书记在全国科技创新大会讲话中强调，要"加快打造具有全球影响力的科技创新中心，建设若干具有强大带动力的创新型城市和区域创新中心"。《中华人民共和国国民经济和社会发展第十四个五年规划和 2035 年远景目标纲要》明确提出[8]，支持北京、上海、粤港澳大湾区形成国际科技创新中心，建设北京怀柔、上海张江、大湾区、安徽合肥综合性国家科学中心，支持有条件的地方建设区域科技创新中心。强化国家自主创新示范区、高新技术产业开发区、经济技术开发区等创新功能。适度超前布局国家重大科技基础设施，提高共享水平和使用效率。在地方层面，2021 年 11 月，《北京市"十四五"时期国际科技创新中心建设规划》发布，率先提出到 2025 年北京国际科技创新中心基本形成，将其建设成为世界主要科学中心和创新高地的目标[9]。

在综合性国际科技创新中心建设的同时，国家技术创新中心、国家产业创新中心、国家制造业创新中心等特色创新中心的建设也在稳步推进，不断展开。2021 年 3 月 25 日，科技部印发《关于推进国家技术创新中心建设的总体方案（暂行）》的通知。通知明确指出，将国家技术创新中心定位于实现从科学到技术的转化，促进重大基础研究成果产业化。国家技术创新中心以关键技术研发为核心使命，产学研协同推动科技成果转移转化与产业化，为区域和产业发展提供源头技术供给，为科技型中小企业孵化、培育和发展提供创新服务，为支撑产业向中高端迈进、实现高质量发展发挥战略引领作用[10]。2018 年，国家发展改革委印发的《国家产业创新中心建设工作指引（试行）》中指出，国家产业创新中心是整合联合行业内的创新资源、构建高效协作创新网络的重要载体，是特定战略性领域颠覆性技术创新、先进适用产业技术开发与推广应用、系统性技术解决方案研发供给、高成长型科技企业投资孵化的重要平台，是推动新兴产业集聚发展、培育壮大经济发展新动能的重要力量[11]。2016 年，工业和信息化部、国家发展改革委、科技部、财政部四部委联合发布了《制造业创新中心建设工程实施指南（2016—2020 年）》，该指南指出国家制造业创新中心是国家级创新平台的一种形式，是企业、科研院所、高校等各类创新主体自愿组合、自主结合，以企业为主体，以独立法人形式建立的新型创新载体；是面向制造业创新发展的重大需求，突出协同创新取向，以重点领域前沿技术和共性关键技术的研发供给、转移扩散和首次商业化为重点，充分利用现有创新资源和载体，完成从技术开发、转移扩散到首次商业化应用的创新链条各环节的活动，是打造跨界协同的创新生态系统[12]。2020 年 12 月 24 日，科技部在京召开综合类国家技术创新中心建设工作推进会，研究部署京津冀城市群、长三角城市群、粤港澳大湾区等 3 个综合类国家技术创新中心建设工作[13]。2020 年 12 月，国家首个综合类技术创新中心"京津冀国家技术创新中心"在北京揭牌成立。2021 年 4 月，粤港澳大湾区国家技术创新中心揭牌仪式在广州举行。2021 年 6 月，长三角国家技术创新中心在上海揭牌成立。

除全国性创新中心的建设之外，区域科技创新中心的建设也为地方经济、社会和科技发展提供了有力支撑。2016 年，济南市发布了《济南市推进区域性科技创新中心建设若干政策》，明确了打造重大技术创新服务平台，推动战略性新兴产业发展[14]。2016 年，成都市政府发布了《成都市创新型城市建设 2025 规划》，明确提出深入实施"创业天府"行动计划，成为全国创新创业要素聚集地，初步建成国家创新型城市[15]。2020 年，武汉市在《中共武汉市委关于制定全市国民经济和社会发展第十四个五年规划和二〇三五年远景目标的建议》中明确提出，坚持创新第一动力，建设国家科技创新中心[16]。2020 年，长春市正式对外发布《长春国家区域创新中心核心区发展战略规划》，作为长春高质量建设的"四大板块"之一，长春国家区域创新中心承载着改革突破、创新领航的重大使命[17]。

6.2 城市创新的指标分析方法

基于指标分析方法对城市进行创新评价与分析，有助于科技管理人员明确城市创新发展的动态、优劣势等，是进行城市创新分析最为直接有效的手段之一。意义明确、覆盖度高、有效性强、数据权威的城市创新指标可以为城市创新管理提供重要的决策依据。

中国科技创新图谱中城市分析部分的指标确定需要参照国内、国际创新评价指标体系的特点及应用情况，综合运用统计方法确定核心指标。中国科技创新图谱通过对 GII 全球创新指数、欧盟创新记分牌指数等国际创新评价指标体系的分析，确定将 R&D 投入、人力资源、专利产出及高技术产业等相关指标作为评价创新的核心指标[18]。同时，中国科技创新图谱参照了国家统计局及各地区、各行业的创新评价体系，主要对创新型城市建设监测评价指标[19]进行剖析，借鉴北京市、上海市、杭州市[20]、合肥市[21]、深圳市[22]地方创新指标，综合整理确定相关指标。最终，中国科技创新图谱从创新基础、创新投入、创新产出、创新绩效 4 个方面，提出了一套综合城市创新指数监测指标体系。

对于创新基础指标而言，其着重考虑的是一个城市创新活动的主要物质基础和人力基础，例如所列指标中包含了"普通高校在校学生人数"，这一指标往往代表了当地潜在的智力资源基础，而"GDP"则可表征城市的经济基础。此外，创新基础指标中还包括高等院校、高新技术企业等表征创新主体的数量评价指标。

对于创新投入指标而言，指标体系中采用的是与科技创新直接投入相关的指标，包括人员投入、财政投入及企业主体投入。例如，"R&D 占 GDP 比重"这一指标代表了财政对于科技投入的强度，"万名就业人员中 R&D 人员全时当量"这一指标则代表了人员投入的强度。

对于创新产出指标而言，这里指的是由创新基础和创新投入直接产生的科技创新成果，包括了多种类型的产出，如"技术交易成交额占 GDP 比重"代表科创技术对经济的产出贡献，而"万人发明专利申请量"则代表了科技创新在知识产权方面的产出。

创新绩效则代表科技创新所带来的间接指标，如"高技术产品出口额占商品出口比重"这一指标代表了科技创新对于商品结构的改变，与之类似的"服务业占 GDP 比重"则代表了科技创新对于经济结构所产生的变化。

6.3　中国城市创新概览

6.3.1　创新能力的空间分布

首先，本书将我国地级以上主要城市置于前述指标体系下，以相同结构的数据来分析中国科技创新的发展态势。从目前国内城市的创新态势来看，北京、上海、深圳、广州等全国科技创新中心城市成为创新的增长极。其次，北方城市中的天津、郑州、西安，南方城市中的成都、重庆、武汉、长沙等大型城市也体现出了其自身作为区域科技创新中心的优势。

从整体来看，中国科技创新的增长极在地理信息上呈现出一横一纵的分布态势。

上述城市群从纵向而言，由北京、天津连接西安、郑州，向下至武汉、长沙，最终延长至广州、深圳，代表了我国科技创新增长极的纵向分布；而从横向而言，西起长江上游的重庆、成都，中至长江中游的武汉、长沙，向下延伸至以上海为龙头的长三角，整体以长江经济带为牵引，构建了中国创新的横向条带。

从整体来看，中国创新增长极的空间分布与中国经济社会发展相一致，主要集中在我国大中城市，并已经形成了较为明晰的空间分布格局。

中国城市创新呈现出区域集聚的特性。如图 6-1 所示，该图将创新指标的得分与省份信息相结合，散点图代表了一个省的创新城市分异性。以江苏、浙江和广东这3 个全国经济与创新排名靠前的省份为例，江苏和浙江两省在单个城市创新方面的表现与深圳、广州等一线城市相比还略有差距，但从两个省份排名靠后的城市来看，其"基线"较高，处于平均水平之上，而广东则体现了较大的分异性，省内其他城市与深圳、广州两市的创新得分差距较大。

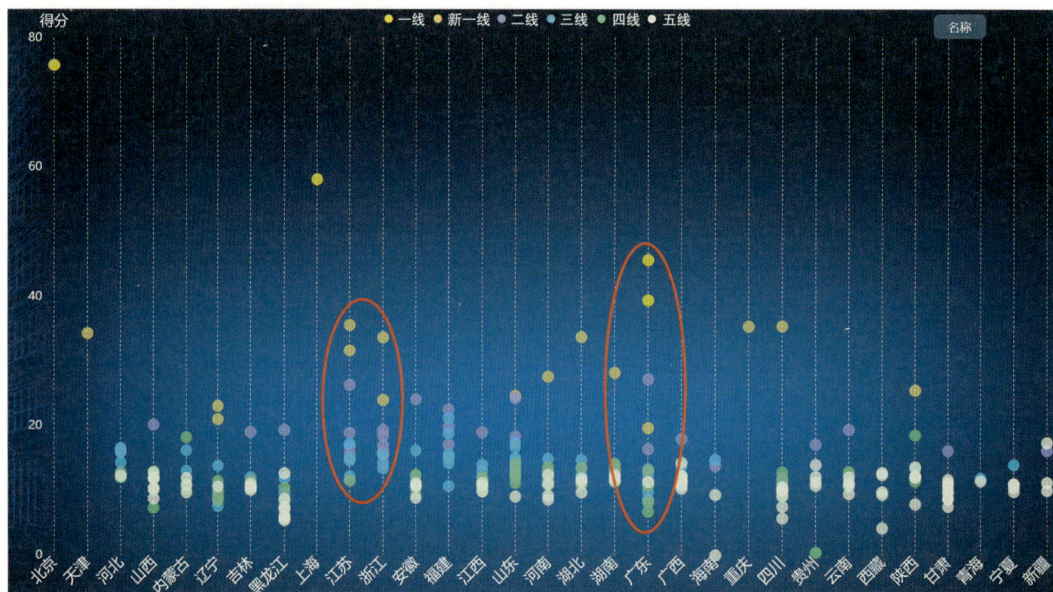

图 6-1　不同省份城市创新得分分布

6.3.2　创新能力的辐射差异

当前的科技创新是开放的，需要不同创新主体或空间单元在立足于自身发展基础上，努力吸纳或辐射相关创新资源、人才、成果，以期不断完善自身的创新网络，达到抵御不确定性风险、合作共赢的效果。北京、上海、广州、深圳等中心城市在其发展定位中，除了要不断提升自身经济、科技实力外，还需要起到核心带动作用。从创新网络的发展来看，就是要让这些城市发挥领军优势，利用自身科技创新资源，对周边区域乃至全国其他城市进行辐射。

从实际情况来看，不同中心城市创新发展的禀赋和方向均不相同，对其他城市的带动影响作用也不一样。本书利用代表基础研究的论文数据和代表应用技术研发的专利数据，通过网络分析方法和直观可视化进行展示。在分析中，中国科技创新图谱不以论文和专利的数据为分析主体，而是进一步体现其网络特性，将论文合作网络和专利转移网络作为分析对象，对其数据进行解析、计算，以表征相应城市的网络特性。

以京津冀、长三角、粤港澳大湾区三大城市群的典型城市北京、上海、深圳来看，其在创新网络中的带动作用各有侧重。

从基础研究合作方面来看（图6-2），北京的合作网络中心节点强度要优于上海和深圳，而深圳在这3个中心城市中的强度最弱，基础研究所代表的论文，主要产出单位为高校和科研院所。相较于北京和上海，深圳建市时间短，高校绝对数量较少。因此在合作网络中心中的强度较低，反观北京和上海，均有诸多双一流名校和专业，且有大量的国家级和地方研究院所，这也使得上述两个城市成为国家科技基础创新的主要策源地。

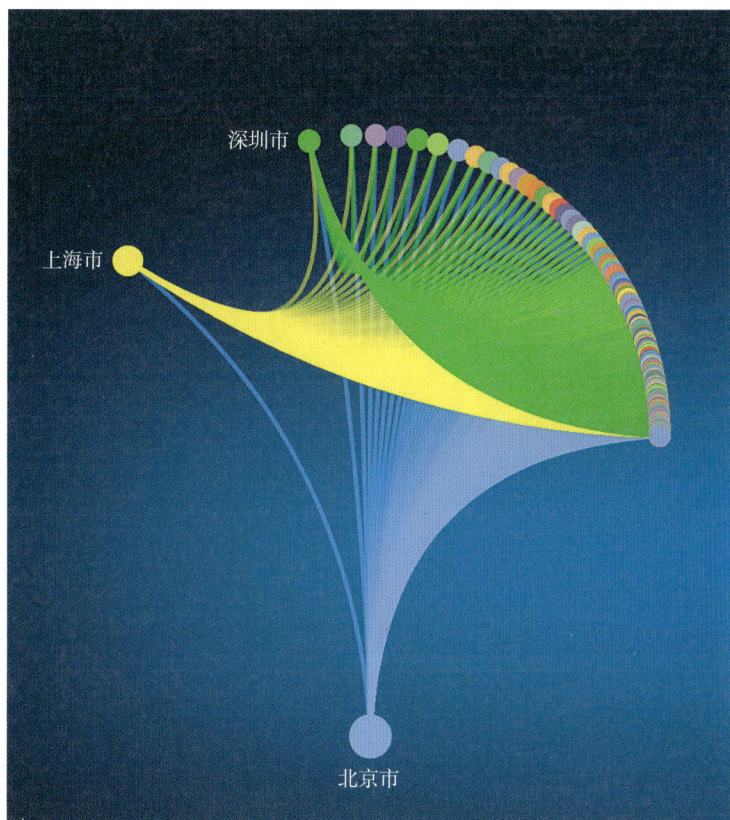

图6-2　核心城市论文合作网络

从应用技术转移方面来看（图6-3），北京、上海、深圳3个城市的专利转移强度差距较小，而专利转移代表的是技术的转化，所以从中可以看出上述3个城市的技术辐射能力均较强，是各自城市群的核心。此外，从辐射范围也可以看出上述3个城市对全国其他主要城市均有辐射，从技术吸纳和辐射的强度来看，上述3个城市也是我国主要的技术创新中心。

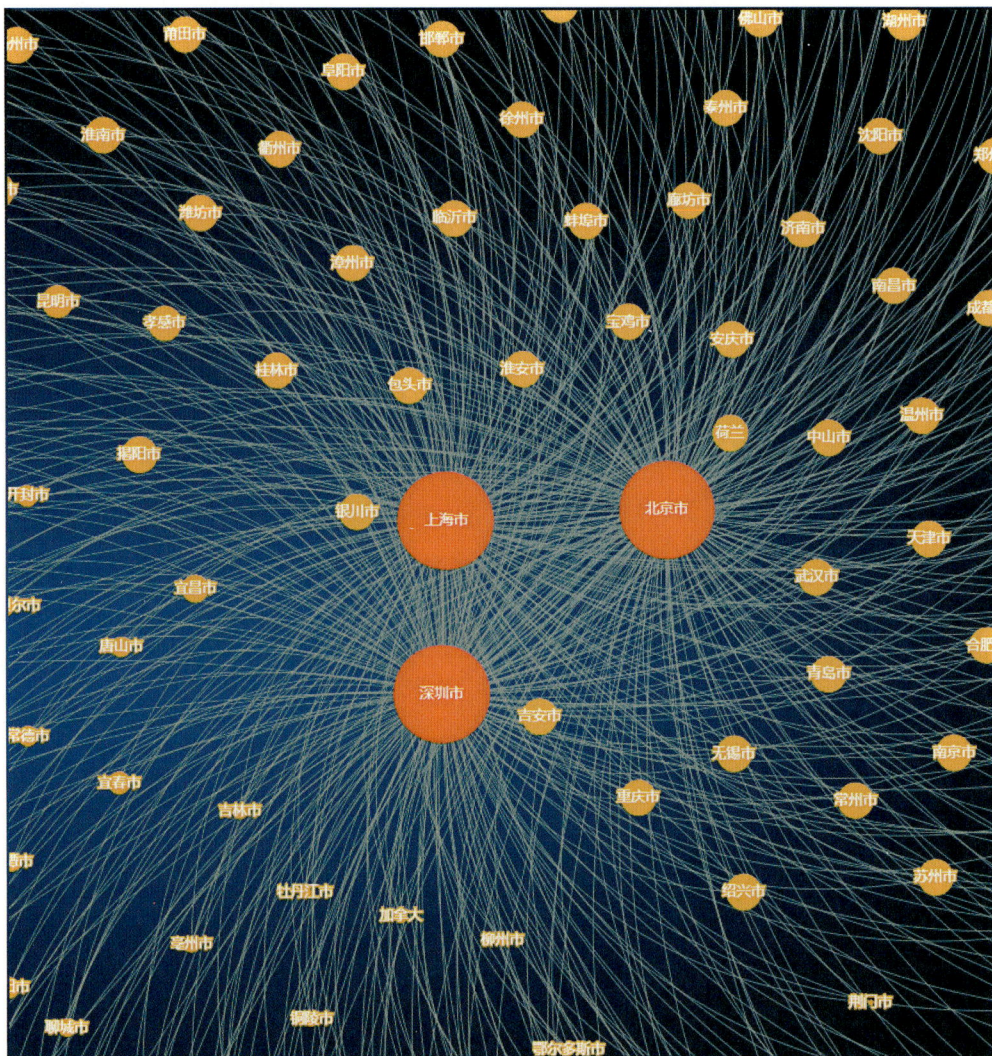

图6-3　核心城市专利转移网络

由以上对中国城市创新增长极的分析来看，中国的创新呈现出空间集聚的态势，经济发达的城市是主要的创新增长极，上述创新增长极对周边城市进行创新辐射起到了带动发展的作用。

6.4　创新视角下的城市创新图谱应用——以济南为例

6.4.1　济南科技创新图谱设计理念

济南科技创新图谱是中国科技创新图谱在城市一级的典型应用。济南科技创新图谱基于地理空间信息可视化技术、空间分析技术，进行科技创新的监测、展示，通过设定评价指标体系进行科技创新评价，利用科学计量、主题模型等方法工具，可以进行科技创新发展分析，支持科技创新管理与决策。济南科技创新图谱平台的系统功能架构，从各种信息资源收集、加工开始，利用文本信息处理技术处理数据，抽取数据库实体之间的关联。基于不同实体之间的关联，可监测科技创新现状，开展科技创新评价与分析，展示创新要素在不同城市之间的流动。基于该平台，实现了对济南市科技创新现状的展示，科技管理人员可通过可视化分析工具辅助发现创新规律。同时，可以基于城市科技创新数据进行网络分析、集聚分析等，进一步对以济南为核心的城市间协同创新网络进行深入的分析。具体刻画的内容包括以下几个方面。

①在城市创新指标体系下，对济南科技创新发展特点进行刻画。借鉴中国科技创新图谱城市分析指标，对与济南同体量、同级别的城市创新信息数据进行收集，进行宏观尺度的对比分析。同时，收集济南下辖各区县的科技创新数据，对济南科技创新态势进行动态监测。

②在创新链数据支撑下，对区域创新中心建设成效进行分析。从社会网络分析角度出发，以反映网络中心性而非数量性的数据为基础，收集济南科技创新的论文合作、专利转移、技术交易、人才吸纳等数据，反映济南科技创新中心的建设成效。

③在创新主体数据支撑下，对新旧动能转换态势进行分析。以面向国民经济主导产业的科技创新主体（如高新技术企业、科技型中小企业）等信息为主，通过时间与空间变化，反映济南市新旧动能转换与产业升级的动态变化，为后续企业、产业布局提供直观的支撑。

6.4.2　济南创新中心建设与新旧动能转换分析

6.4.2.1　论文合作

基础研究和应用型基础研究是整个科技创新链的根本，一个城市是否具有培养、集聚基础研究的能力，往往通过基础研究的产出成果来表征。其中最具有代表性的成果便是论文。济南科技创新图谱以济南市近年来发表的科技核心论文为主体，对其进行挖掘分析，利用作者信息展示济南市与全国其他城市的合作关系。

如图6-4（a）所示，2012年济南市科技核心期刊论文的合作网络显示以济南市为中心，其合作城市遍及全国主要城市。基础合作整体呈现出同时辐射省内省外、区域中心性突显的特点，从2012年数据来看，主要合作城市为北京和青岛。

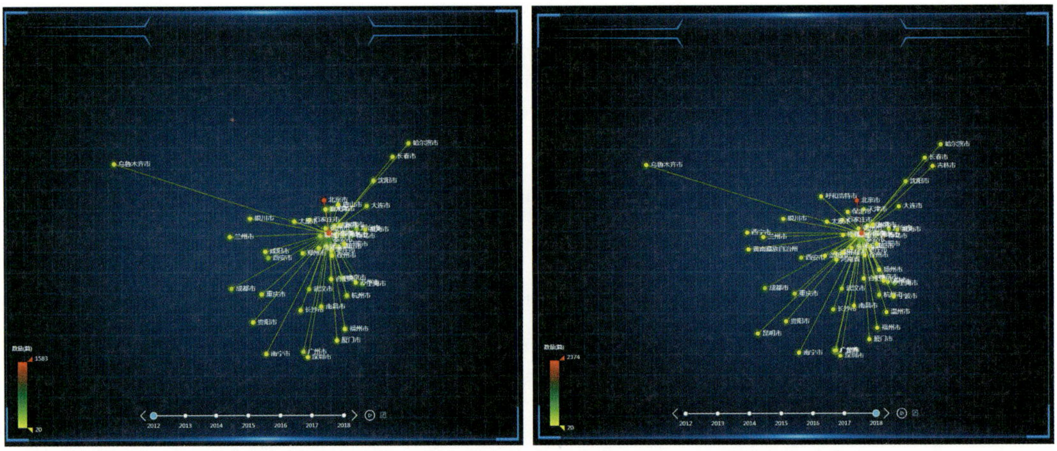

<table>
<tr><td>（a）2012 年</td><td>（b）2018 年</td></tr>
</table>

图 6-4　济南市论文合作网络

　　如果将数据切换至 2018 年，通过论文合作网络可以看出，济南的辐射影响力在不断加大，在 2012 年的基础上，合作范围有所扩大。

　　当然，论文合作中也展示了其他一些内在信息，从论文的领域和关键词来看（图 6-5），其研究主要集中在"医学"及其子领域。"高血压""肿瘤""细胞凋亡"等关键词的大量涌现，也代表了济南市与其他城市的合作主要集中在医药卫生领域，这也从侧面表明济南市在医药卫生领域的基础较为扎实。

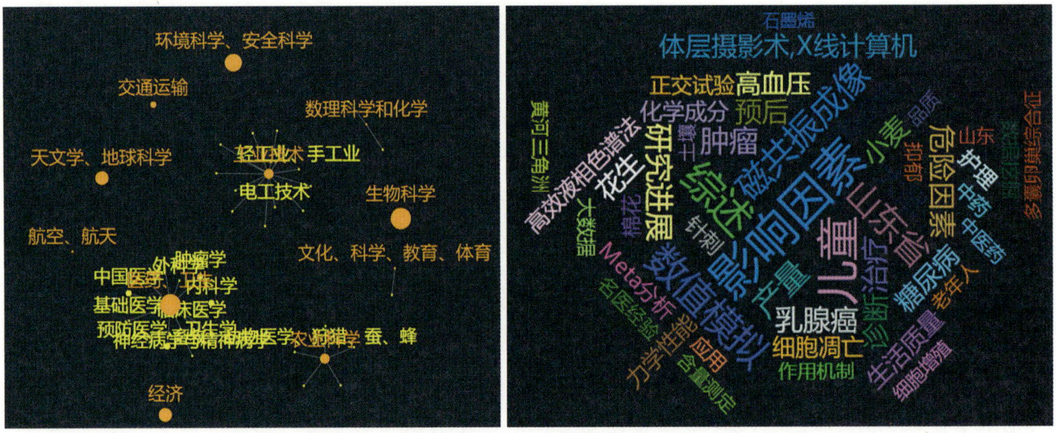

<table>
<tr><td>（a）</td><td>（b）</td></tr>
</table>

图 6-5　济南市论文合作领域分布（2018 年）

6.4.2.2　专利转移

　　如果说论文是基础研究的代表，那么专利就是一个城市应用科技进行转化产出的重要标志。如果一个城市愿意从另外一个城市购买专利，代表着这个城市的专利水平，从侧面也反映了该城市的创新集聚力。图 6-6 展示了 2013 年和 2018 年济南市专利转移的数据，首先从 2013 年的数据来看，济南市向外省转移的专利主要城市为北京市、烟台市、贵阳市。到 2018 年，济南市的专利转移已经非常活跃，其主要与中东部主要城市完成专利转移，如北京、上海及省内如青岛、淄博等经济发达的城市。从专利转移的时间来看，济南市针对应用技术领域的集聚能力逐渐增强、引进速度明显加快。

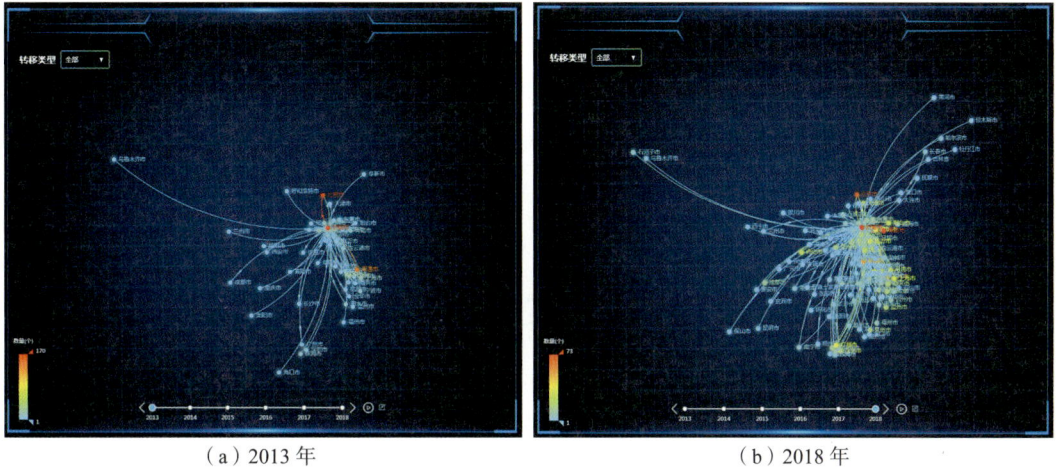

（a）2013 年　　　　　　　　　　　　（b）2018 年

图 6-6　济南市专利转移网络

从吸纳的技术来看（图 6-7），主要集中在医疗技术和机床两个领域，这与济南市落实医疗和新一代装备制造业中心的定位密切相关。

图 6-7　济南市吸纳技术的行业分类（2018 年）

6.4.2.3 技术交易

技术交易可以反映不同创新主体对科技创新的直接转化落地情况。从现有的数据来看,济南市立足山东省内,同时辐射全国,技术交易金额从 2013 年开始快速增长,且保持了较快的增长态势。

从转移城市来看(图 6-8),济南市交易输出主要在纵轴线上,也就是主要辐射北京、上海,而对于横轴线西安—青岛而言,相对较弱,但从整体来看,济南市技术输出网络的辐射范围依然涵盖了中国的主要城市。从买卖双方来看(图 6-9),买方和卖方均以企业为主体,在卖方中企业占到了更大比例,这也从侧面说明,济南市企业在技术交易中活跃度较高,是其中的主体。

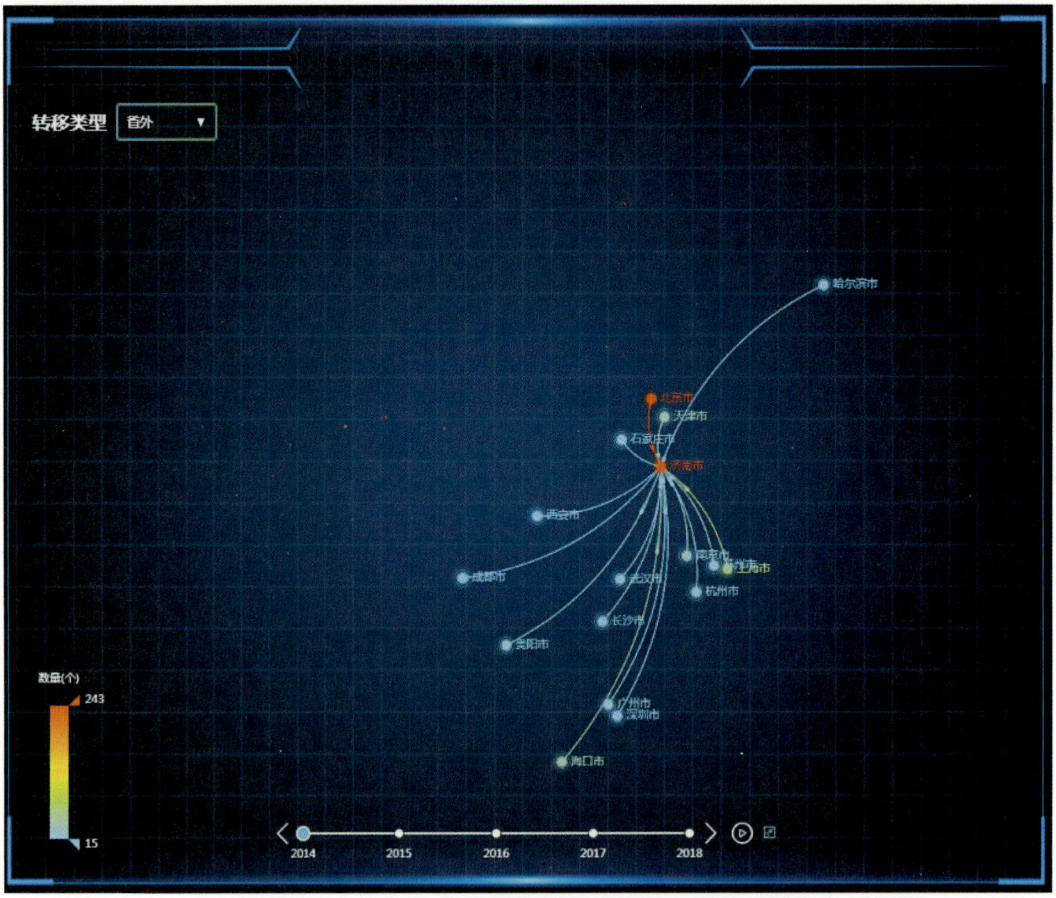

图 6-8 济南市技术交易网络

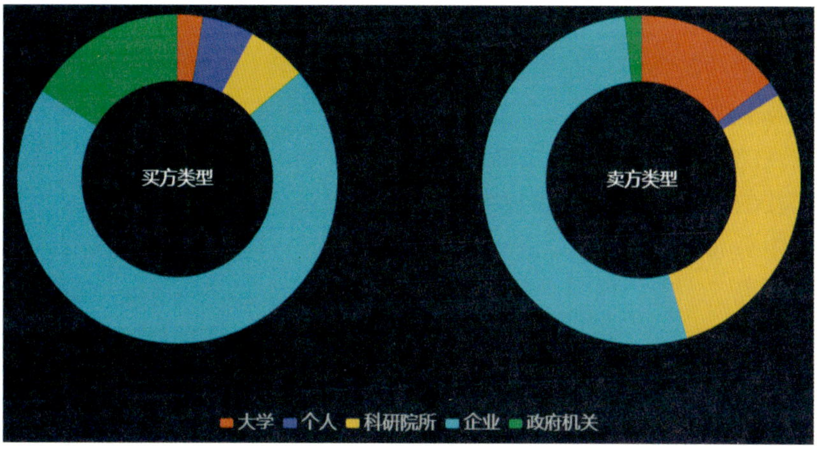

图 6-9　济南市技术交易买卖双方类型

6.4.2.4　人才吸纳

人才是科技创新的核心要素，济南科技创新图谱收集了济南市近年引进的高端人才，对其空间分布，特别是专业领域进行了解析，从图 6-10 中可以看出，济南市的高端人才专业领域主要集中在临床医学、机械工程等。而从前述论文合作的分析来看，与医学和机械相关的关键词也足以说明上述领域基础人才对济南科技创新发展的底层支撑作用。

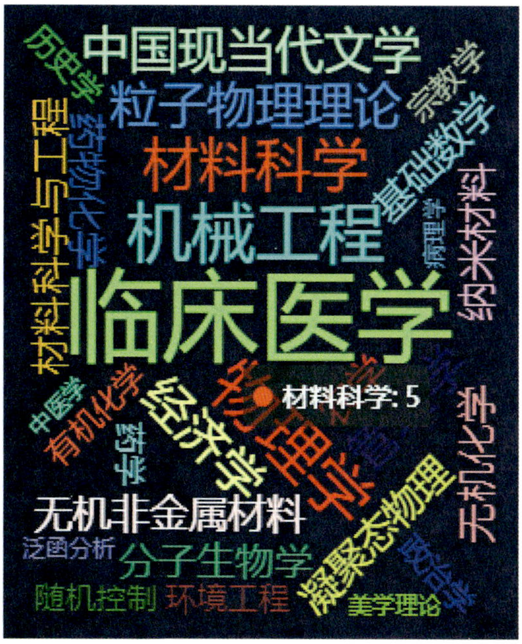

图 6-10　济南市高端人才空间分布与领域分布

6.4.2.5 高新技术企业

高新技术企业是持续进行研究开发与技术成果转化，形成企业核心自主知识产权，并以此为基础开展经营活动的企业。它是知识密集、技术密集的经济实体，是科技创新与发展的主体和生力军。2013—2018 年，济南市高新技术企业数量在不断增长。从各区县的分布来看，高新技术企业主要分布于市中区、历城区、历下区、天桥区。其集中分布于济南市东部，呈廊带状。另外，在西南部的长清区，高新技术企业也集聚形成了一定的规模，整个布局态势由条带状变为多中心的面状分布。

2013—2018 年，从高新技术企业的产出态势来看，济南市高新技术企业蓬勃发展，高新技术企业数量增加的同时，其注册资本规模也不断加大（图 6-11）。

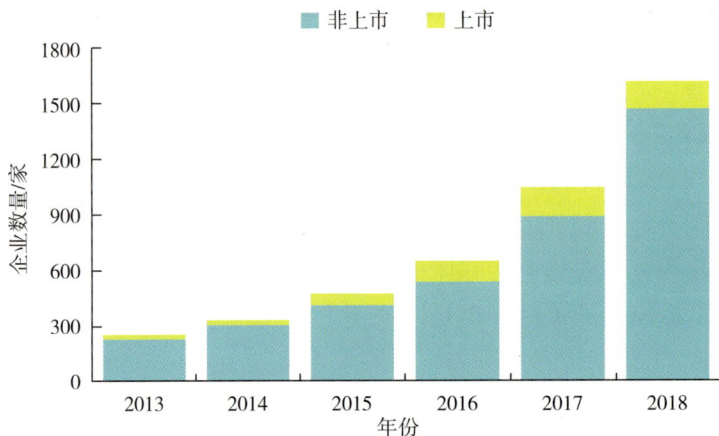

（a）济南高新技术企业数量与上市情况

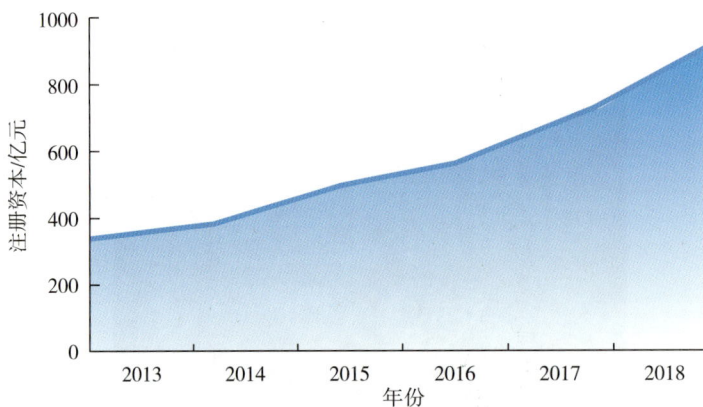

（b）济南高新技术企业注册资本变化趋势

图 6-11　济南市高新技术企业属性变化（2013—2018 年）

新旧动能转换的主体是企业，高新技术企业是整个新旧动能转换的主力军。从其与国民经济行业分类的对应关系来看，济南市的高新技术企业主要集中在"信息传输、软件和信息技术服务业""制造业"（图6-12）。而从其与战略性新兴产业的对应关系来看，其主要集中在"现代生产性服务活动"和"先进制造业"。

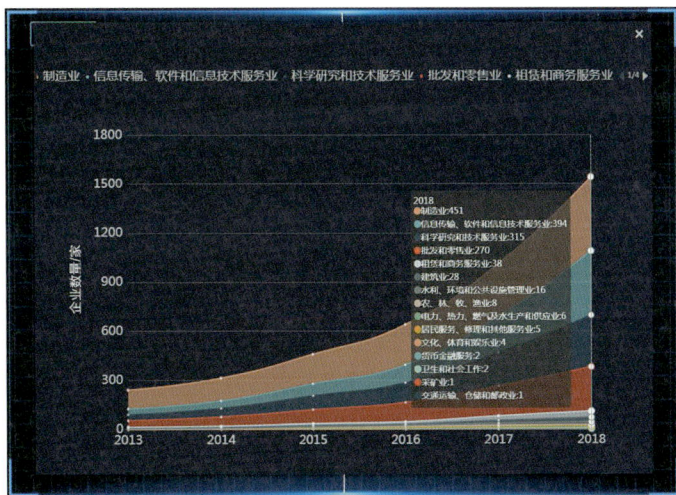

（a）国民经济行业分布

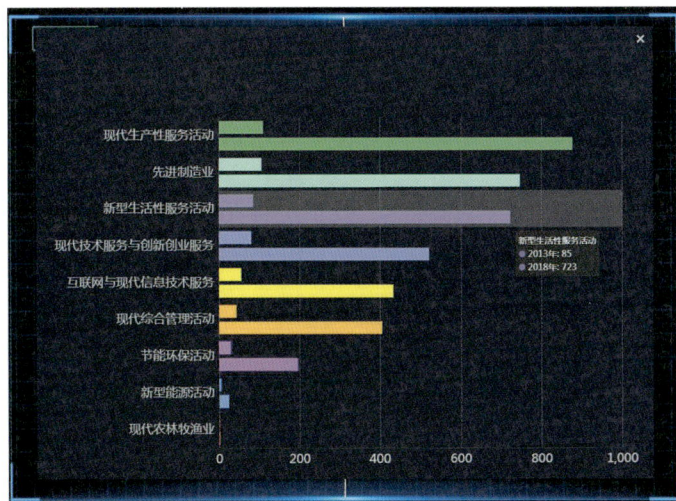

（b）战略性新兴产业分布

图6-12　济南市高新技术企业国民经济行业分布和战略性新兴产业分布

6.4.2.6　产业分析

从创新产业链的角度我们可以看出，济南市过去的几年在基础研究（论文）、技术应用（专利）、产业主体（高新技术企业）方面均有长足的进步。而从基础研究和技术应用表现来看，以论文数据为例，其主要分布在生物学、医学领域。同时，从已有的专利转移信息来看，济南市应用技术的转移转让也集中于医药领域；而高端人才的领域分布也体现了济南市在医药领域的优势。

结合高新技术企业信息就不难看出，济南现代服务业及先进装备制造业领域虽然取得了长足的进步，但医药领域的高新技术企业尚没有形成集聚效应。通过可视化分析不难看出，济南在生物医药领域有着人才、基础研究和应用研究的优势，在未来应该加强生物医药相关领域由研究向应用的转化，使其成为新的增长极和支撑点。

6.5 本章小结

城市作为国家、区域发展的核心地理空间单元，其承载的创新资源和创新能力是自身人口、经济、社会发展的主要动力，通过城市科技创新数据对城市创新的历史脉络、创新现状、发展趋势进行分析与刻画就显得尤为必要。中国科技创新图谱将创新链与城市这一空间单元有机结合，从城市创新的基础、投入、产出、绩效等多方面入手，结合多源创新数据，为城市创新"把脉"，以数据分析结果为切入点，服务城市创新治理、政策分析与产业布局等，取得了较好的宏观分析与落地应用效果。

参考文献

［1］ 薛志新. 切实提高企业自主创新能力［J］. 科技创新与生产力，2006（增刊1）：34.

［2］ 汤占胜，张海婷. 建设创新型城市的思考［J］. 中国城市经济，2011（20）：1.

［3］ 清华大学产业发展与环境治理研究中心，自然科研. 全球科技创新中心指数 2020［R/OL］.（2020-10-15）［2021-11-10］. http://www.naturechina.com/public/upload/pdf/2020/09/21/5f681242064b6.pdf.

［4］ 盛垒，洪娜，黄亮，等. 从资本驱动到创新驱动：纽约全球科创中心的崛起及对上海的启示［J］. 城市发展研究，2015（10）：10.

［5］ 《伦敦创新战略与行动纲要》剖析企业创新形势［J］. 中国科技信息，2006（7）：4.

［6］ 杜德斌. 全球科技创新中心：世界趋势与中国的实践［EB/OL］.（2018-12-14）［2021-11-10］. https://www.sohu.com/a/281797516_468720.

［7］　中华人民共和国科学技术部. 关于进一步推进创新型城市试点工作的指导意见
　　　　［EB/OL］.（2010-04-09）［2021-10-11］. http://www.most.gov.cn/xxgk/xin
　　　　xifenlei/fdzdgknr/fgzc/gfxwj/gfxwj2010before/201004/t20100419_76811.html.

［8］　新华社. 中华人民共和国国民经济和社会发展第十四个五年规划和 2035 年远
　　　　景目标纲要［EB/OL］.（2021-03-11）［2021-10-15］. http://www.gov.cn/ xinwen/
　　　　2021-03/13/content_5592681.htm.

［9］　北京市人民政府. 北京市"十四五"时期国际科技创新中心建设规划［EB/
　　　　OL］.（2021-11-24）［2021-11-28］. http://kw.beijing.gov.cn/art/2021/11/ 24/
　　　　art_2388_14600.html.

［10］　科技部，财政部. 国家技术创新中心建设运行管理办法（暂行）［EB/OL］.
　　　　（2021-02-10）［2021-10-11］. http://www.mof.gov.cn/zhengwuxinxi/caizheng
　　　　xinwen/202102/t20210223_3660868.htm.

［11］　国家产业创新中心建设工作指引（试行）［EB/OL］.（2018-01-20）［2021-07-
　　　　23］. http://www.gov.cn/xinwen/2018-01/20/content_5258777.htm.

［12］　制造业创新中心建设工程实施指南（2016—2020 年）［EB/OL］.（2016-08-19）
　　　　［2021-11-22］. http://www.gov.cn/xinwen/2016-08/30/content_5103702.htm.

［13］　科技部. 科技部召开综合类国家技术创新中心建设工作推进会［EB/OL］.
　　　　（2020-12-29）［2021-11-03］. http://www.most.gov.cn/kjbgz/202012/t20201229_
　　　　172008.html.

［14］　济南市人民政府. 济南市推进区域性科技创新中心建设若干政策［EB/OL］.
　　　　（2016-08-03）［2021-11-22］. http://www.jinan.gov.cn/art/2016/8/3/art_2178_
　　　　255351.html.

［15］　成都市人民政府. 成都市创新型城市建设 2025 规划［EB/OL］.（2017-05-17）
　　　　［2021-11-11］. http://gk.chengdu.gov.cn/govInfo/detail.action?id=1636953 &tn=2.

［16］　武汉市人民政府. 中共武汉市委关于制定全市国民经济和社会发展第十四个五
　　　　年规划和二〇三五年远景目标的建议［EB/OL］.（2020-12-30）［2021-11-22］.
　　　　http://www.wuhan.gov.cn/zwgk/xxgk/zcjd/202012/t20201230_1583835.shtml.

［17］　长春市人民政府. 长春国家区域创新中心核心区发展战略规划［EB/OL］.
　　　　（2020-10-16）［2021-11-22］. http://www.changchun.gov.cn/zw_33994/yw/zwdt_
　　　　74/zwdt/202010/t20201016_2522881.html.

［18］　朱礼军，段黎萍，赵婧. 面向创新战略的情报工程理论方法与挑战［J］.情报
　　　　工程，2016，2（2）：26-33.

［19］　马黎明. 国家创新战略的实施与创新型城市建设［J］.山东社会科学，2015
　　　　（9）：154-160.

［20］ 许海云，张娴，张志强，等. 从全球创新指数（GII）报告看中国创新崛起态势［J］. 世界科技研究与发展，2017（5）：391-400.

［21］ 陈敬全. 欧洲创新体系的测度与评估：基于欧洲创新记分牌的指标、方法和应用情况的分析［J］. 全球科技经济瞭望，2010，25（12）：5-18.

［22］ 毕亮亮，潘锡辉. 关于我国创新型城市建设的思考［J］. 中国科技论坛，2010（12）：30-35.

导语

　　战略性新兴产业和相关新兴技术的发展是未来全球各国经济发展的"源头活水"，而针对特定技术或产业的跟踪分析是科技管理中一项重要的课题。本章利用中国科技创新图谱可视分析手段，针对区块链这一潜在的、具有颠覆性的底层技术进行不同国别间的对比与分析，以期展示中国科技创新图谱在多维分析方面的延展性。

第7章

国家科技创新图谱理念在国家战略性行业中的应用

　　当前，正是新一代产业技术革命浪潮汹涌而来的时期，5G、物联网、区块链、生物医药、新材料等技术，无不是各个发达国家、新兴发展中国家布局的重点领域。新兴技术的发展，大而言之在某些情况下可以左右一个国家的命运，如蒸汽机的发明之于英国，电气化革命之于美国；或者影响一个产业、一个行业巨头的发展，如因汽车工业兴起的福特、因智能手机浪潮而倒下的摩托罗拉；而对于个人而言，新兴技术的发展也会影响个人的发展前景、工作、收入等与个人利益息息相关的内容。

　　如上所述，中国科技创新图谱在国家级宏观创新分析中的应用，体现了大数据与可视化技术在宏观科技创新态势分析方面的优势。对同样的理念、技术、方法可以进行进一步的扩展，将其应用于国家间技术对比、竞争的可视化分析与展示，为决策和管理人员提供更为细致的技术尺度发展分析，以期为新兴技术政策的制定、行业应用和技术发展提供支撑。

7.1　区块链技术简述

根据《中国区块链技术和应用发展白皮书（2016）》的定义[1]，区块链技术是利用加密链式区块结构来验证和存储数据、利用分布式节点共识算法来生成和更新数据、利用自动化脚本代码（智能合约）来编程和操作数据的一种全新的去中心化基础架构和分布式计算范式。麦肯锡公司的研究表明，区块链技术是继蒸汽机、电力、信息和互联网科技之后，目前最有潜力触发第五轮颠覆性革命浪潮的核心技术[2]，Gartner 也将区块链技术列为 2019 年企业十大战略性技术趋势[3]。2019 年 10 月 24 日下午，中共中央政治局就区块链技术发展现状和趋势进行第 18 次集体学习，习近平总书记发表了重要讲话，提出将区块链作为国家核心技术自主创新的重要突破口。区块链技术是分布式数据存储、点对点传输、共识机制、加密算法等计算机技术的新型应用模式，近年来已成为许多国家政府及国际组织研究讨论的热点[4]。

7.2　面向国家的区块链创新图谱设计理念

①从分析数据来看，利用多源科技创新数据，聚焦技术与产业视角。区块链创新图谱的构建，面向区块链产业技术分析的特点，数据组织的基础单元仍为国家，但数据组织的逻辑则是从技术本身入手，通过对不同国家针对区块链发布的政策及各国主要研究机构、主要企业相关的研究成果（如论文、专利等）进行汇聚和分析，体现区块链自身的技术特点。

②从应用技术来看，利用前端可视化技术，但注重创新链的组织与分析。与中国科技创新图谱突出地理空间信息，从国家、区域、城市，再到创新链这样的空间线索组织可视化展示方式不同，区块链创新图谱的可视化技术应用更侧重于对其技术链的表达，其界面构成更为聚焦。

7.3　区块链图谱的设计

平台通过区块链政策、区块链技术和区块链研发应用机构的关联信息，实时掌握区块链动态变化情况；通过科技文献之间的引用、专利转移许可等数据分析区块链技术要素的规律；通过科技文献的合作和专利的合作等信息进行区块链合作研究。平台通过大屏综合展示多平台、多时相、多波段和多源数据，多图展示关联图表，整体概览全球、全国、区域、城市区块链技术与资源现状全貌，实现对区块链资源态势的概览。同时显示国内、国际区块链相关要素的实时变化情况，及时发现区块链新动态，进行动态信息的爬虫爬取、定时入库，实时监测区块链资源动态。

平台在实际应用中，考虑了功能性特点，使得分析人员可以灵活配置相关主题图表，同时展示于大屏，满足需要多人同时决策讨论的物理环境和展示环境需求。确保各项区块链指标按需实现，为探究区块链发展、研判区块链技术趋势提供支持。

7.4　区块链图谱的分析应用

（1）全球概览

政策是新兴技术发展的重要抓手，这既包括中国这样的发展中国家，也包括美国、欧盟这样的发达国家 / 地区，从不同国别的区块链政策来看（图 7-1），其"爆发"时间集中在 2017 年之后，且多数政策是积极的、鼓励区块链发展的政策。同时，监管性政策数量也随区块链技术的发展有所增加，这代表了各国政府对新兴技术有可能成为"达摩克利斯之剑"的态度，均不约而同地出台了监管性政策，以防范技术发展对经济社会造成不可预计的冲击和损害。

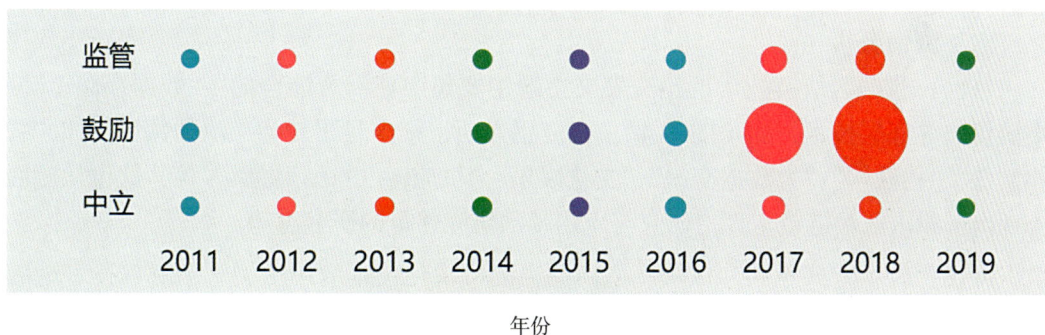

图 7-1　全球区块链相关政策数量变化情况

从全球区块链技术的应用领域来看（图 7-2），应用于公共管理、社会保障和社会组织的相关案例较多。由于虚拟货币的爆发性增长，金融领域也成为区块链技术推广与应用的一个增长极。教育、交通运输、健康、能源等领域也有区块链技术多元化应用的身影。这也说明了其作为新兴技术、底层支撑技术在全球各应用领域多元化应用的趋势。

图 7-2　全球区块链技术应用领域（单位：个）

同时，从区块链信息的相关政策、论文、案例、专利等多个数据源来看，可以进行相关领域数据增长量的分析，进而表征该领域的发展态势。如 2019 年度（图 7-3）政策和案例的出台代表了区块链在全球逐步走向应用领域，其在各行各业的应用必然催生相应的鼓励或监管政策，而随着技术的发展与细化，相关论文和专利相较于技术爆发期，数量可能会有不同程度的下降。

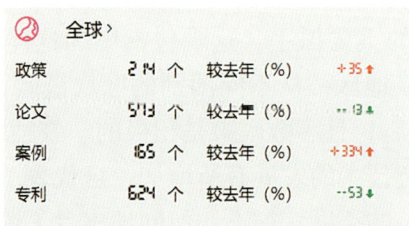

图 7-3　2019 年度全球区块链产业相关政策、论文、案例、专利变化情况示意

（2）国情分析

目前，我国区块链技术的论文发文主题主要集中在"智能合约""数据存储""网络协议"等底层技术方面（图 7-4）；在应用方面，则涉足了较为广泛的领域，如"智能制造""物联网""大数据交易""文化娱乐""供应链""医疗健康"等，这也从侧面体现出了我国区块链技术理论研究与应用基础研究并重的研究态势。

图 7-4　中国区块链技术主要论文研究领域

从论文的主要发文研究机构来看（图 7-5），北京邮电大学、北京航空航天大学、清华大学、国防科技大学、山东大学等担当了区块链技术研发的基础研究任务。

图 7-5　中国区块链专利申请主要单位

从专利的申请情况来看（图 7-6），主要集中于区块链的底层核心技术，包括"加密算法和授权技术""智能合约""分布式账本""共识机制"等，相较于论文作为基础研究代表成果的开放性，专利的应用性和独占性在区块链技术申请方面得到了充分的体现。

图 7-6　中国区块链技术专利领域

（3）国别对比

以中美两国的行业应用案例为例（图 7-7），中美两国在金融业方面的区块链应用案例都占了较大比重，而美国的区块链应用领域截至 2019 年更广泛一些，涉及军事、国防等要害部门，而我国则大部分集中于公共管理和金融业这两个纯应用领域。

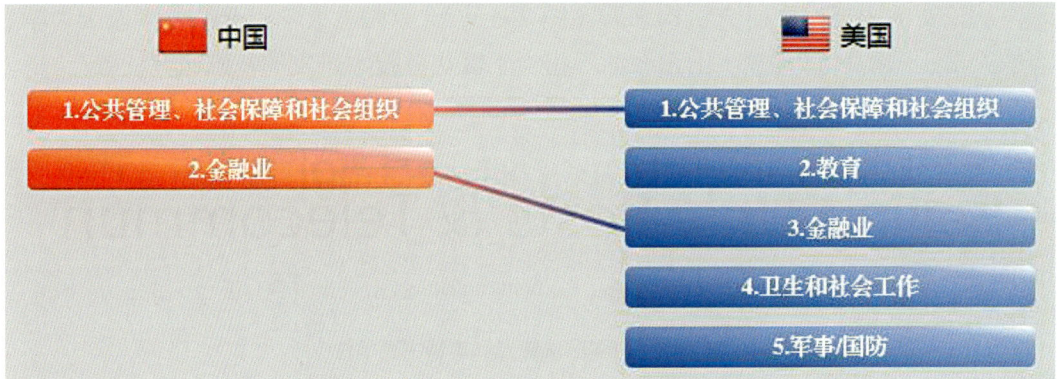

图 7-7 中美两国区块链行业应用案例对比

综上所述，基于中国科技创新图谱理念的区块链科技创新图谱有效地对不同国别的区块链产业政策、基础研究、技术研发、应用方向等进行了系统性的刻画与描述，为战略性新兴产业宏观研究提供了直观、高效的分析工具。

参考文献

［1］ 搜狐网. 中国区块链技术和应用发展白皮书［EB/OL］.（2018-03-01）［2021-10-10］. https://www.sohu.com/a/224638875_703572.

［2］ Blockchain's Occam problem［EB/OL］.（2018-03-01）［2021-10-10］. https://www.mckinsey.com/industries/financial-services/our-insights/ blockchains-occam-problem.

［3］ Gartner. Hype cycle for blockchain technologies, 2018［R/OL］.（2018-07-25）［2021-10-10］. https://www.gartner.com/en/documents/3883991.

［4］ 新华网. 习近平在中央政治局第十八次集体学习时强调　把区块链作为核心技术自主创新重要突破口　加快推动区块链技术和产业创新发展［EB/OL］.（2019-10-25）［2021-10-10］. https://baijiahao.baidu.com/s?id=1648359881433585914&wfr=spider&for=pc.

第三部分

中国科技创新图谱的应用分析

导语

政策是科技创新的"指挥棒",对政策的深入分析有助于科技管理人员明确政策框架,厘清来龙去脉。本章采用政策文本数据,结合文本信息处理技术和可视化分析技术,对中国国家科技政策进行解构与分析,以期从定量化角度结合专家视角对中国科技政策的发展过程与脉络进行展示和分析。

第8章
政策视角下的科技创新引导

科技创新是引领国家发展的第一动力。在我国科技创新的发展布局中,政策作为科技发展的基本框架,具有较强的创新引导性及带动性。通过对科技政策进行多维细粒度的解构分析,能够梳理我国科技创新的发展脉络,强化政策引领,为未来的科技创新前进方向提供更加明确的指导性建议。本章将以科技创新政策为研究重点,介绍其在我国科技创新图谱中发挥的重要作用,并梳理我国历年来科技创新政策的发展脉络、演变趋势、形成的相关科技政策治理体系。

8.1 我国科技创新政策的历史沿革

当今世界正处于百年未有之大变局,纵观全球科技发展趋势,新一轮的科技革命和产业变革正在加速推进。创新政策是激励创新活力较为有效的工具和手段,从发达国家的科技创新进展来看,创新政策的完善程度逐渐成为衡量一个国家或地区创新能力强弱的重要指标之一[1]。世界各国均推出一系列政治举措来引领和推动本国的科技发展,以政策为重要手段的创新环境竞争日趋激烈。部分国家通过加强科技发展政策的调控,已逐渐形成了科学有效的科技创新政策体系,对推动高新技术产业发展、促进产业化变革等起到了积极作用。例如，美国政府近些年相继推出量子科技、未来制造业、新能源等多项科技战略，力图维持科技领先优势；英国启动《未来领导者研究基金计划》等多项政策，以此激励本国的科技创新及人才培养；德国在 2018 年推出《高科技战略 2025》，为德国在新能源、健康、环保等多个领域建立了科技创新长期目标；日韩两国同样相继出台了多项相关政策，以激励本土的科技创新能力。在全球科技创新快速发展的背景下，我国的科技创新也经历了一系列的相关演变。

公共政策是政府进行治理的有效工具之一。从国家层面来看，公共政策是政府行为的一种直接记录。在规范化的行政文件系统中，政策具备较强的权威性、严肃性及约束力。对我国随时间变化的科技创新政策布局研究，有利于发现我国不同时期的科技创新价值理念、政策目标、发展方向等规律。梳理中国科技创新政策变迁脉络，对增强中国的科技实力和综合国力具有重要意义[2]。众多学者对新中国成立以来的科技政策演进进行研究，结合学者的研究基础[1-4]及对科技政策的主题分类及归类，将我国科技政策分阶段简述如下。

新中国的诞生为科技发展奠定了政治和制度基础，以政府为主导全面规划国内科技事业发展的思想得以确立。1949 年 11 月，中国科学院在北京成立，并随之成立了多个相关的科学研究机构，初步构建了我国科学技术发展体系。1956 年，在党中央发出"向科学进军"的号召下，新中国第一个长期科技发展规划《1956—1967 年全国科学技术发展远景规划》发布。到 1958 年，我国已基本形成了较为完善的科学技术体制体系。后续制定的《1963—1972 年科学技术发展规划纲要》，将重点放在国防发展、基础教育、科学技术等几个方面的体系建设上。尤其是在国防发展领域中，"两弹一星"等国防科学技术研究的推进，充分体现了以国家为主导的科技发展制度优势，表明了基础体制建设的初步成功。1964 年，周恩来在第三届全国人大第一次会议的政府工作报告中，提出了实现"四个现代化"的战略目标，并重点强调关键在于实现科学技术现代化。1975 年，第四届全国人大报告中再次重申"四个现代化"的目标，中国的科技创新发展迎来了新的转机。在这一历史阶段，新中国同时完成了社会主义革命及推进社会主义建设的伟大征程。

1978 年，邓小平在"全国科学大会"上明确指出"现代化的关键是科学技术现代化"，并重申了"科学技术是生产力"这一马克思主义基本观点。这一重要论断的提出极大地提升了科学技术在经济社会发展中的重要地位，对于大力发展科学技术和文化教育，提高全民族科学文化水平，推动我国改革开放和社会发展发挥了重要的指导作用。同年发布了《1978—1985 年全国科学技术发展规划纲要（草案）》。在这一时期，以科技创新企业为代表的创新主体的活力开始涌现，加快了科学技术研发及成果化的步伐。1985 年,《中共中央关于科学技术体制改革的决定》颁布，其中明确指出将科技体制改革同人事制度、拨款制度等改革同步。此后，国家陆续颁布"863 计划""火炬计划"等，改革转型取得进展。1993 年，《中华人民共和国科学技术进步法》修订通过，标志着科技发展战略上升到法律层面。在这一历史阶段，我国的科技发展经过一系列的探索及改革，已形成了日益完善的科技发展体制体系。

1995 年，《关于加速科学技术进步的决定》颁布，首次提出在全国范围内实施科教兴国战略。党的十四届五中全会把科教兴国战略列为加速社会主义现代化建设的重要方针之一。高等教育成为国家科技创新体系的重要组成部分，经国务院批准，启动"211 工程"的建设，即"面向 21 世纪，重点建设 100 所左右的高等学校和一批重点学科的建设工程"。国家的科技政策鼓励扎实基础性研究，建设国际知名的国家知识创新基地。1999 年，《中共中央　国务院关于加强技术创新，发展高科技，实现产业化的决定》颁布，又先后制定实施了《中华人民共和国专利法》《中华人民共和国促进科技成果转化法》等一系列政策法规，鼓励企业建立对应的研发中心，推进技术创新和科技成果产业化。在这一历史阶段，围绕科教兴国的宏观战略，以高校、科技创新企业为主要创新主体的国家创新体系逐步得到完善。

2006 年，第四次全国科学技术大会召开，同年先后颁布了《中共中央　国务院关于实施科技规划纲要增强自主创新能力的决定》《国家中长期科学和技术发展规划纲要（2006—2020 年）》。这是我国进入 21 世纪以来首个中长期规划，对我国科学技术发展提出了具体的发展方向及意见。该规划纲要提出后，相关政策接连出台，且修订了一系列的相关法律以提供必要保障。

随着中国特色社会主义发展迈入新时代，科技政策也发出了时代的最强音。2012年，《关于深化科技体制改革加快国家创新体系建设的意见》出台，相关政策强调了在国家创新体系建设过程中，要产学研相结合，协同创新，开放共享，并突出了科技创新企业的主体作用。2016 年，《国家创新驱动发展战略纲要》发布，提出"到 2050年建成世界科技创新强国，成为世界主要科学中心和创新高地，为我国建成富强民主文明和谐的社会主义现代化国家、实现中华民族伟大复兴的中国梦提供强大支撑"的远景目标。此外，还出台了《关于大力推进大众创业万众创新若干政策措施的意见》，推动科技创新和双创协同发展。在这一历史阶段，在以习近平同志为核心的党中央坚强领导下，我国科技创新高速发展，目前已进入创新型国家行列，创新型国家建设取得明显成效。

中央对于科技创新的长期整体布局表明，我国坚持把科技创新放在国家战略的关键位置。新形势对我国创新政策的前瞻性、适应性和灵活性均提出了更高的要求，因此要加快推动科技创新政策的理论和方法研究，构建专业的政策文本结构化数据库，丰富科技创新政策工具，大力加强专业化高水平科技智库建设，不断强化对科技创新政策决策的基础支撑。

8.2 中国科技创新政策分析研究现状

对政策过程的分析是一个较为复杂的科学问题。首先，政策面向的主体是有差异的，不同利益群体的诉求不同，因此政策的执行会表现出不同的行为特征。其次，政策环境也复杂多变，科技、经济的发展，市场变革等均影响政策的制定及实施[5]。另外，政策的演进也具有高度的复杂性，这些问题都加大了政策分析的难度。

政府信息公开的趋势，以及统计学、文献政策计量学、机器学习、数据可视化等研究方法的不断发展，为政策分析提供了更多的可能性。学术界对政策法规的研究由来已久，对政策的分析研究不但有利于把握政策的整体走向，还能够对后续的政策延伸提供一定的参考作用。政策研究的对象涵盖政策法规的制定、执行及反馈等诸多方面，研究涉及整个政策法规的生命周期。近年来，国内外学者从各角度运用政策文本分析方法，取得了丰富的研究成果。20 世纪 70 年代末，在公共政策学科领域出现了一个新的研究主题——政策工具研究。政策工具研究[6]将公共政策工具定义为政府的行为方式，以及通过某种途径用以调节政府行为的机制。传统的政策研究方法一般以政策的制定、发布、执行及评价为研究过程，使用相应的政策工具模型进行评价。大多数学者建立的政策分析模型均以政策工具为理论依据，提出针对某个主题的政策分析方法，将政策正文根据不同的内容逐条分类，制定政策的主题编码，人工进行政策的整理和信息标注，从不同角度对政策文本进行深度分析。除传统的公共政策研究外，部分学者将公共政策与情报科学学交叉融合研究，将政策看作一种特殊文献，从情报文献计量的角度对政策进行分析，结合机器学习等计算机手段，用客观、可验证的方式对政策内容进行抽取提炼[7-10]，将政策中的隐含信息更加直观地进行展示，为政策的研究提供了更多的事实依据。

对于国家发布的科技政策进行基于数据驱动的循证决策分析本身意义重大。政策法规原始文本作为一种特殊类型的文献，和期刊论文、专利文献等科技信息资源相比，具有较强的权威性、严肃性及约束力。对科技创新政策内部进行细化分解和剖析，针对不同政策工具对政策原文进行内容划分和标注，能够对政策的执行对象、执行力度、执行周期等目标问题做定量的监测，为科研院所、科技企业等创新主体带来方向性的指引。当前，对政策文本内部细粒度的分类解析工作大多依赖人工标注及专家智慧，对政策原文的自动化语义分析不具备普适性且量化程度较低，适用性有待提高。

基于科技创新政策的特点及研究现状，中国科技创新图谱的政策板块对我国的科技创新政策进行了收集和整理，针对具体分析需求，对政策进行基于机器学习和人工智能的信息抽取，将政策内容进行细粒度识别及标注，为后续的循证分析提供事实依据。

8.3 中国科技创新图谱的政策分析

党的十八大以来,我国把科技创新摆在国家发展全局的核心位置,围绕实施《国家创新驱动发展战略纲要》,加快推进以科技创新为核心的全面创新。党的十九届四中全会提出,要完善科技创新体制机制,将科技创新治理体系和治理能力现代化作为国家治理体系与治理能力现代化的重点之一。中国科技创新图谱主要围绕国家级的科技创新政策进行结构化解析,使用定量与定性相结合的方式,探索隐藏于政策文献内的信息与规律,减少人工干预及主观评价,基于政策内部事实数据对我国的科技创新政策布局进行解析。

政策除了其特有的法规性、权威性等属性外,其根本属性仍为文本类数据,因此可以直观地以文本分析的视角对政策进行客观的数据化分析。黄萃[2]等根据政策文本的此类特点,将政策文本看作文献,进行基于情报学的相关研究,并总结了针对不同主题的不同政策工具视角,对政策进行标注分析,取得了一定的成果。中国科技创新图谱同样将政策文本看作一种特殊类型的文献,进行对应的文献计量分析。

一条完整的政策文本包含政策的标题、发布时间、文号、发布机构、正文等多维特征。在政策的正文中,也会具备政策主体、作用面、具体实施方案等多角度隐含的信息内容。从文本表示来看,政策文本通常为典型的长文本文档,语言风格正式客观,情感大多为中性,且行政术语较多。另外,相比于传统文献,现行政策文本不存在摘要及关键词结构,无法根据文本的原始基础信息对政策进行提炼。结合科技政策的诸多特性,中国科技创新图谱将政策的标题及正文全文作为文本解析主体进行后续分析。

8.3.1 我国科技政策整体概况

中国科技创新图谱的政策分析板块主要从中央层面的政策着手,以科技部官方网站发布的政策为准,构成我国科技领域政策文本语料库,用于挖掘科技政策文本的研究主题及演化趋势。对收集整理的政策进行初步的预处理工作,包括对政策文本内容进行分词、去停用词等操作。在分词部分,使用分词工具和《政务文书档案专业词表》[11]中的词组相结合的方式,对政策文本中的词组进行预处理,并进行同义词替换。

对近20年的政策文本数量进行统计,其显示结果如图8-1、图8-2所示。

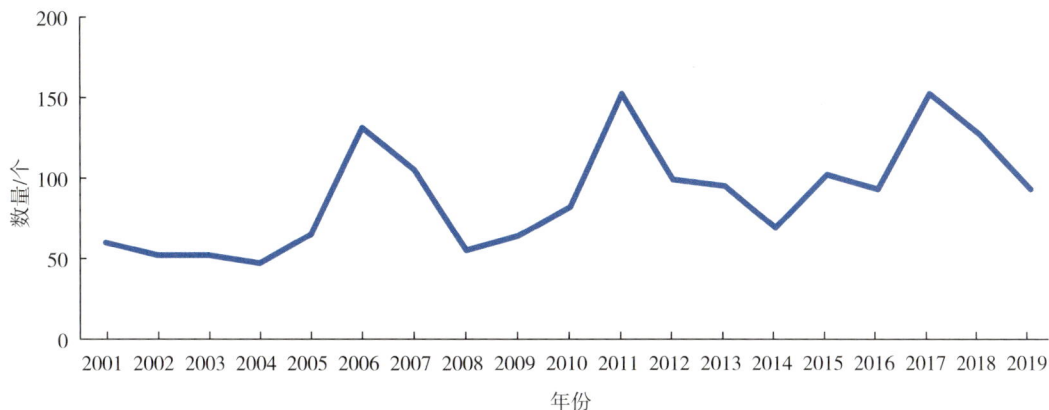

图 8-1　政策发布数随时间变化趋势

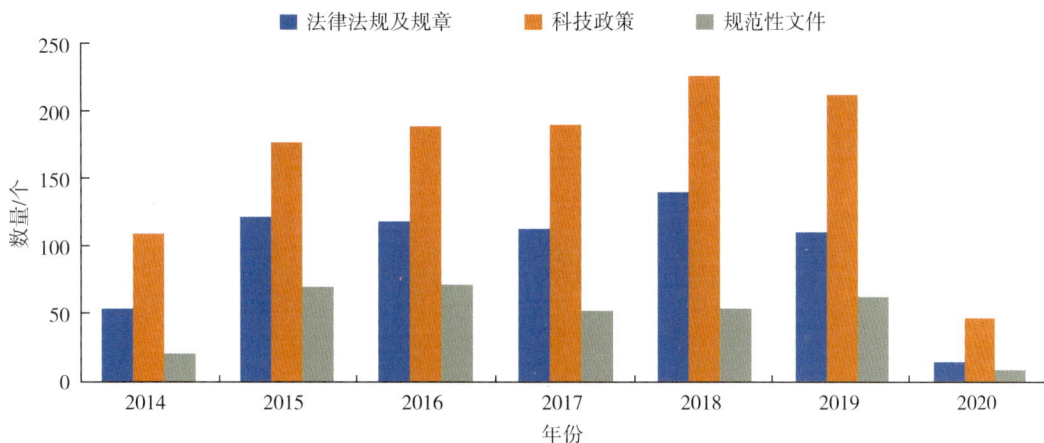

图 8-2　政策文本数量变化柱状图

由图 8-1 可见，2005 年之前的科技政策发布数量相对平稳，年均保持在 50 个左右。从 2006 年起，有比较明显的 3 个极值点，分别是 2006 年、2011 年和 2017 年。结合我国的国家整体战略规划部署及相应的政策内容来看，2006 年和 2011 年分别是我国"十一五"规划和"十二五"规划的首年，国家对未来 5 年科技发展的规划性政策发布较为密集。而 2016 年是我国"十三五"规划的开局之年，同年我国又发布了《国家创新驱动发展战略纲要》，以此激励科技创新发展。这一年政策的出台呈现了滞后性，2017 年进入政策发布的高峰年份。通过对政策内容的具体分析得知，2017 年大部分发布的新政策都提到了《"十三五"国家科技创新规划》《国家创新驱动发展战略纲要》两个核心政策文件。另外，2017 年我国首次召开"一带一路"国际合作高峰论坛，召开党的十九大，同年也是建军 90 周年、香港回归 20 周年等，因此科技政策的颁布数量达到了近 20 年的小高峰。通过政策随年份发布的变化趋势可见，科技政策的颁布和国情及科技发展密不可分。

根据科技部官网提供的部分政策分类标签，以及对科技政策的具体内容分析，中国科技创新图谱将科技创新政策进行标注及分类，如图 8-3 所示。

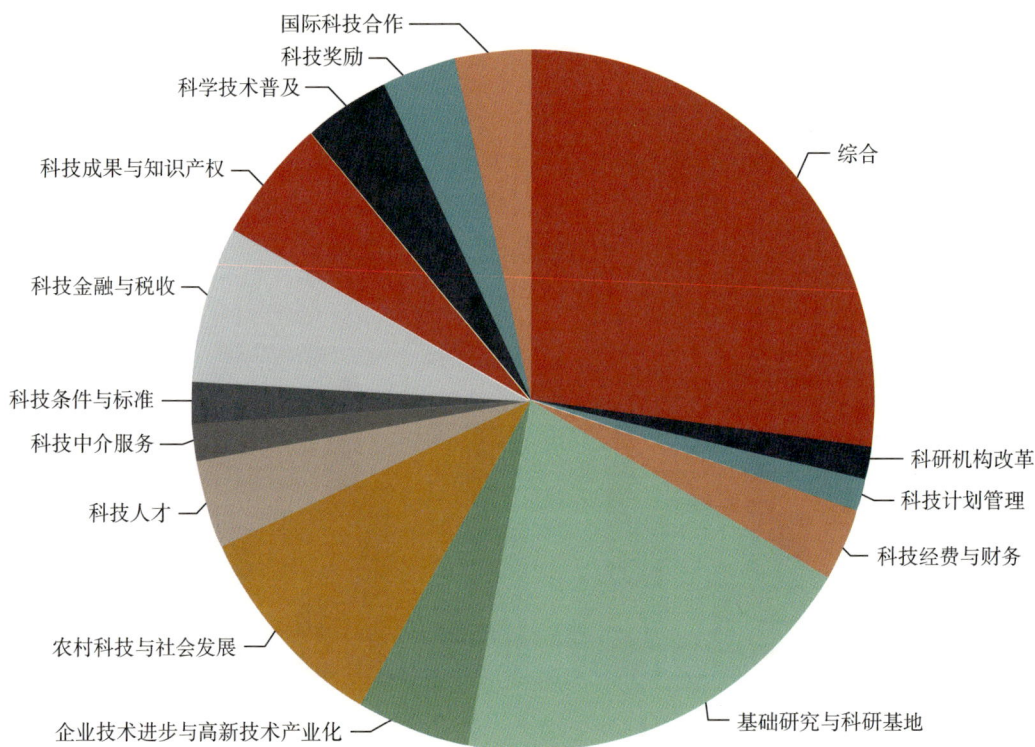

图 8-3　政策的内容分类

可以看到，除"综合"类别以外，"基础研究与科研基地"类别占整体政策的近 1/4，这能够反映出我国科技布局对于基础研究的重视程度及研究积累。另外，"企业技术进步与高新技术产业化"也在政策中占有一定的比重。证明我国近些年对于成果转化效率及企业科技发展的重视程度。后文针对相关分类会进行更为具体的分析。

在政策的颁布过程中，通常有牵头的主体单位，且由于政策文件具有权威性及受众广泛等特点，政策大多由多个部门联合发布。对于科技部发布的政策，提取其对应的联合发文单位，联合发文关系如图 8-4 所示。

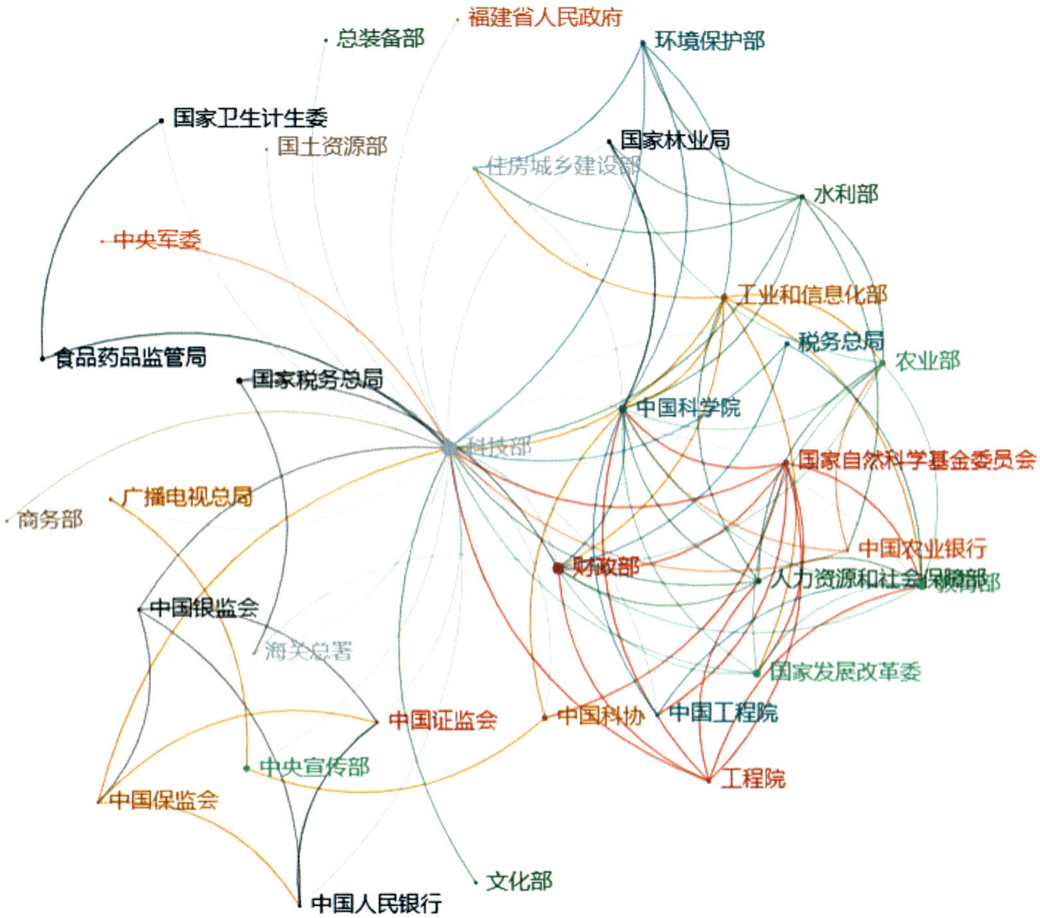

图 8-4　科技部发布政策的联合单位

从图 8-4 可以看出，科技部发布政策时，其联合发文单位众多。核心节点除科技部本身之外，还包括中国科学院、国家发展改革委、国家自然科学基金委员会等部门，这充分证明我国的科学技术体系已基本完善。各国家级部委在政策制定和发布过程中合作紧密，互利共赢，形成多部门协同规划的工作形式。

将图 8-4 中的科技部节点删除，观测其他各部门对科技创新政策的共同部署情况，其共现结果如图 8-5 所示。

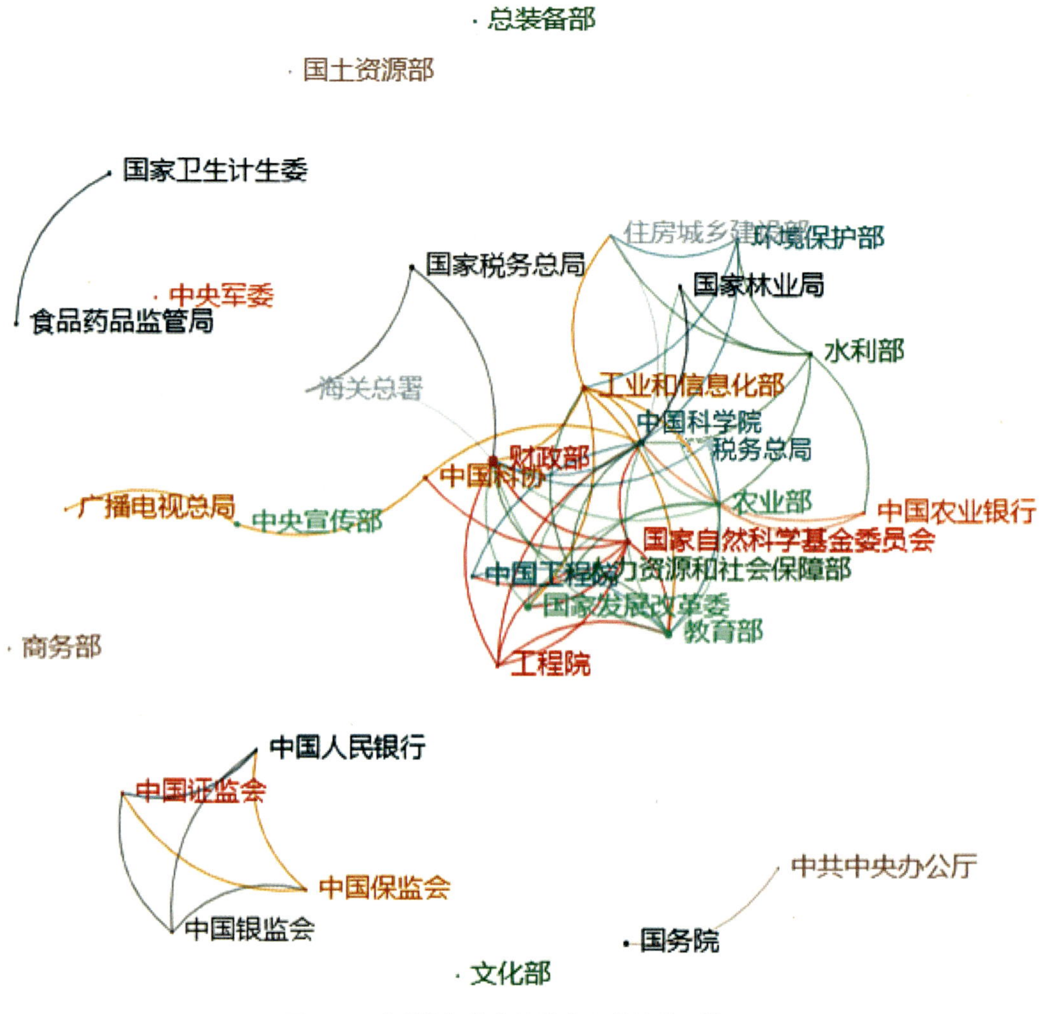

图 8-5　除科技部节点外的发文单位共现情况

从图 8-5 可以看出，以中国科学院、国家发展改革委等部门为中央节点的单位组成了科技创新相关政策发布的核心主体，另外还环绕着以科技金融为主题的政策发文主体，如"中国人民银行、中国银监会、中国证监会、中国保监会"团簇，以及以科技健康为主题的政策发文主体，如"国家卫生计生委、食品药品监管局"团簇等。这反映出我国科技创新政策的部署涵盖了不同的科技主题，具备一定的科技创新系统性及丰富性。

8.3.2　科技创新政策的关联分析

传统科技文献中通常会在结尾对其参考的文献加以标注，政策文本和传统文献相似的属性表现为，政策文本通常会在政策的前半部分引用其他相关的更高等级或平级政策，以"贯彻实施""落实""依据"等关键词为主，提供政策之间的相互参照关系。政策的发布还有一定的延续性。中国科技创新图谱中将这种提供参照关系的政策称为上位政策，政策正文中参照了其他政策的称为下位政策。在政策文本研究中，抽取与政策相关联的上位政策并进行分析，有利于梳理我国科技创新的政府引导脉络，整理科技创新领域的核心政策库。将科技政策的上位政策进行数据统计，其最终的政策排名如表 8-1 所示。

表 8-1 上位政策被引数量前 5 名

排名	政策标题	提出年份	被引次数/次
1	《国家中长期科学和技术发展规划纲要（2006—2020 年）》	2006	218
2	《关于深化中央财政科技计划（专项、基金等）管理改革的方案》	2014	67
3	《国家创新驱动发展战略纲要》	2016	47
4	《国家"十二五"科学和技术发展规划》	2011	42
5	《"十三五"国家科技创新规划》	2016	40

被引次数居首位的是《国家中长期科学和技术发展规划纲要（2006—2020 年）》，该纲要的战略布局横贯 15 年，是我国 21 世纪科技战略部署的最主要依据，因此排在核心政策的首位。该纲要在发布后的首年即达到了被引量的高峰，次年的被引数值依然较高，并且在每个国家 5 年计划首年，均被频繁提及。自 2006 年颁布至今，有众多科技政策参照引用了该政策，显示出了极强的科技创新引导性及影响力。

值得一提的是排在第三的《国家创新驱动发展战略纲要》，该政策的颁布时间为 2016 年，和其他核心政策相比提出时间较晚，但仍然具有较高数量的下位政策。从该政策颁布至今，平均每年有近 15 条科技部官方发布的科技政策引用了该政策，充分说明了其重要性，也意味着国家将创新驱动发展摆在了科技创新发展的核心位置。另外，起到科技创新战略主导地位的国家"十二五""十三五"规划也同样具有较高的被引次数，证明我国的科技战略部署均按照既定方向稳步前进。

整理这 5 条核心政策的下位政策数量，并将其按时间顺序进行统计，统计结果如图 8-6 所示。可以看出，核心政策在颁布后的当年或第二年，其下位政策数量出现了明显的上涨态势。2017 年，各项核心政策均出现了下位政策数量高峰，也符合整体政策变化趋势。

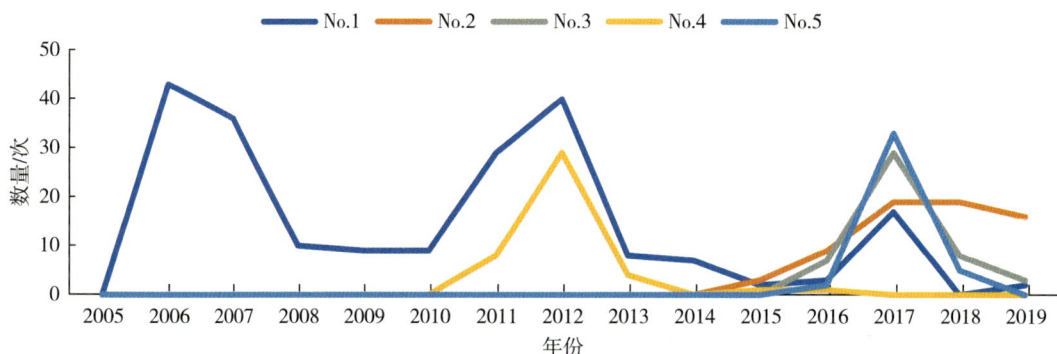

图 8-6　核心政策的被引趋势

通常情况，政策的发布会参照一条或多条相关的上位政策。将政策之间的上下文引用关系进行脉络连接，包含核心政策的政策共现，如图 8-7 所示。

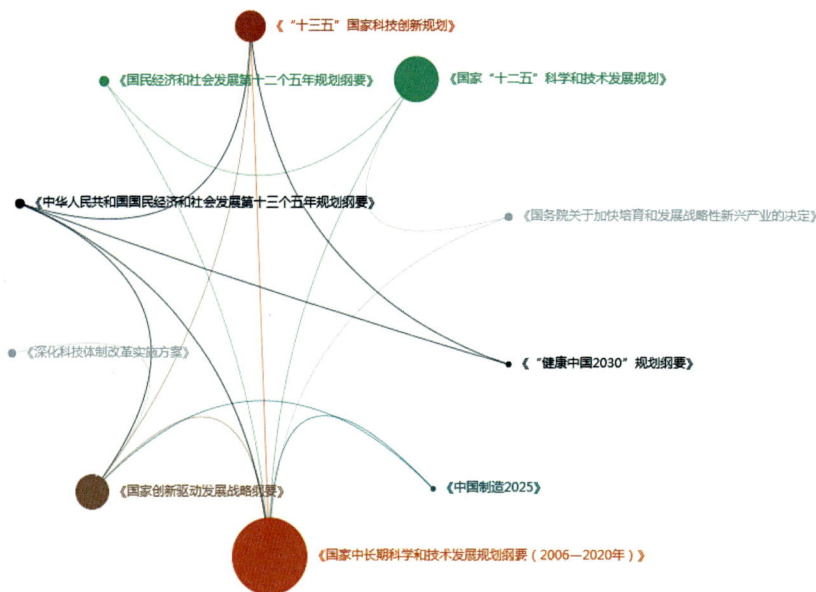

图 8-7　上位政策共现

从图 8-7 的共现关系能够发现，我国科技政策中的核心政策集在作为上位政策时，通常以组合的形式出现，证明在相关科技创新政策制定时，会参照多条核心政策的主题思想，并用以指导新政策的发布。这也反映了我国核心科技政策具有一定的权威性，且政策之间具有较强的内容相关性。

8.3.3　以关键词为代表的政策特征

为统计我国的科技创新政策随时间变化的主题变化趋势，并更加具体地观测我国科技创新政策的主要部署方向，中国科技创新图谱根据年份提取了对应的科技政策关键词，并进行了基于词表示和政务文书词表的同义词归并。从 2001 年起，选取关键词的前 5 项进行统计，并将 20 年来的政策文本关键词做汇总，统计前 10 项关键词，如表 8-2 所示。

表 8-2　历年科技政策关键词

年份	关键词
2001—2010	项目、企业、实验室、知识产权、高新技术、技术创新、验收、科普、科技成果、实施方案
2020	疫情、防控、新一代人工智能、试验区、创新
2019	申报、项目、负责人、研发、新一代人工智能
2018	项目、开发区、产业、高新技术、建设
2017	专项、创新、申报、十三五、负责人
2016	项目、推荐、实验室、指南、创新
2015	建议、合作、提交、企业、建设
2014	中心、中小企业、创业投资、国家级、引导
2013	计划、农村、产业、认定、创新
2012	十二五、专项规划、行业、落实工作、规划
2011	项目、课题、十二五、预算、验收
2010	计划、实验室、大学、课题、企业
2009	企业、评审、申请、资助、自然科学
2008	企业、实验室、农村、公司、高新技术
2007	企业、建设、计划、科技、高新技术
2006	项目、企业、预算、财务、高新技术
2005	建设、软件产业、科学技术、预算、高新技术
2004	科技进步、技术创新、示范、高新技术、试点工作
2003	实验室、认定、基地、建设、科学技术
2002	课题、科研、高新技术、试点工作、预算
2001	十五、企业、科学、出口、农业

根据科技政策词聚类结果产生的对应主题，可以将不同年份的关键词分为几个部分。首先，在基础科研方面，以项目、实验室、课题等为主的关键词贯穿整个科技创新政策的年份列表，体现了我国持续以科技项目推动科技创新发展的战略部署，鼓励

科技创新主体通过项目和课题申报进行科学技术研究，加快了我国科技创新发展的步伐。其次，在行业领域，关键词包括高新技术企业、产业等，出现频率较高的年份在2007—2011年。这一阶段我国处在"十一五"规划期间，规划中对推进工业结构优化升级，尤其是加快发展高技术产业、振兴装备制造业等均进行了详尽部署，因此这一阶段颁布的科技政策主题整体更重视企业行业的发展。在技术手段类别中，关键词包括新一代人工智能等，且出现的年份主要集中在近5年，结合我国《国家创新驱动发展战略纲要》的颁布时间，证明我国近年来在科技创新发展中，更加重视具体的应用技术的研发，并进行了细化部署。

目前，我国正处于科技创新快速发展的时期，从2001年以来的关键词展示可以看出，我国整体的战略部署从基础研究向高新技术创新转变，从宏观把控向重点领域突破方向转变，同时又牢牢把握科技项目的申报及科学技术普及等科技服务工作的开展。对近20年来整体的关键词云及分年度的词云进行展示，如图8-8、图8-9所示。

图 8-8　总体热词云

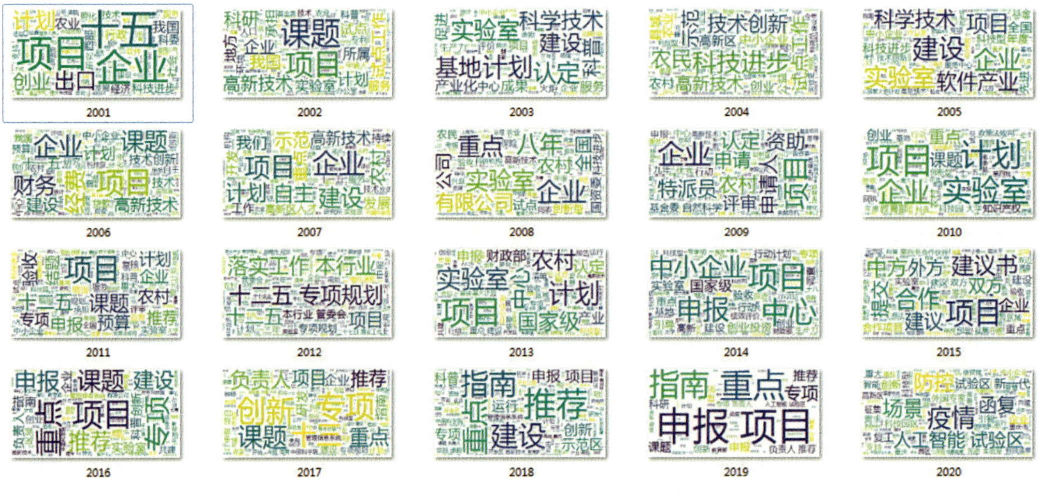

图 8-9　政策关键词云（2001—2020 年）

从关键词表和词云图可以看出，我国的科技创新政策除国家创新本身外，主要集中在项目申报、企业发展、高新技术等几个方面。将我国每5年发布的规划作为我国国民经济和社会发展的重要部分，其也贯穿了我国科技政策的关键词表。从2016年开始，"创新"一词占据了主导的位置，充分证明国家已经将科技创新摆在了较为重要的位置。另外，由于2020年新冠疫情的暴发，当年的科技政策热词也集中在"疫情""防控"等相关主题上。整体关键词的分布符合我国科技创新的战略部署，证明我国的科技创新政策对科技创新发展发挥出一定的引导性及带动性。

将政策文本中涉及的术语名词进行整理、筛选，并进行词共现展示，如图8-10所示。

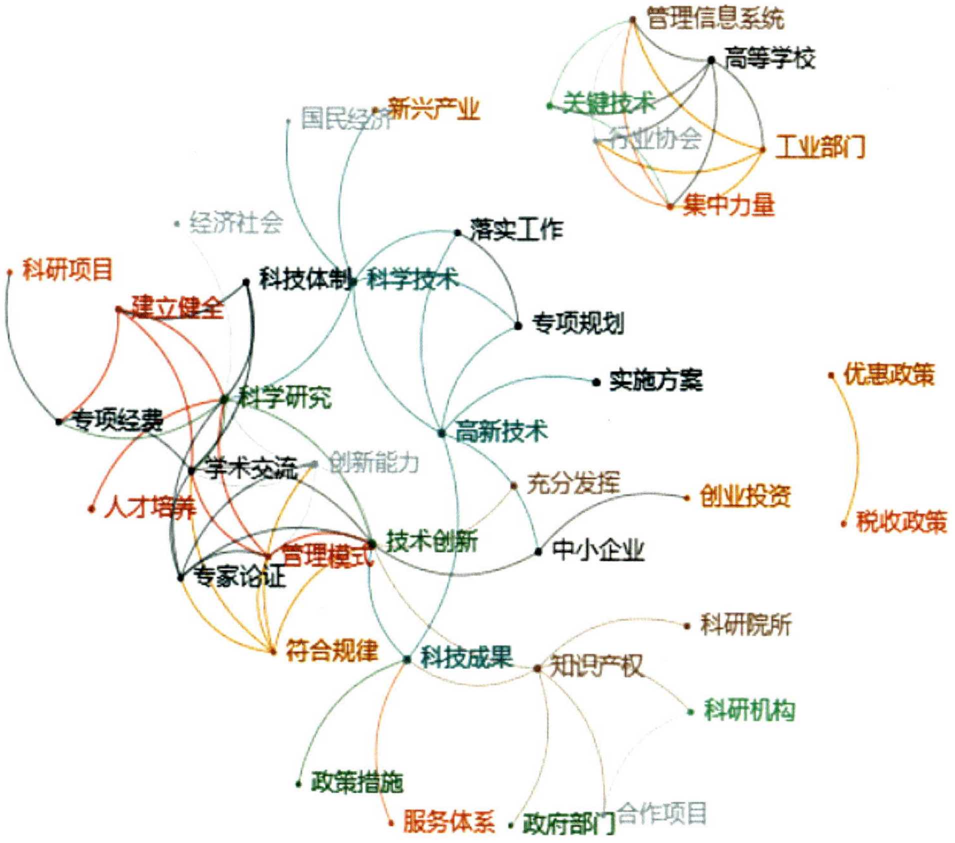

图 8-10 部分政策术语词共现与词频

由图8-10可见，以"高新技术""技术创新""科技成果""科学研究""知识产权"为核心共现点的术语形成其中最大的术语簇，该团簇主要反映了我国科技创新部署中研究、创新、成果等一体化协同的发展态势，证明了我国的科技创新体系已基本完善，科技创新的流程已基本稳定并高速发展。另外，"优惠政策""税收政策"形成单独团簇，表明我国在政策部署中，充分认识到税收优惠政策在推动以产业为主体的科技创新发展方面具有积极的作用。

8.3.4 中国科技创新政策的主题聚类

在文献情报分析领域，对文本进行关键词提取，并聚类能够反映出不同主题的分布态势。对政策内部的具体表述内容进行细节分析，使用 VOSviewer 软件[12]，对政策文本的关键词进行词频及词共现的分析，生成的词聚类如图 8-11 所示。

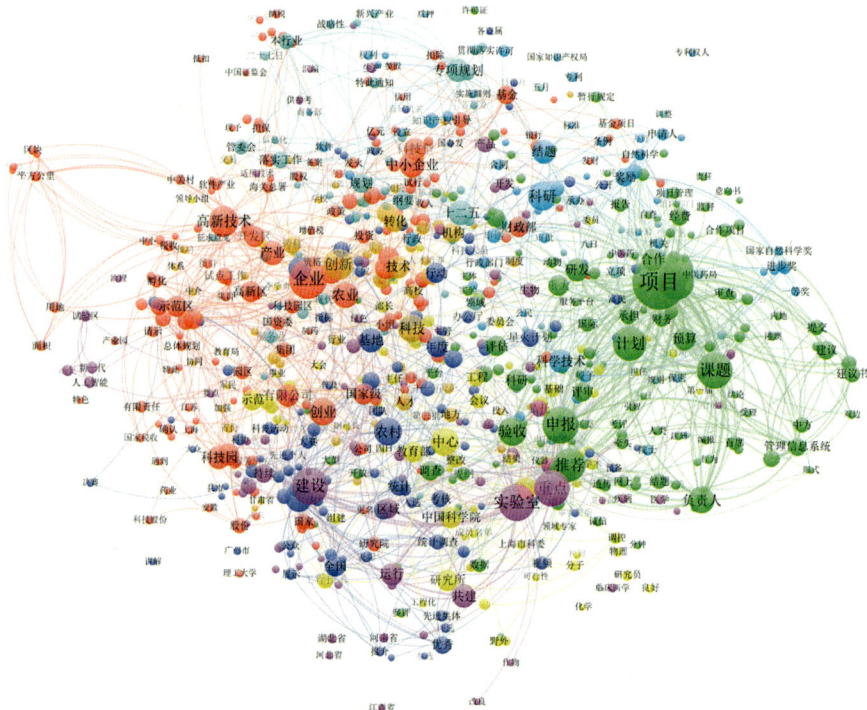

图 8-11　政策文本的关键词词频与聚类

在聚类过程中，参考科技部官方网站对政策的内容分类及对数据形态的具体分析，最终共聚集 8 个类别，从其中较为突出的几类可以观测出一些明确的政策内容规律。

首先，以科技部为政策发布主体的我国中央级别的科技政策，发布的内容主要围绕国家级科技项目的申报、研究过程、评审、科技成果等，以及科研机构的经费和管理等科技服务类业务，这类关键词聚类占整体关键词的 1/3 左右（图 8-11 中右侧绿色部分）。这表明以科技部作为主体的我国科技创新事业发展的行政机构，其发布的规范性文件具有固定的形式、内容及发布周期，我国科技创新研发项目已经形成较为规范的结构化体系。其次，有关基础研究的主题聚类（图 8-11 中下侧紫色部分）重点关注我国科技创新的实验室建设及持续的基础研究基地建设，这部分的政策内容还下沉到我国不同省份的创新基地进行建设部署。这表明科技创新政策一以贯之地执行我国的科技创新战略部署，持续规划建设世界主要科学中心和创新高地，并进行了细粒度的具体实施部署。从企业创新主体发展来看（图 8-11 中左侧红色部分），高新技术、产业、园区、创业等词语在同一类别中，这反映了我国在科技创新战略部署中，高度重视以高新技术企业为创新主体的行业发展，结合"大众创业、万众创新"政策的提出，更突显了创新和双创相结合的科技创新发展态势。创新、技术、科技、转化等在同一类别（图 8-11 中部的黄色部分），证明我国科技政策的发布内容同样重视科技创新的效率问题。在具体的创新评估中，将科技创新的成果转化和产出作为一个重要的衡量标准来执行，证明具备较为成熟的科技创新评估指标及体系。另外，值得关注的一点，科普、统计调查等关键词聚合在同一类别（图 8-11 下侧蓝色部分），体现出科技部作为科学技术发展的统筹规划部门，依然长期稳定进行科学普及的相关制度制定及更新，科技普及能够快速有效地加强公众的科学素养，并通过多种多样的科学普及活动提升公众对科技创新的兴趣，加强科技创新发展的社会影响力，为我国大众参与科技创新提供坚实的理论基础。

根据对应的关键词聚类图，生成对应的关键词热力图。图 8-12 为关键词热力图。

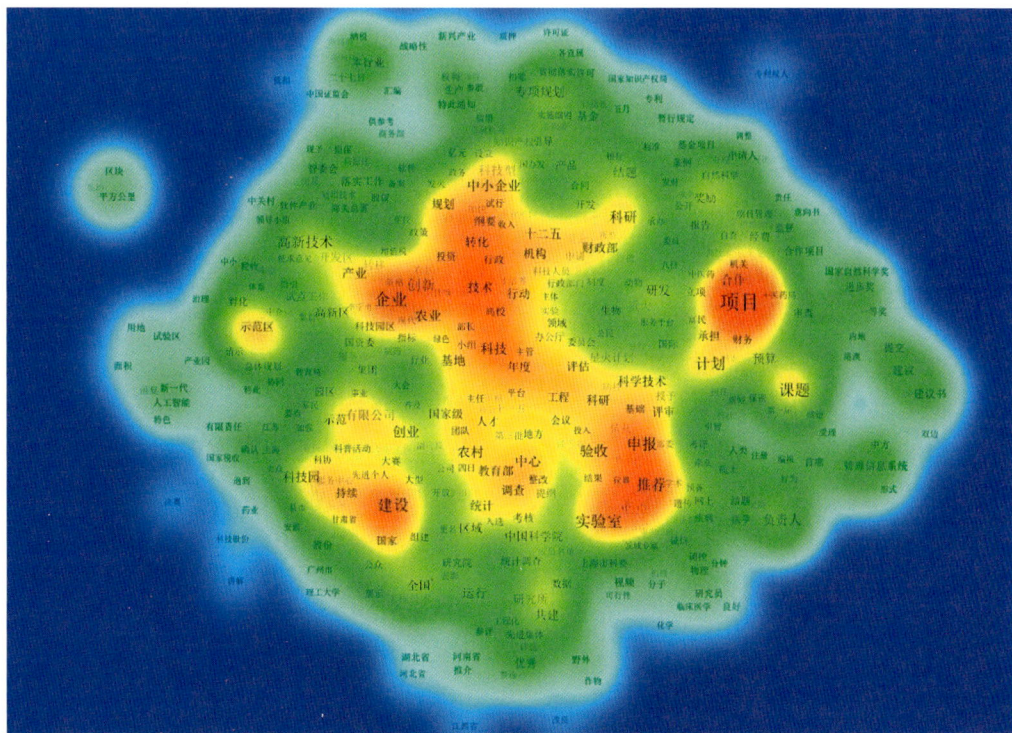

图 8-12　关键词热力图

　　图 8-12 能够直观体现出我国政策分布的热点集中在项目、企业及技术等方面。其中，关于项目和课题的相关政策类别较为独立，具有一定的持续性及稳定性，其他各个主题之间有较强的关联性。证明科技创新发展除固定的国家级科技项目研究外，整体呈现协同发展态势。科技发展是国之重点，世界各国均施行基于本国国情的相关政策法规以推进科技进步发展。通过文本挖掘对科技政策进行细化分析的研究需要持续进行下去，以便决策者有效地了解政策发展及执行结果，以数据分析为基础，更好地为我国科技政策的长期规划发展提供服务支撑。

参考文献

［1］　范柏乃，段忠贤，江蕾．中国自主创新政策：演进，效应与优化［J］．中国科技论坛，2023（9）：5-12.

［2］　黄萃．政策文献量化研究［M］．北京：科学出版社，2016.

［3］　金世斌．新中国科技政策的演进路径与趋势展望［J］．中国科技论坛，2015（10）：5-9.

［4］　郑蔚，陈越，杨永辉．新中国 70 年科技创新的政策演进与经验借鉴［J］．经济研究参考，2019（17）：11.

［5］　NAN Z，MA B，MENG Q．Policy informatics：big data-driven public policy analysis［M］．北京：清华大学出版社，2019.

［6］　休斯．公共管理导论［J］．领导决策信息，2002（15）：4-15.

［7］　黄萃，苏竣，施丽萍，等．中国高新技术产业税收优惠政策文本量化研究［J］．科研管理，2011，32（10）：46-54，96.

［8］　周京艳，张惠娜，黄裕荣，等．政策工具视角下我国大数据政策的文本量化分析［J］．情报探索，2016（12）：7-10.

［9］　王宏起，李婧媛，李玥．基于政策文本的"双创"政策量化研究［J］．情报杂志，2018，37（1）：59-65.

［10］　白彬，张再生．基于政策工具视角的以创业拉动就业政策分析：基于政策文本的内容分析和定量分析［J］．科学学与科学技术管理，2016，37（12）：92-100.

［11］　政务文书档案专业词表编写组．政务文书档案专业词表［M］．北京：科学技术文献出版社，2019.

［12］　EC K N，WALTMAN L R．VOSviewer：a computer program for bibliometric mapping［J］．ERIM report series research in management，2009，84（2）：523-538.

导语

　　科技创新成果中，论文是基础研究的典型代表。本章将阐述中国科技创新图谱基于中国科技期刊统计数据而进行的科技成果分析，从成果产出的数据、成果的合作网络、引文分析所带来的基础研究能力等多个方面，力求从论文大数据入手着重刻画创新链条中的基础产出。

⊕ 第9章
论文视角下的基础研究创新

▢ 9.1　中国科技论文的整体概况

　　科技论文数量是衡量一个国家科技产出的重要指标之一，它从侧面反映一个国家、一个机构、一个科研人员的科技成就，并且科技论文产出状况在一定程度上反映了一个国家的科技创新水平，尤其是基础研究创新水平。本章将从国际和国内两种视角分析中国科技论文的发展状况，并将二者相结合，揭示近 10 年来以论文为代表的中国基础研究创新现状。

　　在国际视角分析中，采用的数据源是 Clarivate 提供的 InCites——科研绩效分析平台数据库，InCites 基于 Web of Science 核心合集数据库 30 多年客观、权威的数据，提供多元化的指标对国家 / 地区科研水平进行全面衡量；在国内视角分析中，采用的数据源是"中国科技论文统计源期刊"（中国科技核心期刊）所收录的论文数据库——"中国科技论文与引文数据库"（CSTPCD），CSTPCD 收录了从 1987 年以来中国各学科重要的科技期刊及其刊载论文的相关数据。

　　科技论文是科技研究最主要的产出成果之一，尽管科技论文的数量与质量之间的关系一直颇受争议，但毋庸置疑的是，科技论文的数量有效反映了一个国家 / 地区、机构、科研人员的科学研究活跃度，正是由于科学研究的活跃，才能碰撞出科技创新的火花。

2009—2019 年，中国发表的国际科技论文数量连续 10 年位居全球第二，仅次于美国，2019 年论文数量达到 61 万余篇，占世界科技论文总数的 13.01%。11 年间，中国发表的国际科技论文数量增长迅速，如图 9-1 所示，国际科技论文数量年平均增长率达 11.5%，增长速度在国际科技论文产出前五的国家中位列第一。与此同时，中国以第一作者身份发表的国际科技论义数量占比也在逐年增加，由 2009 年的 89.43% 增长至 2019 年的 92.24%，2019 年以第一作者身份发表的国际科技论文数量达 56.4 万篇。

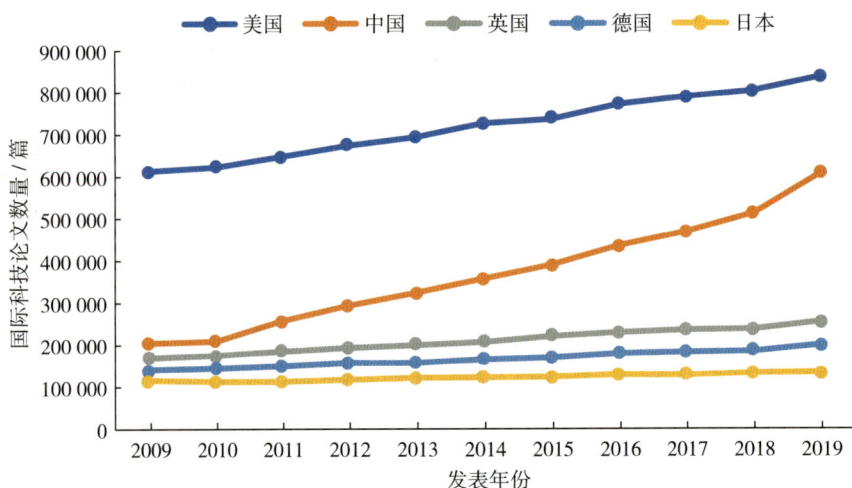

图 9-1　2009—2019 年世界前五发表国际科技论文的国家每年发表国际科技论文数量

在国内科技论文产出上，2009—2019 年，产出国内科技论文 668 万余篇，论文总量持续增长，但每年新增论文数量呈现递减趋势，尽管论文总量的变化受科技核心期刊遴选数量下降的影响，但单刊每年发表的论文数量仍处于下降趋势（图 9-2）。

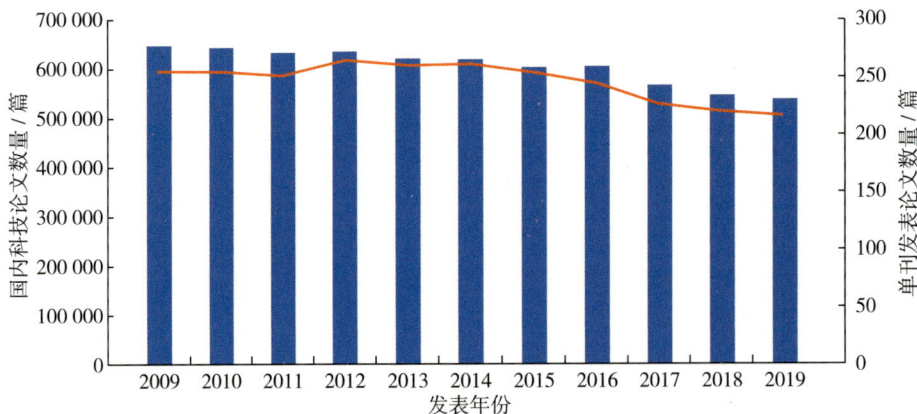

图 9-2　2009—2019 年每年新增国内科技论文数量

9.2　引文视角下的基础研究能力

论文质量评估的主要方式分为主观和客观两类，主观方式主要是同行评议，客观方式是通过论文的引用频次进行评估。论文发表后被其他作者引用是知识流动的表现形式之一，也是论文所载知识获得同行关注的表现，探究论文的被引用情况，能有效说明某国家 / 地区的科研影响力。

截至 2021 年 12 月 1 日，中国作者[①] 共在 Web of Science 核心合集中发表论文 305 万篇，其中 89.94% 的论文共获得了 5806 万次的被引频次，总被引频次位列全球第二，篇均被引频次为 19.04 次 / 篇，高于全球基准值 16.69 次 / 篇，其中有 11.09% 的论文属于全球论文被引频次排名前 10% 的论文。虽然中国在 2009 年发表的国际论文的篇均被引频次在全球排第 128 位，但 2019 年发表的国际论文的篇均被引频次在全球排名已经上升至第 41 位，论文质量的提升获得学术同行的认可。

在学科领域方面，如表 9-1 所示，在 ESI 的 22 个学科中有 5 个学科论文数量排名全球第一，9 个学科论文数量排名全球第二，但是在全球论文相对影响力上，仅有 10 个学科的全球论文相对影响力大于 1，即有 10 个学科的论文篇均被引频次高于全球该学科论文篇均被引频次，意味着我国这些学科的研究成果更受世界科学界的关注，但其余 12 个学科论文篇均被引频次还低于全球平均水平，这些学科的科研影响力尚有待提高。

表 9-1　2009—2019 年 Web of Science 中的中国论文 22 个 ESI 学科被引用情况

ESI 学科	论文数量世界排名	Web of Science 中论文数量 / 篇	被引频次 / 次	篇均被引频次 /（次 / 篇）	全球论文相对影响力
化学	1	520 015	1 1935 947	23.0	1.13
临床医学	4	399 529	5 351 177	13.4	1.12
工程学	1	387 482	6 922 053	17.9	1.03
材料科学	1	335 613	8 982 878	26.8	1.07
物理学	1	271 175	4 283 067	15.8	0.89
生物学与生物化学	2	138 525	2 706 380	19.5	0.93
地球科学	2	107 913	2 225 488	20.6	0.99

---

① 仅包含中国大陆及香港、澳门地区。

续表

ESI 学科	论文数量世界排名	Web of Science 中论文数量 / 篇	被引频次 / 次	篇均被引频次 /（次 / 篇）	全球论文相对影响力
环境生态学	2	107 734	2 461 309	22.8	0.98
分子生物学与遗传学	2	103 957	2 432 923	23.4	0.77
计算机科学	1	103 795	1 770 186	17.1	0.98
动植物科学	2	99 357	1 621 799	16.3	1.19
数学	2	98 186	807 974	8.2	1.03
药理学和毒理学	2	89 669	1 389 072	15.5	1.02
农业科学	2	71 723	1 363 816	19.0	1.20
神经科学与行为学	5	57 393	1 042 579	18.2	0.99
社会科学	9	37 480	560 632	15.0	1.41
免疫学	4	33 499	581 761	17.4	0.92
微生物学	2	32 371	564 346	17.4	0.73
经济贸易	6	20 665	350 805	17.0	0.92
精神病学与心理学	10	18 396	258 359	14.0	0.89
空间科学	7	16 286	347 903	21.4	0.80
综合学科	4	4085	103 802	25.4	2.59
总计	2	3 054 848	58 064 256	19.0	1.15

在 10 个具有一定全球影响力的学科中，排名前 2 位的两个学科的总发表论文数量并不在全球排名前三之列，但其学科影响力表现较好：综合学科的论文数量在全球排第 4 位，但全球论文相对影响力最高，为 2.59，篇均被引频次为 25.4 次 / 篇；其次是社会科学，论文数量在全球排第 9 位，全球论文相对影响力为 1.41，篇均被引频次为 15 次 / 篇。而我国的微生物学和分子生物学与遗传学的论文数量虽多，这两个学科的论文数量均在全球排名第二，但全球论文相对影响力较低，受全球科学界的关注低，科研影响力不足。

2009—2019 年，22 个学科的全球论文相对影响力总体呈现上升的态势。其中，计算机科学的全球论文相对影响力提升显著，2009—2016 年的全球论文相对影响力提升了 48%，但近 4 年来上升趋势减缓；其次是神经科学与行为学，以及物理学，全球论文相对影响力一直分别以年均 4.32% 和 3.77% 的增长率稳定上升（图 9-3）。此外，微生物学从 2013 年开始，全球论文相对影响力也一直稳步增长，年均增长率为 4.26%。与之相对，工程学、药理学和毒理学两个学科的全球论文相对影响力逐年稍有下降，此外，免疫学的全球论文相对影响力 10 年来波动较大，稳定性较差。

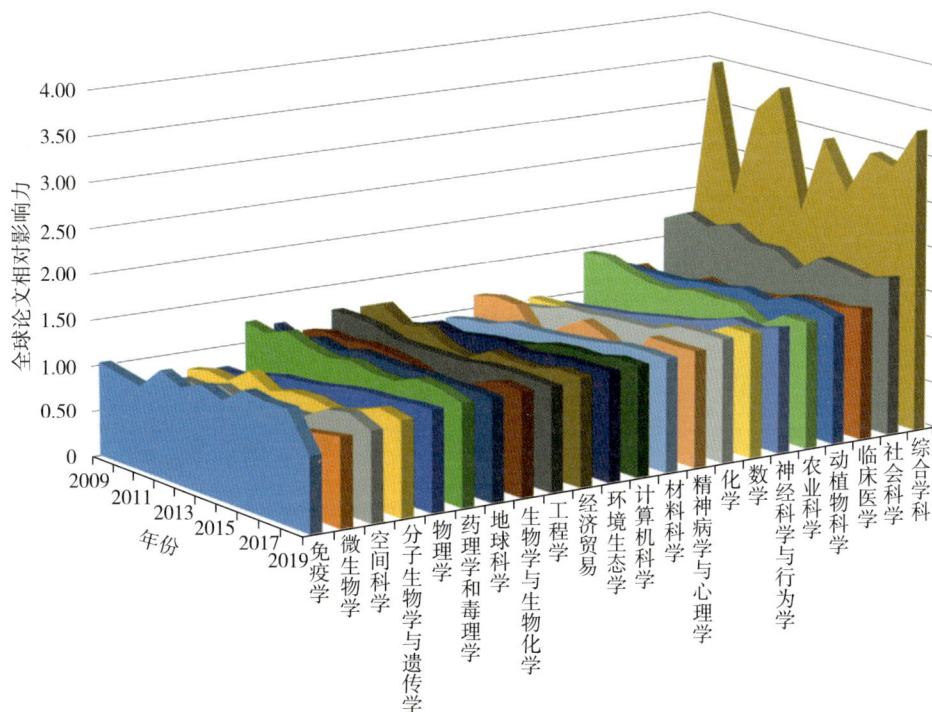

图 9-3　2009—2019 年 22 个学科全球论文相对影响力变化

国内发表的 668 万余篇科技论文，截至 2020 年 10 月在核心期刊论文中的总被引频次约为 789 万次，篇均被引频次为 1.18 次 / 篇。在中国大陆，北京市以 1.55 次 / 篇的篇均被引频次位列第一；其次是广东省（1.30 次 / 篇）、江苏省（1.28 次 / 篇）。一共有 21 个省份的国内科技论文篇均被引频次高于全国平均水平。

9.3　中国科技论文的区域分布

一个地区论文发表的数量，间接反映该地区基础科学研究发展的情况及其进行科技创新的潜在能力。

2009—2019 年，各省份国际科技论文数量均呈现增长趋势，平均增长率为 15.61%。其中，发表国际科技论文最活跃的省份是江苏省，发表的国际科技论文数量占全国发表量的 8.81%，其次是广东省（6.53%）和湖北省（5.41%）。直辖市中，发表国际科技论文最活跃的是北京市，发表的国际科技论文数量占全国发表量的 18.6%，其次是上海市（8.61%）和天津市（2.85%）。在论文影响力方面，有 25 个省份的国际科技论文篇均被引频次高于全球平均水平（12.51 次 / 篇），如图 9-4 所示，中国香港地区的国际科技论文篇均被引频次遥遥领先于全国其他省份，论文影响力排名第二的是福建省，其国际科技论文篇均被引频次为 18.18 次 / 篇，其次是安徽省（18.07 次 / 篇）、上海市（17.9 次 / 篇）。

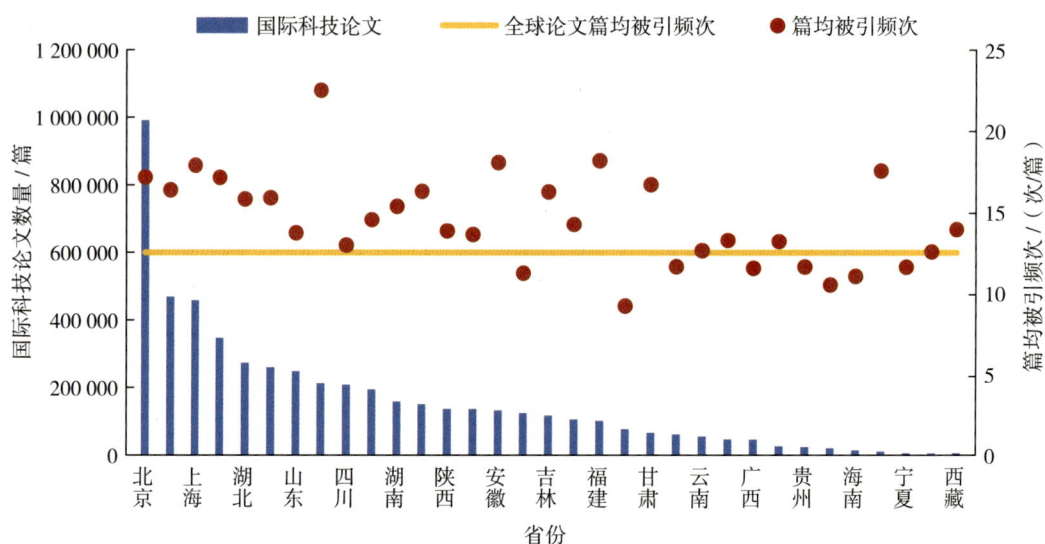

图 9-4　2009—2019 年国际科技论文发表数量和篇均被引频次

这些发表在国际期刊上的论文，其中国作者与国际同行的交流和合作日趋增多，11 年间中国产出国际合作论文数量持续上升，由 2009 年的 16.52% 上升至 2019 年的 25.02%（超过全球基准值 21.12%），在 2019 年合作产出 15.3 万篇国际论文。全国国际科技论文合作率最高的是澳门特别行政区和香港特别行政区，分别为 35.92% 和 35.57%，在中国大陆，国际科技论文合作率排前三的省份是上海市（27.29%）、广东省（25.57%）和北京市（25.54%）。

此外，中国发表的国际论文中，学术界与工业界的合作也更为紧密，2019 年与企业合作发表的横向合作论文百分比为 2.01%，较 2009 年增长了 0.7%，共同合作发表国际论文 12 295 篇，该比例虽然超过了全球基准值 1.83%，但仍与瑞士（7.67%）、芬兰（5.44%）、法国（5.24%）等国有较大差距。全国各省份的横向合作论文中，有

17 个省份的论文横向合作率高于全球均值，其中新疆维吾尔自治区发表的国际科技论文横向合作率最高，为 4.9%，其次是北京市（3.35%）、上海市（3.09%）、广东省（2.78%）。

而在国内科技论文发表方面，在区域分布上，华东地区和华北地区是全国基础研究最活跃的两个区域，2009—2019 年的 11 年间，国内科技论文产出数量占全国总量的 53.11%，其次活跃的区域是华中地区（论文产出占比为 11.76%）、西南地区（论文产出占比为 10.10%）和西北地区（论文产出占比为 9.42%）（图 9-5）。

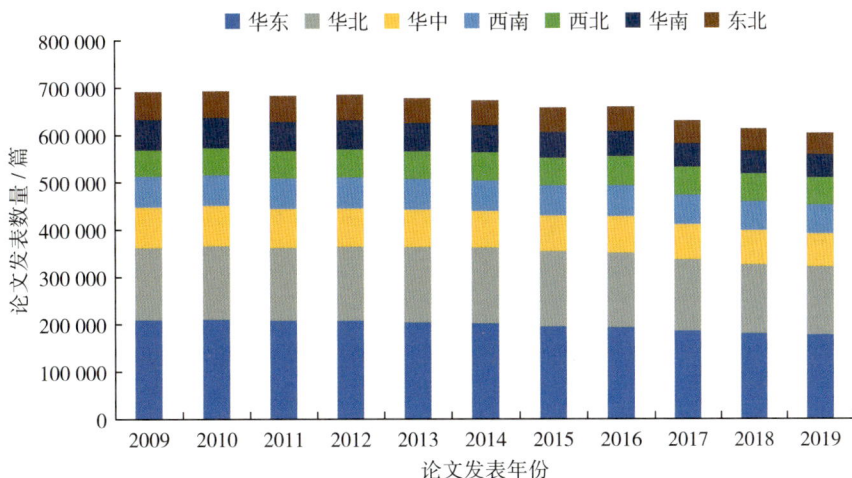

图 9-5 全国主要区域论文发表空间分布与数量变化

从城市群发展的格局而言，京津冀城市群、长三角城市群、长江中游城市群、成渝城市群和粤港澳大湾区五大城市群，在人口和资源方面形成了强大集聚效应的基础上，聚力于中国科学基础研究创新。这五大城市群 2009—2019 年产出的国内科技论文数量占全国总量的 65.28%，其中长三角城市群和京津冀城市群表现更为瞩目，长三角城市群产出的国内科技论文数量占全国总量的 21.9%，京津冀城市群产出的国内科技论文数量占比为 20.32%。

长三角城市群拥有全国约 1/4 的"双一流"高校，科研基础条件得天独厚，因此基础科研创新成果颇丰，该城市群论文产出数量位居全国第一。同时在该城市群中，基础研究创新呈现多点开花的态势，主要论文产出城市分布在上海市及苏浙皖三省的省会城市。4 个城市论文发表数量如图 9-6 所示，上海市作为全国科技创新中心之一，其论文产出数量在长三角城市群中位列第一，2019 年产出国内科技论文数量 3.9 万篇，此外上海市产出的 SCI 论文数量在 2019 年达 3.5 万篇，位列全国第二。南京市作为长三角城市群中高校集聚的城市，其科学基础研究能力颇为亮眼，2009—2019

年的 11 年间，其论文产出总量在长三角城市群中位列第二，约是第 3 名——杭州市论文产出数量的 2 倍，并且 2019 年南京市产出的 SCI 论文数量位列全国第三，数量为 2.8 万篇，几乎持平于其当年国内科技论文产出数量（2.9 万篇）。合肥市科技论文产出数量在长三角城市群中位列第四，但是其在 2009—2019 年的 11 年间，论文产出数量的趋势有别于长三角乃至全国科技论文产出下降的趋势，一直处于每年产出 1 万篇左右的稳定态势，且从 2018 年开始不降反升，近年来合肥市科技创新发展如火如荼，其基础研究创新氛围见长。

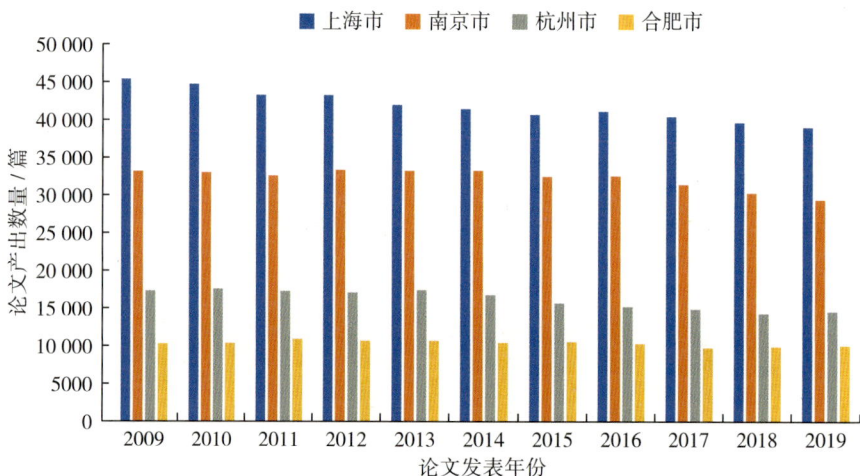

图 9-6　长三角城市群中主要论文产出城市论文发表数量

与长三角城市群基础研究创新多点开花的态势不同，京津冀城市群论文数量主要来源于北京市和天津市。北京市作为全国高校、研究院所最为集中的城市，其每年产出的论文数量位列全国第一，2019 年产出的论文数量为 9.1 万篇，约是第 2 名——上海市论文产出数量的 2.2 倍。天津市在 2009—2019 年发表论文总量在全国排名第八，2019 年产出论文数量为 1.7 万篇，长期且稳定地维持全国主要科学基础研究城市地位。

其余城市群中，省会城市均是该城市群中从事科学基础研究的中坚力量，如长江中游城市群中的武汉市、长沙市产出论文数量分别在全国位列第六和第十一；成渝城市群中的成都市和重庆市产出论文数量分别在全国位列第七和第九；粤港澳大湾区中的广州市产出论文数量在全国位列第四等。

🖥 9.4 科技论文视角下的区域合作

城市之间的科技合作对利用科技创新推动区域协调发展具有现实意义，城市之间科技论文合作创新网络是探究区域间知识流动及科技创新的重要一环。中国论文合作的核心节点城市与中国主要高校空间分布有着较强的耦合性，如北京、上海、广州这样的超一线城市及各省会城市。

本部分将 2009—2019 年以 5 年为单位划分为 3 个时间点——2009 年、2014 年和 2019 年，分析国内科技论文中区域、城市之间论文合作变化，以揭示跨区域基础研究创新现状。

2009 年，全国城市之间论文合作比例均值为 37.94%，即 100 篇论文中有 37 篇论文由 2 个及以上不同城市的作者共同参与完成，但在当年论文发表数量达 10 000 篇及以上的城市中，论文合作比例的均值为 25.68%，说明基础研究能力稍弱的城市的作者，更倾向于进行论文的合作和交流，以提升基础研究创新能力水平。

在不同省份论文合作强度上，直辖市之间论文合作强度较高，其中北京市和天津市论文合作强度最高，数值为 0.117（2009 年全国跨省论文合作强度平均值为 0.0074）；其次是北京市和上海市，二者的论文合作强度为 0.099；再次是北京市和重庆市，论文合作强度为 0.068，共合作产出论文 663 篇。在跨省论文合作强度上，因为更依赖地理位置相邻因素的影响，北京市和河北省论文合作强度（0.0467）最高，合作产出论文 2382 篇；其次是上海市和江苏省（0.0361）、上海市和浙江省（0.0343）、四川省和重庆市（0.0294）、天津市和河北省（0.027）。

城市群论文合作强度与跨省论文合作强度类似，受地理位置相邻因素影响显著，城市群内城市论文合作强度远高于城市群外城市论文合作强度，其中尤以京津冀城市群为最，京津冀城市群内平均城市之间论文合作强度为 0.04，其次是成渝城市群（平均城市之间论文合作强度为 0.029）、粤港澳大湾区（平均城市之间论文合作强度为 0.014），最后是长三角城市群（平均城市之间论文合作强度为 0.01）和长江中游城市群（平均城市之间论文合作强度为 0.008）。在跨城市群的论文合作方面，粤港澳大湾区与长江中游城市群的合作最为紧密，城市之间论文合作强度为 0.008，其中主要的合作城市是广州市与武汉市、广州市与长沙市、武汉市与深圳市。其次，京津冀城市群与其余所有城市群均存在较高的合作强度，如图 9-7 所示，北京与全国 351 个城市均存在论文合作，合作产出论文数量达 2.5 万篇，由此京津冀城市群与其他城市群论文合作强度较高。此外，长三角城市群与长江中游城市群的论文合作也较为紧密，论文合作强度为 0.006，主要的合作城市是上海市、南京市与武汉市、南昌市。

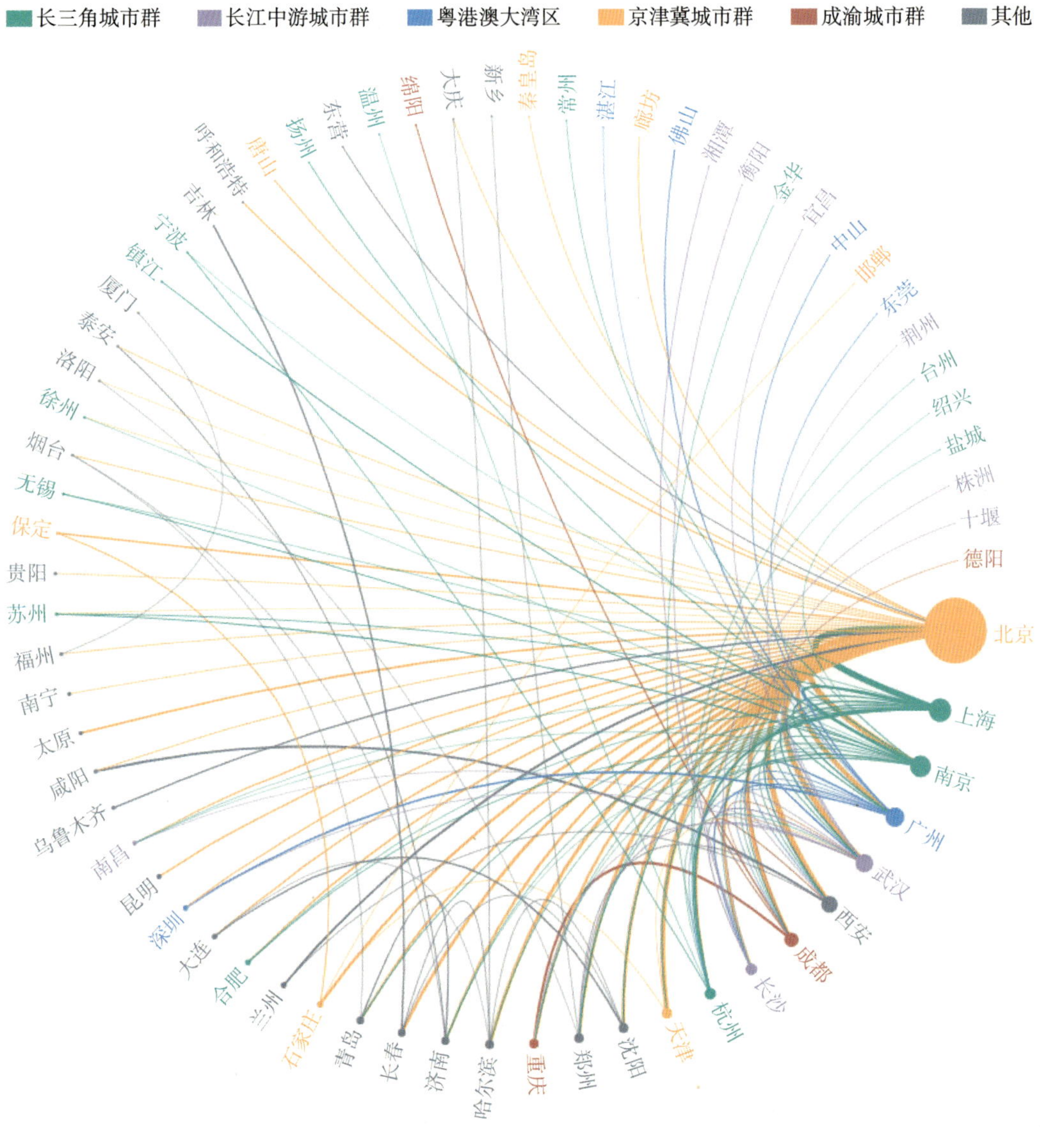

图例：■ 长三角城市群　■ 长江中游城市群　■ 粤港澳大湾区　■ 京津冀城市群　■ 成渝城市群　■ 其他

图 9-7　2009 年城市之间论文合作关系（合作次数大于 150 次）

2014 年，全国城市之间论文合作比例均值为 44.63%，相较于 2009 年增加了 6.69%，如图 9-8 所示，合作次数大于 150 次的城市数量相较于图 9-7 有所增加，论文合作日趋成为基础研究创新的重要模式。但在当年论文发表数量达 10 000 篇及以上的城市中，论文合作比例的均值为 26.48%，仅比 2009 年提升 0.8 个百分点。同时，2014 年论文合作率相较于 2009 年提升最高的前 3 个省份分别是西藏自治区、青海省和广西壮族自治区，意味着论文产出数量稍低，即基础研究能力稍弱城市的作者，广泛地进行合作研究以驱动基础研究创新。

■长三角城市群 ■长江中游城市群 ■粤港澳大湾区 ■京津冀城市群 ■成渝城市群 ■其他

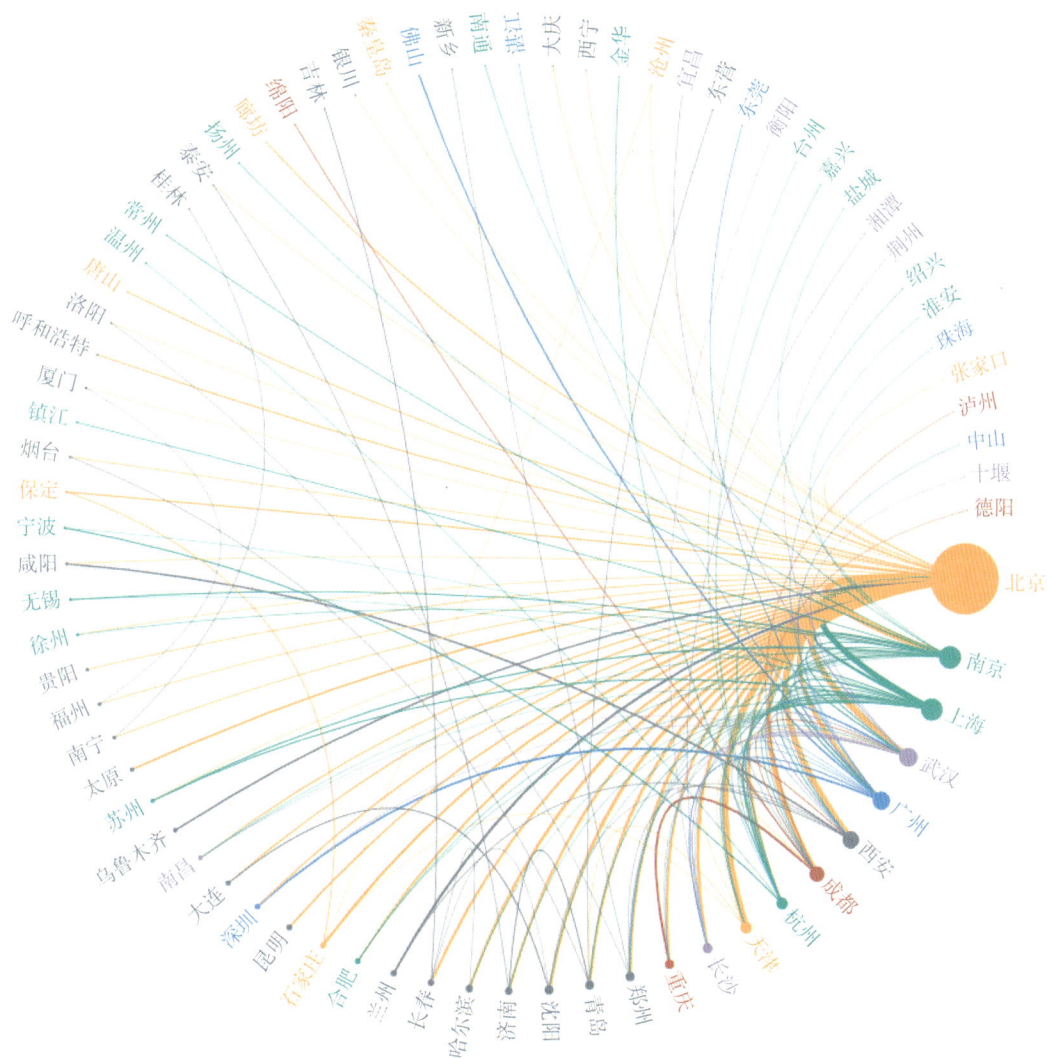

图 9-8 2014 年城市之间论文合作关系（合作次数大于 150 次）

　　在不同省份之间论文合作方面，仍然是直辖市之间论文合作强度相对较高，但 2014 年与 2009 年相比较，如表 9-2 所示，北京市与天津市、上海市与天津市的论文合作强度上升明显，其余直辖市之间论文合作强度变化甚微。在跨省论文合作强度变化方面，在省份之间论文合作强度排前 15 名的论文合作省份中，宁夏回族自治区和青海省、北京市和山东省、北京市和陕西省、北京市和辽宁省、北京市和江苏省的论文合作强度年度排名相较 2009 年有较大提升，说明这 5 对省份之间呈现更紧密的论文合作关系。

表 9-2　2014 年合作强度排名前 15 位的省份与 2009 年排名对比

合作省份	2014 年省份之间论文合作强度	2014 年省份之间论文合作强度排名	2009 年省份之间论文合作强度	2009 年省份之间论文合作强度排名
北京市—天津市	0.140	1	0.117	1
上海市—北京市	0.100	2	0.099	2
北京市—重庆市	0.062	3	0.068	3
北京市—河北省	0.046	4	0.047	5
上海市—天津市	0.043	5	0.037	6
上海市—江苏省	0.036	6	0.036	7
上海市—浙江省	0.032	7	0.034	8
宁夏回族自治区—青海省	0.030	8	0.021	20
上海市—重庆市	0.027	9	0.033	9
四川省—重庆市	0.027	10	0.029	11
北京市—山东省	0.026	11	0.025	15
天津市—河北省	0.025	12	0.027	12
北京市—陕西省	0.023	13	0.020	24
北京市—辽宁省	0.023	14	0.023	18
北京市—江苏省	0.022	15	0.021	22

　　城市群之间论文合作强度中，长江中游城市群内部 2014 年论文合作强度相较于 2009 年有所下降，其中武汉市与长沙市、南昌市与武汉市这两对城市论文合作强度明显减弱，同时南昌市与长沙市的论文合作强度上升（论文合作强度 2014 年为 0.036，2009 年为 0.027）。与之类似，粤港澳大湾区和长江中游城市群的论文合作强度下降，主要表现在深圳市与武汉市、长沙市的论文合作强度下降。此外，京津冀城市群与成渝城市群、长三角城市群两个城市群的论文合作强度有所增强，其中北京市与成都市的论文合作强度变化明显，合作论文数量相较 2009 年增加约 25%，论文合作强度增加 0.014，二者合作紧密程度显著提高。

2019 年，全国城市之间论文合作比例均值为 53.95%，相较于 2014 年增加了 9.32 个百分点，全国性的论文合作发表趋势更为显著，如图 9-9 所示，城市之间论文合作连线较图 9-8 更密集。与 2014 年的情况稍有不同，2019 年发表论文达 10 000 篇及以上的城市平均论文合作率达 31.04%，比 2014 年提升了 4.56 个百分点，一个城市产出的论文数量表征该城市的基础研究实力，这些强基础研究实力的城市论文合作率的提升有助于进一步夯实我国基础研究创新能力并带动弱实力城市基础研究能力提升。

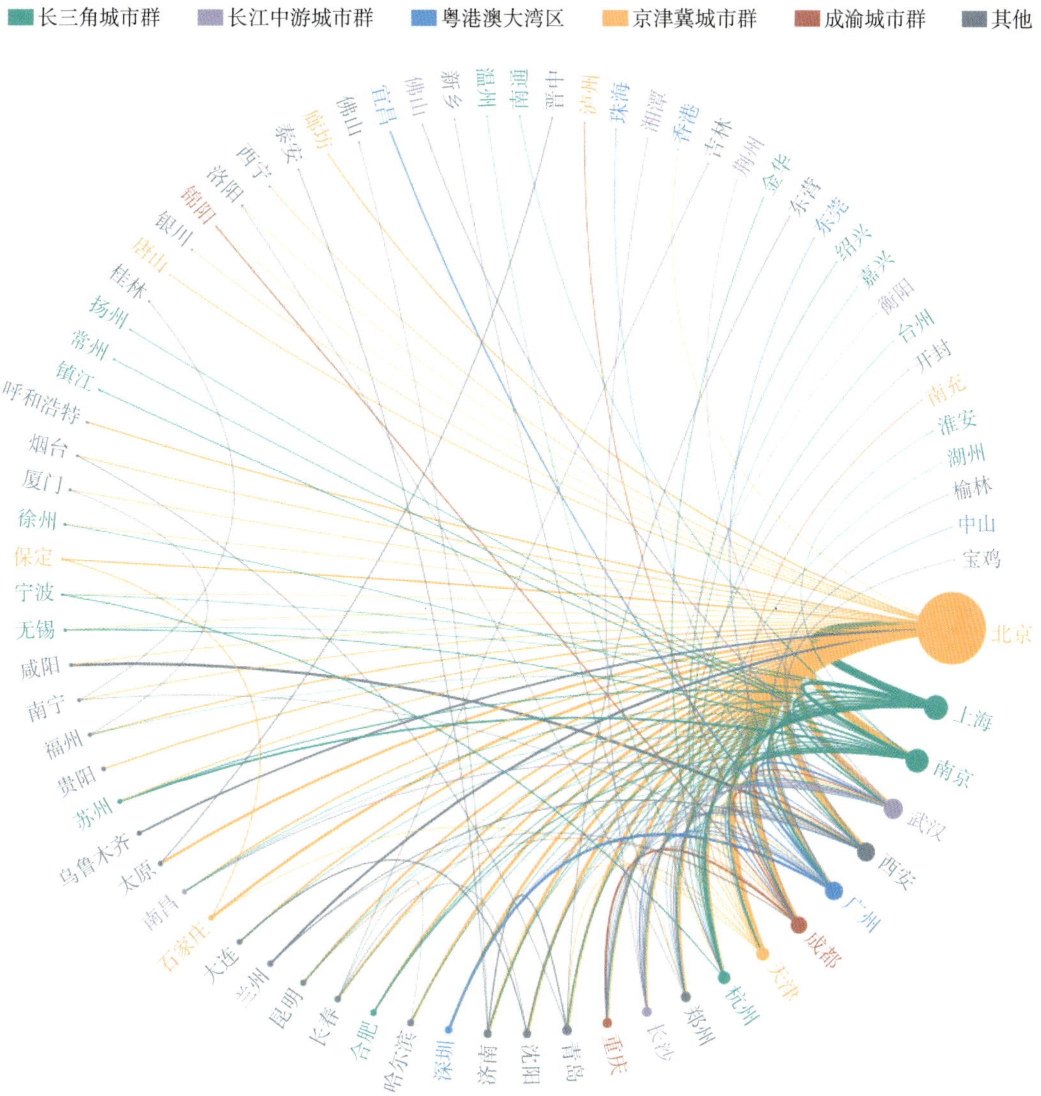

图 9-9　2019 年城市之间论文合作关系（合作次数大于 150 次）

在跨省论文合作强度上，直辖市之间的论文合作强度提升最为明显，并且合作论文数量均有所增长，如表 9-3 所示，其中上海市与北京市之间的论文合作强度增加最多，合作论文数量增长 27.3%。此外，在跨省论文合作强度中，青海省与甘肃省、四川省论文合作强度均增强，同时合作论文数量增长了 43.8%。

表 9-3　2019 年直辖市之间论文合作强度

直辖市城市对	2019 年论文合作强度	2019 年合作论文数量 / 篇	2014 年论文合作强度	2014 年合作论文数量 / 篇
北京市—天津市	0.1474	1829	0.1397	1596
上海市—北京市	0.1186	1997	0.0997	1569
北京市—重庆市	0.0769	810	0.0616	621
上海市—天津市	0.0480	350	0.0431	278
上海市—重庆市	0.0428	265	0.0272	155
天津市—重庆市	0.0199	91	0.0191	79

在城市群论文合作强度方面，2019 年城市群内论文合作强度趋势与 2014 年保持一致，在城市群之间，京津冀城市群与粤港澳大湾区之间城市的论文合作强度增强。2019 年，这两个城市群之间论文合作强度的增加主要源于北京市与广州市、北京市与深圳市，以及天津市与广州市的论文合作，这 3 对城市之间论文合作数量比 2014 年增加了 36.5%。

综上所述，2009—2019 年中国科技论文合作率处于上升的态势，由前 5 年的基础研究实力较弱的城市跨区域寻找合作研究机会，到后 5 年强基础研究实力的城市整体论文合作率上升，跨区域进行科学基础研究成为一种趋势。北京、上海作为全国主要的两个科技创新中心，近年来一直加深在基础研究方面的合作，同时与南京、天津、西安、武汉等城市也进行紧密的基础研究创新合作研究，并且北京与其他论文合作对象的合作强度也在不断提升。得益于城市群的发展和地理位置毗邻的优势，城市群内的城市进行基础研究协同创新更为便利，且城市群之间论文合作的紧密程度也在增强。

🖥 9.5　科技论文视角下的机构产出

论文是衡量高校和研究机构科研产出力与科研绩效的一个重要指标，企业作为科技创新主体，所发表的科技论文数量反映了其科学基础研究的活跃程度，同时对论文的国际合作与政产学研合作方面的探究，有助于把握中国科学基础研究国际交流，以及政产学研联合创新现状。

2009—2019 年，共有 1286 个机构参与发表了 305 万篇国际科技论文，并且发表论文的机构数量逐年递增，各类型机构发表国际科技论文数量和论文被引频次数量如表 9-4 所示，高校是国际科技论文发表的主力军，794 家高校在这 11 年间，发表的论文数量占总国际科技论文发文数量的 77.87%，平均每家机构发表论文 6045 篇，在 5 种机构类型中遥遥领先；其次是研究院所（311 家，论文发表数量占比为 19.44%）和企业（128 家，论文发表数量占比为 1.14%）。从论文被引用情况来看，高校、研究院所、医疗机构和政府机构的论文影响力均超过全球平均水平，即这些机构的论文篇均被引频次高于全球论文篇均被引频次（12.52 次 / 篇），其中研究院所的论文影响力最高，其论文的篇均被引频次达 22.88 次 / 篇；论文影响力排名稍后的机构类型是医疗机构和政府机构，反观高校，虽然平均每家机构发表论文数量位居第一，但是其论文影响力偏低，论文篇均被引频次为 15.68 次 / 篇；论文影响力最低的是企业发表的国际科技论文，篇均被引频次仅为 9.48 次 / 篇，未达全球论文影响力平均水平。

表 9-4　2009—2019 年不同机构发表的国际科技论文数量

机构类型	高校	研究院所	企业	医疗机构	政府机构
机构数量 / 家	794	311	128	29	23
论文数量 / 篇	4 799 958	1 198 131	70 069	58 578	37 092
总被引频次 / 次	75 280 385	27 410 605	664 005	954 216	600 043
篇均被引频次 /（次 / 篇）	15.68	22.88	9.48	16.29	16.18
平均每家机构发表论文数量 /（篇 / 家）	6045	3853	547	2020	1613

不同类型机构的相对论文影响力变化均呈现上升趋势（图 9-10），5 类机构中，高校的相对论文影响力增长幅度最大，2009 年相对论文影响力尚低于全球平均水平，但从 2010 年开始，以年均 7.28% 的增长率增长至 2019 年的 1.8，远高于全球平均值。继高校后，相对论文影响力增长幅度排第二的是企业，年均增长率为 5.27%，但企业的相对论文影响力在 2019 年前均低于全球平均水平，2019 年才稍微高于全球平均水平。研究院所和政府机构的相对论文影响力提升缓慢，年均增长率分别为 2.69% 和 2.13%，且从 2017 年开始几乎停止增长。而医疗机构相对论文影响力常年来处于波动变化的状态，整体变化甚微。

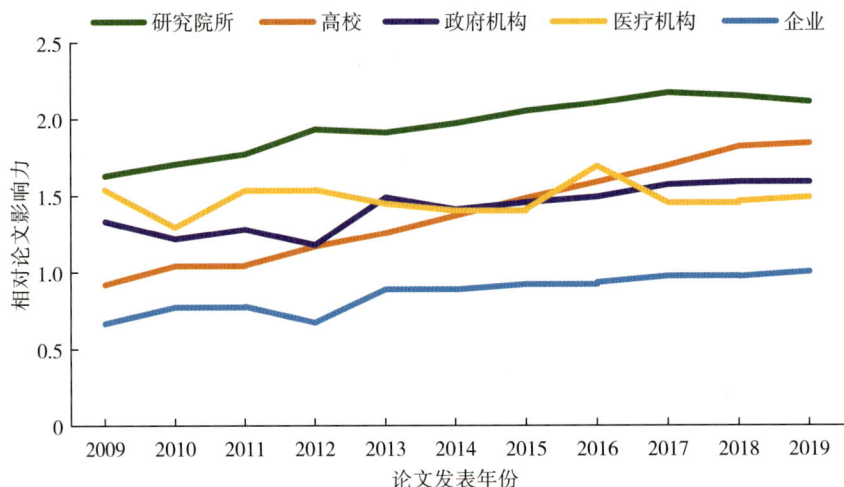

图 9-10 2009—2019 年不同类型机构相对论文影响力

注：该图中相对论文影响力为某类型机构论文影响力与全球平均论文影响力的比值。

2009—2019 年，在论文的国际合作上，5 类机构中，研究院所的论文国际合作率为 27.4%，位居第一，其次是政府机构（22.9%）、高校（21.9%）和医疗机构（19.6%），最后是企业（18.1%）。在 11 年的变化趋势中（图 9-11），与相对论文影响力的变化趋势相似，高校的论文国际合作率增长，年均增长率为 5.56%，其次是企业（3.74%）、政府机构（2.94%）、研究院所（2.33%），而医疗机构的论文国际合作率稍有下降。

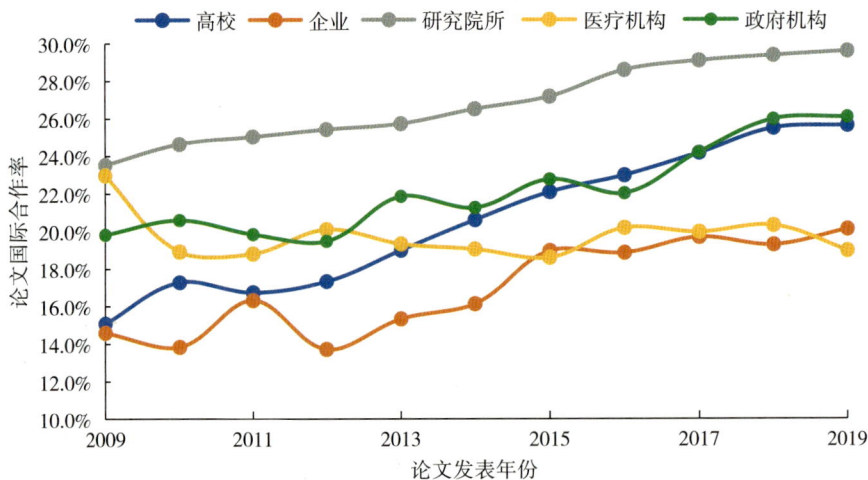

图 9-11 不同类型机构论文国际合作率变化

2009—2019 年，在与工业界的论文合作中，企业作为工业界的主要构成主体，横向论文合作率高达 79.44%，与之相对，在另外 4 类机构中，横向论文合作率最高的是医疗机构，2019 年为 2.39%，其次是高校（1.88%）、研究院所（1.7%）、政府机构（1.69%），如图 9-12 所示，除个别年份外，高校、研究院所、政府机构横向论文合作率逐年提升，但从 2017 年开始，提升速度放缓。

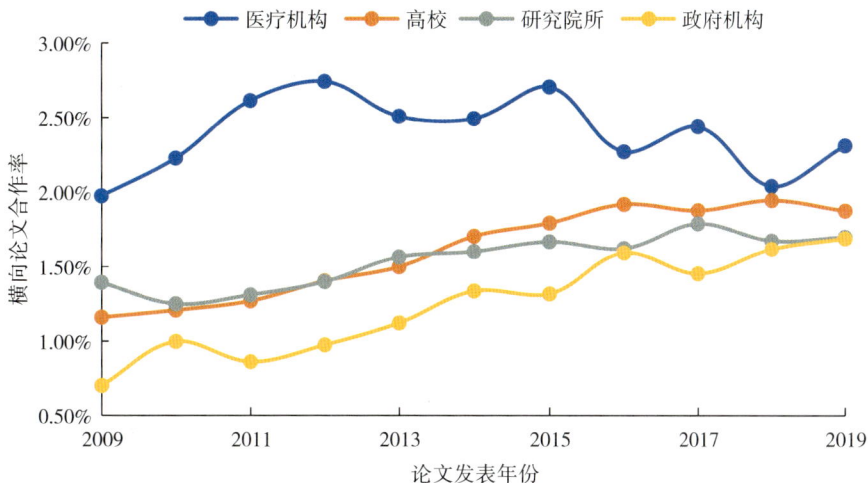

图 9-12　不同类型机构横向论文合作率变化

与国际科技论文发表情况相似，2009—2019 年，高校同样也是国内科技论文发表的中坚力量，如图 9-13 所示，其发表论文数量占国内科技论文总量的 46.99%，发表国内科技论文数量排第二的是医院等医疗机构（包含大学附属医院等），占比为 29.36%，之后是研究院所，发文占比为 10.06%。在不同机构的国内科技论文影响力方面，研究院所发表的论文相对影响力 ① 最高，篇均被引频次为 1.39 次 / 篇，其次是政府机构发表的论文（篇均被引频次为 1.34 次 / 篇），再次是高校发表的论文（篇均被引频次为 1.29 次 / 篇），论文相对影响力最低的是企业发表的论文，篇均被引频次为 1.12 次 / 篇。

---

① 此处的论文相对影响力数值为机构发表的国内科技论文篇均被引频次与全部的国内科技论文篇均被引频次之比。

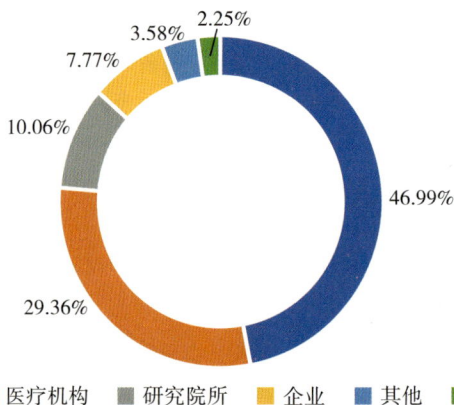

3.58%
2.25%
7.77%
10.06%
46.99%
29.36%

■ 高校　■ 医疗机构　■ 研究院所　■ 企业　■ 其他　■ 政府机构

图 9-13　2009—2019 年不同类型机构发表国内科技论文数量比例

不同类型机构在论文合作率方面表现不一。从 2009—2019 年总体情况来看，发表论文数量较少的机构，论文的合作率相对较高，政府机构发表的国内科技论文的合作率最高，为 72.17%，且与非本类型机构的论文合作率为 59.46%，即有超过一半的论文是与其余 5 类机构合作发表的。论文合作率排名第二的是企业，为 66.69%，之后是其他机构（论文合作率为 65.67%）、研究院所（论文合作率为 60.19%）。

反观论文发表数量最多的高校和医疗机构，二者的论文合作率分别是 45.82% 和 42.8%，但值得关注的是，高校和医疗机构与本类型机构的论文合作率很高，分别是 22.97% 和 29.1%，换而言之，这两类机构各自内部的科学合作研究更为主流。

在时间轴上，如图 9-14 所示，6 类机构与非本类型机构合作的论文合作率从 2009 年开始均有所提升，但企业的论文合作率在这 11 年间变化很小。

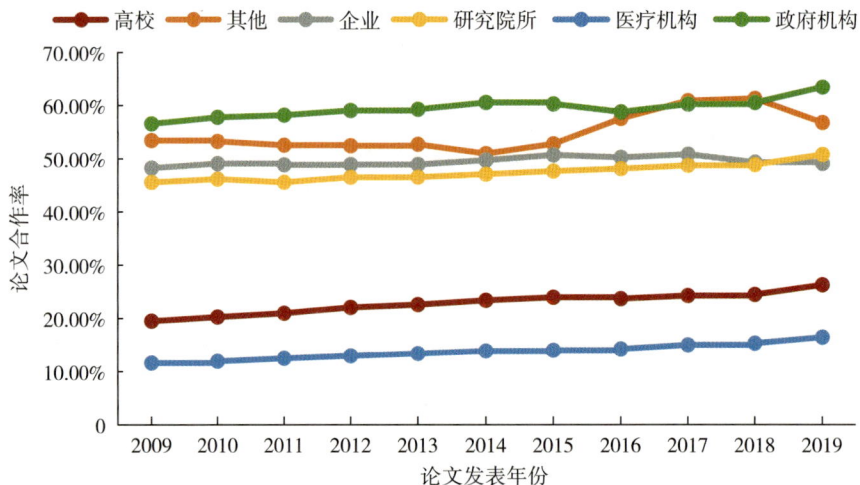

■ 高校　■ 其他　■ 企业　■ 研究院所　■ 医疗机构　■ 政府机构

图 9-14　国内科技论文机构论文合作率变化

不同类型机构之间的论文合作呈现不同的特点。一方面在合作发表论文数量上，学研和产学交流颇多，高校与研究院所合作发表的论文数量最多，占与非本类型机构合作发表论文总量的 22.94%，其次是高校和医疗机构合作发表的论文（占比为 21.35%）和企业与高校合作发表的论文（占比为 20.05%）。但产研的合作不足，研究院所与企业合作发表的论文占总合作发表论文的 5%。

另一方面在各类型机构的论文合作率上，如图 9-15 所示，除高校外的 5 类机构，论文的主要合作对象均是高校，其中医疗机构与高校的论文合作率最高，占医疗机构与非本类型机构合作发表论文数量的 74.40%。在与企业合作的横向论文合作上，高校与企业论文合作率最高，合作论文数量占高校与非本类型机构合作论文总量的 25.8%；其次是研究院所，其与非本类型机构发表的合作论文中有 13.58% 是与企业合作发表的；之后是其他类型机构（与企业合作论文占比 9.23%）和政府机构（与企业合作论文占比 8.48%），医疗机构与企业论文合作率最低，合作论文数量仅占医疗机构与非本类型机构合作论文数量的 5.61%。

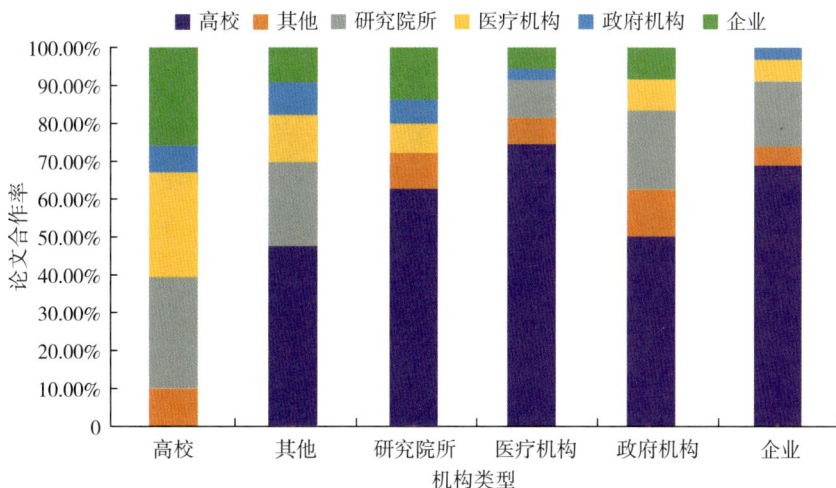

图 9-15　各类型机构与非本类型机构之间论文合作率

🖥 9.6　本章小结

2009—2019 年，在国际上中国科技论文地位提升显著，科学基础研究创新日益活跃。国际科技论文数量长年位居全球第二，由论文篇均被引频次表征的论文影响力也有所提升，同时综合学科、社会科学、农业科学等在全球学科排名中靠前，计算机科学、神经科学与行为学、物理学等学科全球相对影响力提升显著，中国在某些学科拥有了一定的学科影响力。此外，在作者层面，中国作者更频繁地参与到国际学术活动交流中，以第一作者身份发表的论文数量逐年增加，且国际合作论文率也持续上升。

在国内，虽然科技论文发表数量有所下降，但城市之间论文合作的比例持续上升，以论文合作驱动的科学基础研究创新态势正在形成。其中，以中国五大城市群为代表，城市群内主要城市合作日益紧密，同时经历了从研究实力弱的城市寻找合作向研究实力强的城市逐步主动辐射的进程转变。在科学基础研究创新的主要参与者中，高校无论是在国际还是在国内的表现，均是中流砥柱，不仅体现在其论文发表数量上，还体现在与其他类型机构的合作中。作为市场创新主体的企业也开始逐渐入局，其发表的科技论文数量逐年增加，但产学研直接的联合创新还有待加强。

指标含义如下。

①国际科技论文：被收录进入 Web of Science 核心合集中的论文数量。

②被引次数排名前 1% 的论文：论文被引频次位居当年发表的所有论文被引频次的前 1% 的论文数量。

③横向合作论文数量：作者中包括 2 个及以上作者，且至少其中一个作者所属机构为企业的论文数量。

④横向合作论文百分比：某年度某国家 / 地区发表的论文中横向合作论文比例。

⑤国际合作论文数量：作者中包括 2 个及以上不同国籍作者的论文数量。

⑥国际合作论文百分比：某年度某国家 / 地区发表的论文中与外国作者合作论文的比例。

⑦第一作者百分比：该国家 / 地区发表的论文中第一作者属于该国家 / 地区的论文数量。

⑧城市论文合作强度：表征两个城市间论文合作倾向性的科学计量学指标，本书参考 Salton 曾提出的一种计量两个国家之间合作强度 S_{ij} 的方法，且进行适当变形计算得到两个城市之间论文合作强度指标，两省份之间合作强度越大，则两省份之间合作关系越强。

$$S_{ij}=m_{ij}/\ (x_ix_j)^{1/2}。 \tag{9-1}$$

其中，m_{ij} 为某年 i 城市与 j 城市的论文合作产出数量，x_i 和 x_j 分别表示某年度 i 城市与 j 城市各自的论文产出数量[1]。

⑨省份之间论文合作强度：省份中的城市之间论文合作强度的平均值。

⑩全球论文相对影响力：相对于全球水平的篇均被引比率而言，等于某国家 / 地区的某学科论文篇均影响力与全球某学科论文篇均影响力的比值。

参考文献

［1］　郭淑芬，张俊. 中国内地 31 个省市科学合作强度及影响因素分析［J］. 南京工业大学学报（社会科学版），2016，15（2）：8.

专利是进行技术创新分析最为常用且最为关键的数据，中国科技创新图谱将其作为应用研究的代表纳入分析体系当中，本章将从宏观尺度介绍中国专利数量发展的态势，以专利为视角的区域创新态势，以及主要专利技术与专利申请人变化，从技术应用角度对创新进行刻画。

第10章
专利视角下的中国技术创新

专利活动是人类发明创造的智力活动及法律活动的结合和交叉，专利活动中产生的信息形成专利文献。专利是创新的载体，具有技术性、法律性和经济性等特征。专利信息反映科技信息的新发明、新创造、新设计，而且经审查的专利技术信息内容可靠。这些有关技术开发、智力成果的信息，有助于创新主体更新对现有技术水平和未来发展前景的认识，对研发活动和专利布局也有十分重要的支撑作用。

创新是引领发展的第一动力。随着建设创新型国家的战略不断深入推进，对专利保护的重视度逐渐提高，知识产权保护相关制度也逐步完善，创新主体的专利权意识逐渐加强，知识产权事业实现了较快发展，有效支撑了创新型国家建设和全面建成小康社会目标的实现。为了更全面地提升我国知识产权综合实力，大力激发全社会创新活力，建设中国特色、世界水平的知识产权强国，2020年9月，中共中央、国务院印发了《知识产权强国建设纲要（2021—2035年）》[1]，为下一步充分发挥知识产权制度在推动构建新发展格局中的重要作用，为全面建设社会主义现代化国家提供有力支撑。

据国家知识产权局统计[2]，2020年我国发明专利申请量为149.7万件，同比增长6.9%；实用新型专利申请量为292.7万件，同比增长29.0%；外观设计专利申请量为77.0万件，同比增长8.3%。在经济发展转型期和新冠疫情持续期，我国依然取得丰硕的创新成果，体现了我国技术创新的实力和持续性。

本章从专利的视角分析中国技术创新的现状和特点。首先，从宏观的角度把中国专利与全球其他主要经济体专利产出进行对比；其次，对中国专利申请的整体状况进行画像；最后，将区域协同创新与产业相结合，分析创新对产业发展的引领作用。

💻 10.1 中国专利的申请概况

10.1.1 中国在世界主要经济体专利申请中占重要地位

近年来，随着中国知识产权制度的逐步完善，公民知识产权意识的逐渐加强，企业为了抢占更多市场，大学和科研院所也把专利申请量作为一项重要的考核指标，各类创新主体都踊跃申请专利，中国的专利申请量和授权量呈现爆发式增长。中国每年的专利国内外申请量和授权量与其他主要经济体相比处于明显优势。世界上最主要的"五大知识产权局"（以下简称"五局"）为中国国家知识产权局（CNIPA）、欧洲专利局（EPO）、日本特许厅（JPO）、韩国特许厅（KIPO）和美国专利商标局（USPTO），五局在工作共享、提升专利审查效率与质量及全球创新主体专利权稳定性等方面建立合作机制。从 2007 年起，五局每年联合编制五局统计报告（IP5 SR），并得到世界知识产权组织（WIPO）国际局（IB）的支持。五局受理了世界 80% 以上的专利申请和 95% 以上的 PCT 专利申请。通过分析五局的专利申请和授权情况可以把握世界专利产出的格局，本小节数据来自五局公报[3]。

发明专利是对产品、方法或其改进所提出的新的技术方案，比实用新型专利和外观设计专利有更严格的审查标准，具有更高的技术含量，更能体现各经济体的技术创新实力。如图 10-1 所示，2020 年五局所在国家（欧洲专利局独立存在）共接收专利申请 2 789 815 件，其中中国申请量接近 150 万件，占比超过一半，达到 53.67%；美国的申请量约为 59 万件，不到中国的一半；日本、韩国和欧洲专利局专利申请量均占 10% 左右。中国的专利产出已经在世界主要经济体中处于举足轻重的地位，这是我国实行的创新驱动发展战略在知识产权领域的成果体现，同时，巨大的专利申请量也进一步支撑了我国建设创新型国家目标的实现。

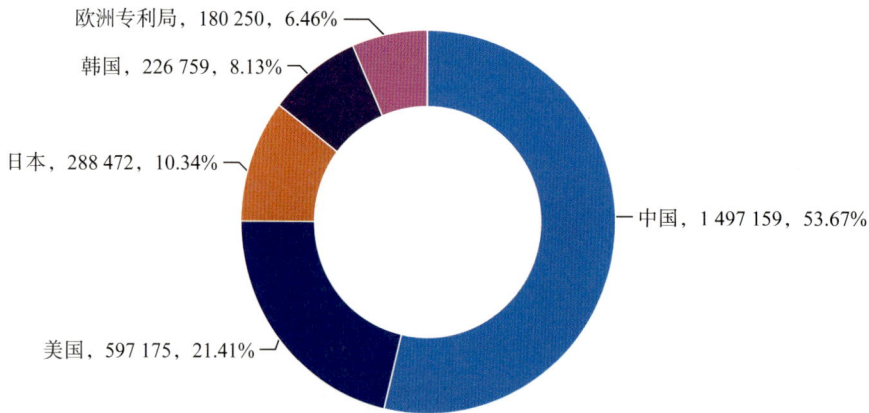

图 10-1　各经济体 2020 年发明专利申请占比（单位：件）

欧洲专利局，180 250，6.46%
韩国，226 759，8.13%
日本，288 472，10.34%
中国，1 497 159，53.67%
美国，597 175，21.41%

　　各国之间经济、科技的竞争在知识产权领域体现在各国之间相互申请专利，进行产品市场的专利布局。图 10-2 为五局所在国之间的相互专利申请情况展示，箭头上方的数字为 2020 年的发明专利申请量，下方括号中的百分比为 2020 年相对于 2019 年申请量增长情况。可以看出，中国 2020 年在各局的发明专利申请量都继续保持上升态势，在美国申请量最多，为 41 494 件，比上年度增长 9.7%，增长率最高的为在韩国的专利申请，增长率为 14.6%。美国、日本和欧洲专利局在各国的专利申请量大多有不同程度的下滑，这可能是受西方国家管控新冠疫情不力所累，同时也体现了中国、韩国强大的创新能力和市场活力。

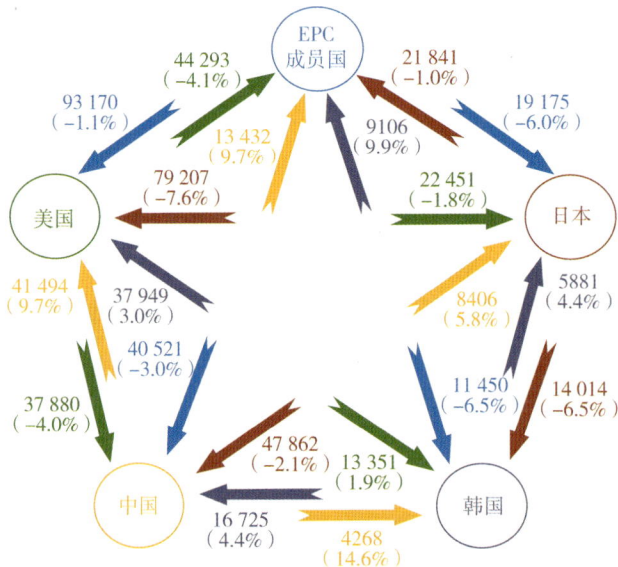

图 10-2　五局所在国之间相互申请专利量（单位：件）

10.1.2　**中国专利申请量逐年快速增长**

中国专利申请量近 10 年呈现爆发式增长。如图 10-3 所示，在 2010 年之前每年的专利申请都在 100 万件以下，2010 年之后，专利申请量快速增长，都在百万级以上，2012 年突破 200 万件，2016 年突破 300 万件，2018 年突破 400 万件，2020 年达到 519 万件。从图 10-3 可知，发明专利保持平稳增长，外观设计专利增长进入平台期，主要增长的是实用新型专利。在 2019—2020 年新冠疫情期间，我国技术创新进程并未受到大的影响，体现了我国技术创新的积累和后劲。

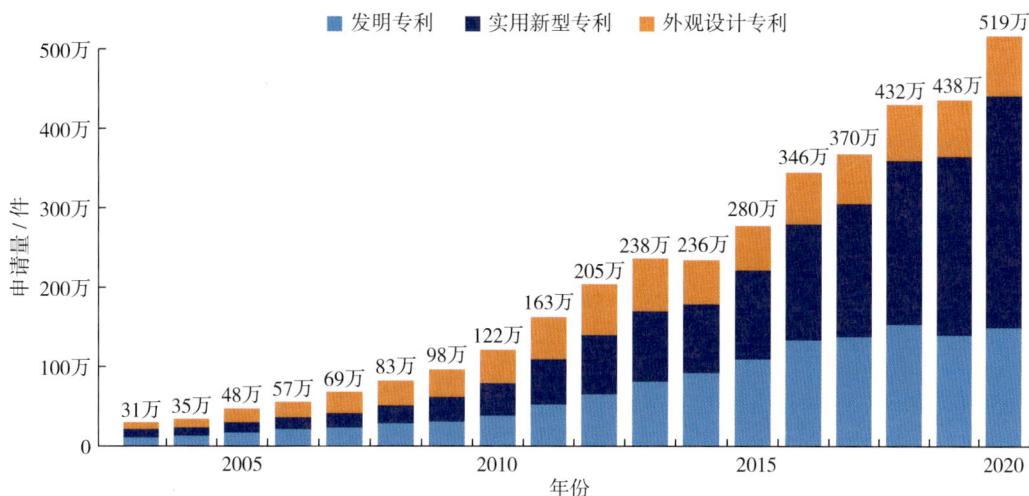

图 10-3　中国历年专利申请量

专利的授权量也随着专利的申请量而快速增长，如图 10-4 所示，2010 年之前缓慢增长，2010 年之后以"平台期＋跳跃"的模式增长，2012 年、2015 年、2018 年、2020 年经过 4 次跳跃式增长，2020 年专利共授权 364 万件，其中发明专利 53 万件、实用新型专利 238 万件、外观设计专利 73 万件。专利授权的平台期可能是受国家知识产权局专利审查能力限制，为了面对日益快速增长的专利申请，国家知识产权局也在不断地提高专利审查效率，在 2020 年部署落实了《提升发明专利审查质量和审查效率专项实施方案（2019—2020 年）》等举措，实现了从 2019 年授权专利 259 万件到 2020 年授权 364 万件的大飞跃，提升幅度达到 40%。

在中国申请的专利中，有国内申请人和国外申请人，两类申请人占比情况如图 10-5 所示。国外专利权人申请的专利占比从 2004 年的 21% 逐年下降到 2020 年的3%。虽然国外申请人在中国的申请量占比下降，但其申请的绝对量在逐年缓慢增长，在 2019 年达到了 18.5 万件，受新冠疫情影响，2020 年略微下降到了 17.8 万件。国外创新主体在中国申请专利量的增长体现了中国的市场潜力和影响力逐渐提升。

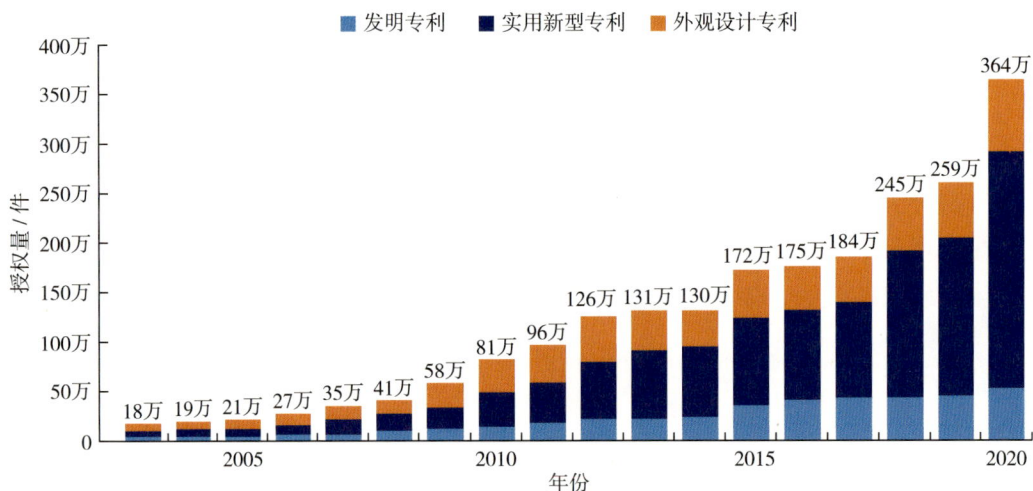

图 10-4　中国历年专利授权量

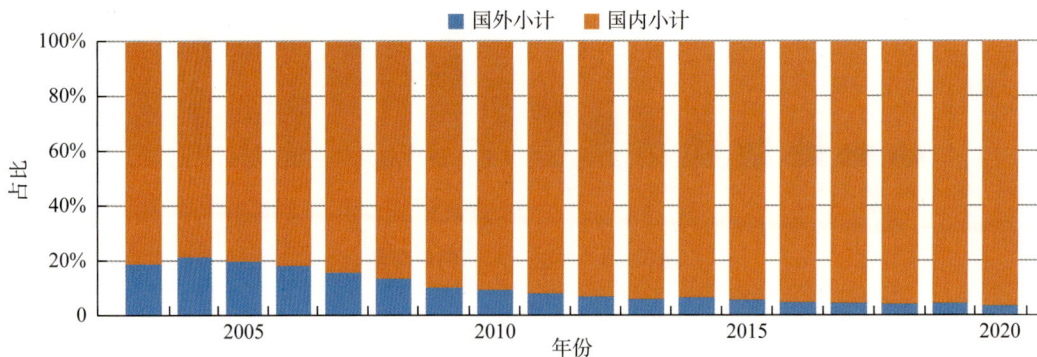

图 10-5　国内外专利申请占比趋势

　　国内申请人申请 3 种专利量历年趋势如图 10-6 所示。在 2010 年之前，外观设计专利的申请量高于发明专利和实用新型专利，但 2010 年被实用新型专利超越，2013 年被发明专利超越，2012—2014 年处于下降趋势，2015 年重抬升势，缓慢上升。除了 2019 年受新冠疫情影响下降了 10.8%，发明专利一直处于稳步增长状态。实用新型专利的申请量一直处于上升态势，特别是从 2014 年之后处于快速上升阶段，甚至没有受 2019 年新冠疫情影响，更是在 2020 年大幅提高 29.2%。从 3 种专利申请趋势的对比可以看出，中国的创新从最初技术含量较低的外观设计专利占主体地位，到现在以发明专利和实用新型专利占主体地位，体现了我国技术创新质量的提升，同时，实用新型专利的快速增长也可以看出中国的市场逐渐成熟，很多技术产品进入应用阶段。

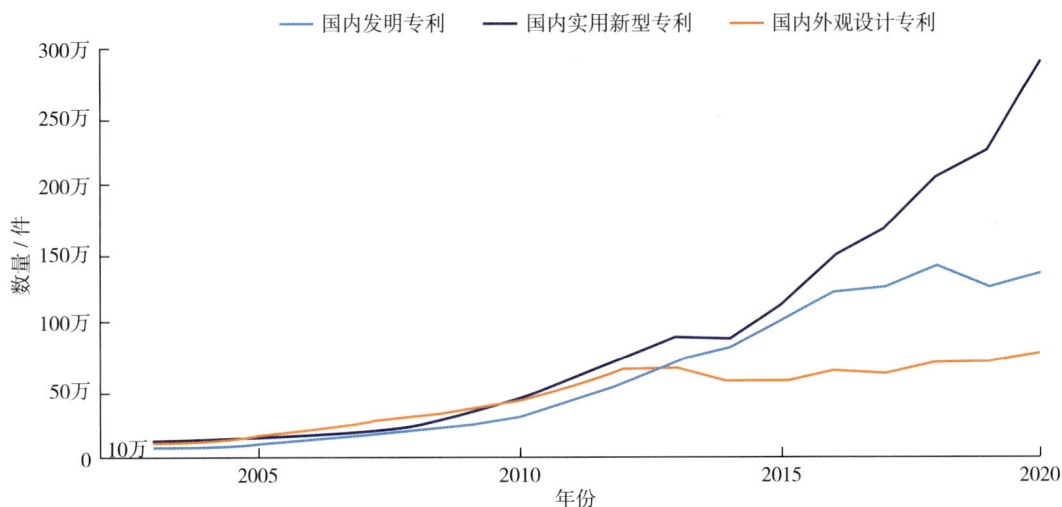

图 10-6　国内 3 种专利类型申请趋势

　　国外申请人申请 3 种专利量历年趋势如图 10-7 所示，外观设计专利和实用新型专利一直处于平稳增长趋势，发明专利的申请量远远高于外观设计专利和实用新型专利，且增长率也高于其他两种。对比国内申请人的专利申请重点和趋势，可以看出，国外申请人更多的是市场驱动的申请，考虑更多的是专利维护成本和未来的产品投放。而国内申请人在专利申请动机上，除了以企业为主导，出于市场考量的申请行为外，还有相当一部分比例的申请人将专利作为评选高新技术企业的重要依据、科研院所职称评审的关键指标及获取奖励的有力驱动因素。

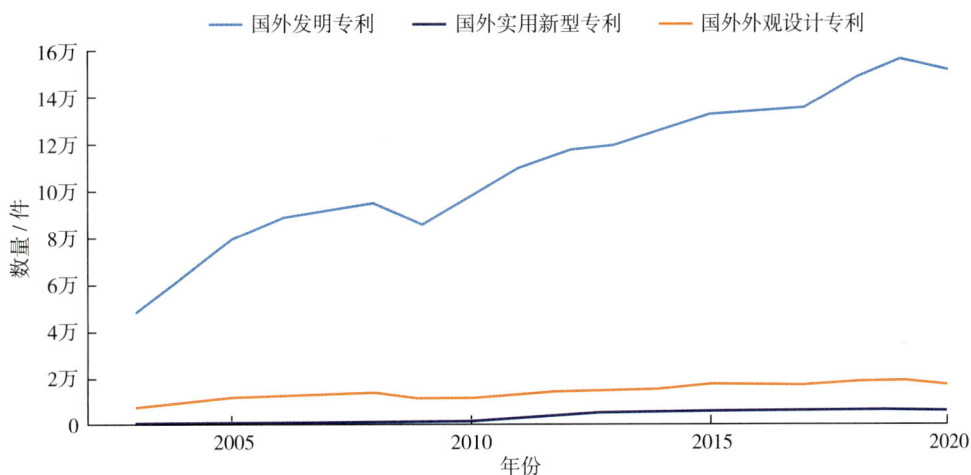

图 10-7　国外 3 种专利类型申请趋势

10.1.3 中国专利申请的空间特点

城市是进行科技创新资源组织和创新政策实施的相对独立的行政区域。发明专利最能体现创新的技术含量。各城市的专利申请量随着经济发展水平的不同有较大的差异。通过数据分析，专利申请量较多的地区多分布在长三角、粤港澳、京津冀等经济发达地区和技术创新文化中心。其中，北京市、上海市及粤港澳的广州市和深圳市占据优势地位。

图 10-8 为城市 2011—2019 年发明专利公开量前二十排名，北京市以 84.5787 万件遥遥领先于其他城市，第二集团为深圳市、上海市和苏州市，其他省会城市和副省级城市为第三集团。

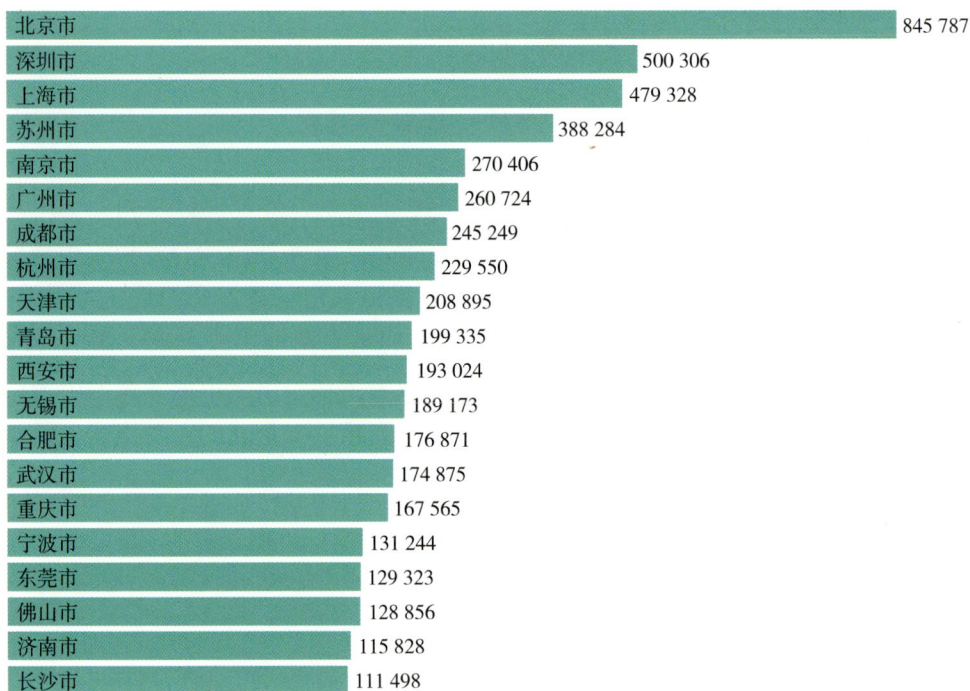

城市	数量
北京市	845 787
深圳市	500 306
上海市	479 328
苏州市	388 284
南京市	270 406
广州市	260 724
成都市	245 249
杭州市	229 550
天津市	208 895
青岛市	199 335
西安市	193 024
无锡市	189 173
合肥市	176 871
武汉市	174 875
重庆市	167 565
宁波市	131 244
东莞市	129 323
佛山市	128 856
济南市	115 828
长沙市	111 498

图 10-8 城市近 10 年发明专利申请量排名（单位：件）

10.1.4 申请人分析

申请人是拥有最初专利权的法人或自然人，图 10-9 为近 10 年发明专利申请人占比统计，申请人中工矿企业申请专利占比为 67.78%，其次大专院校为 16.28%，个人为 12.74%。从各创新主体的占比来看，企业是专利申请的主体。

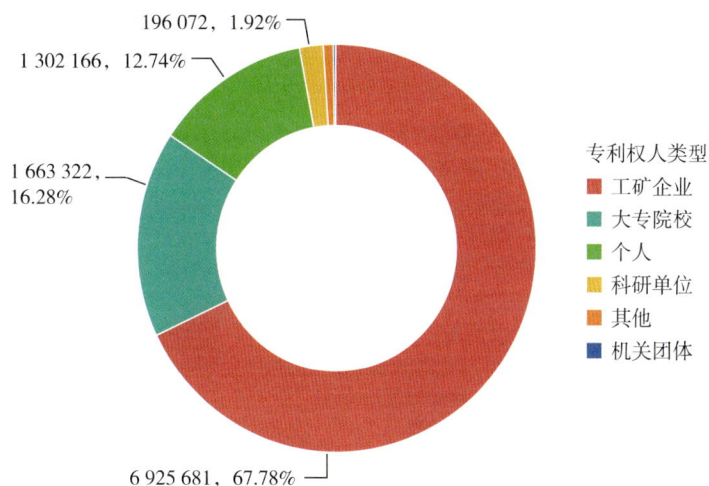

196 072，1.92%

1 302 166，12.74%

1 663 322，16.28%

6 925 681，67.78%

专利权人类型
- 工矿企业
- 大专院校
- 个人
- 科研单位
- 其他
- 机关团体

图 10-9　申请人占比（单位：件）

从申请人类型的历年申请趋势来看，增长最快的也是企业，如图 10-10 所示。其次是大专院校，个人申请有下降趋势，科研单位和机关团体占比较小，且申请量波动不大。从图 10-10 可看出，未来的申请趋势还是以工矿企业、大专院校为主，产学研相结合，未来的创新更多依赖团体的力量集成，而个人创新由于力量单一而受限。

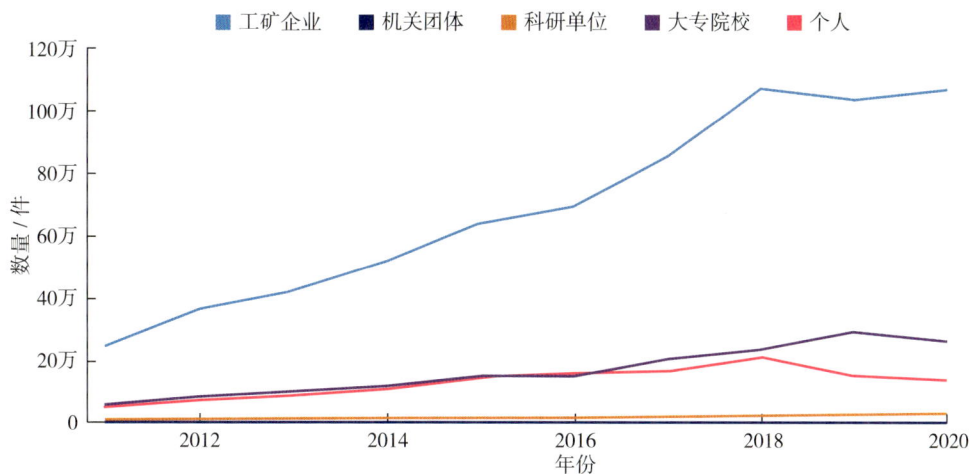

图 10-10　申请人类型历年申请趋势

统计近 10 年企业发明专利申请数，申请人前 10 名如图 10-11 所示，申请专利最多的是华为技术有限公司，其次是中国石油化工股份有限公司、中兴通讯股份有限公司、珠海格力电器股份有限公司、国家电网公司等。前 10 名中有两家国外公司，分别是三星电子株式会社和高通股份有限公司。前 10 名专利权人的专利大多分布在电子、通信和 5G 领域。

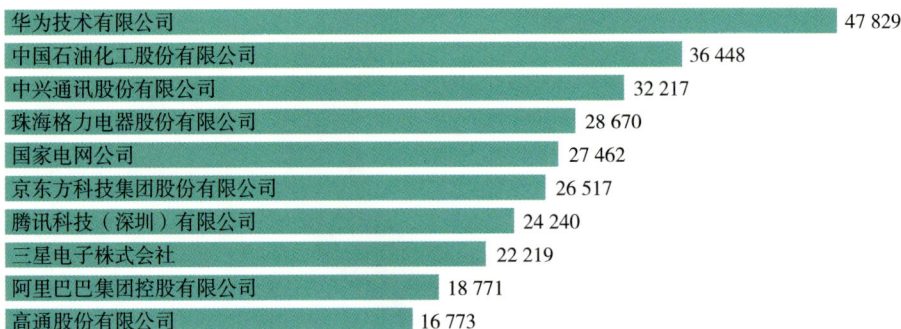

公司	件数
华为技术有限公司	47 829
中国石油化工股份有限公司	36 448
中兴通讯股份有限公司	32 217
珠海格力电器股份有限公司	28 670
国家电网公司	27 462
京东方科技集团股份有限公司	26 517
腾讯科技（深圳）有限公司	24 240
三星电子株式会社	22 219
阿里巴巴集团控股有限公司	18 771
高通股份有限公司	16 773

图 10-11　企业申请人前 10 名（单位：件）

统计近 10 年大专院校发明专利申请数，申请人前 10 名如图 10-12 所示，浙江大学排名第一，大幅领先于其他院校。东南大学、天津大学、清华大学和华南理工大学属于第二集团，申请量都在 2 万件以上。浙江大学的申请量在所有类型申请人中排名第四，同样进入前 10 名的还有东南大学，体现出了长三角地区大专院校对专利的重视和成果产业化的趋势。

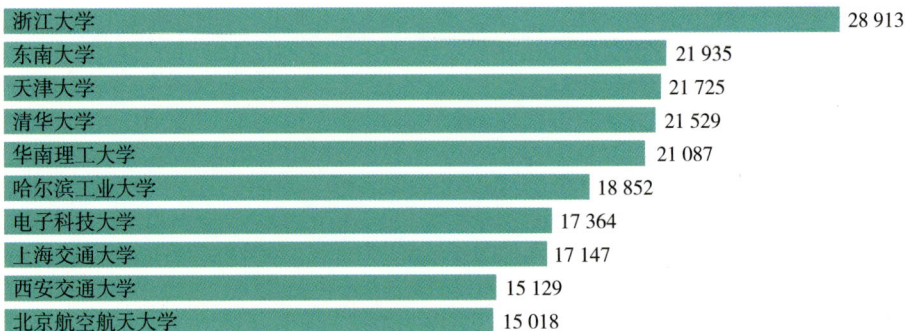

浙江大学	28 913
东南大学	21 935
天津大学	21 725
清华大学	21 529
华南理工大学	21 087
哈尔滨工业大学	18 852
电子科技大学	17 364
上海交通大学	17 147
西安交通大学	15 129
北京航空航天大学	15 018

图 10-12　大专院校申请人前 10 名（单位：件）

📺 10.2　专利视角下的区域创新分析

城市群是城市发展到成熟阶段的最高空间组织形式，是指在特定地域范围内，一般以 1 个以上特大城市为核心、由 3 个以上大城市为构成单元，依托发达的交通通信等基础设施网络所形成的空间组织紧凑、经济联系紧密、最终实现高度同城化和高度一体化的城市群体。

2018 年 11 月 18 日,《中共中央　国务院关于建立更加有效的区域协调发展新机制的意见》中明确指出,以京津冀城市群、长三角城市群、粤港澳大湾区、成渝城市群、长江中游城市群、中原城市群、关中平原城市群等城市群推动国家重大区域战略融合发展,建立以中心城市引领城市群发展、城市群带动区域发展新模式,推动区域板块之间融合互动发展。以北京、天津为中心引领京津冀城市群发展,以上海为中心引领长三角城市群发展,以香港、澳门、广州、深圳为中心引领粤港澳大湾区建设,以重庆和成都、武汉、郑州、西安为中心,分别引领成渝城市群、长江中游城市群、中原城市群、关中平原城市群发展。

城市群是我国经济发展的重要增长极,也是最具创新活力的板块。进入创新驱动经济高质量发展阶段,各城市群都需构建协同发展新机制,从低水平协同步入分工合作密切、布局合理、联动性强的高水平协同发展阶段,促进区域协调发展,增强区域发展的协调性、联动性、整体性,提升协同发展的效益和水平。

城市群是国家发展战略性新兴产业的重要基地和支撑。战略性新兴产业是指以重大技术突破和重大发展需求为基础,对经济社会全局和长远发展具有重大引领带动作用、成长潜力巨大的产业,是新兴科技和新兴产业的深度融合,既代表着科技创新的方向,也代表着产业发展的方向,具有科技含量高、市场潜力大、带动能力强、综合效益好等特征。

在《国务院关于加快培育和发展战略性新兴产业的决定》[4]中把新一代信息技术产业、高端装备制造产业、新材料产业、生物产业、新能源汽车产业、新能源产业、节能环保产业等作为现阶段重点发展的战略性新兴产业。

本节主要分析具有代表性的城市群,即长三角城市群、粤港澳大湾区三大区域关于战略性新兴产业的专利产出和布局情况,技术创新对产业的带动及产学研相结合的协同创新。战略性新兴产业的检索依据是国家知识产权局发布的《战略性新兴产业分类与国际专利分类参照关系表(2021)(试行)》[5],专利检索范围为 2011—2020 年公开的专利。

10.2.1　专利视角下的区域产业布局分析

京津冀地区、长三角地区、粤港澳大湾区是我国经济和创新的三大引擎。图 10-13 为 2011—2020 年发明专利申请统计。其中,长三角地区以 27.58% 的占比居首位,其次是粤港澳大湾区,占比为 11.87%,京津冀地区占比为 11.45%。三大创新区域的总申请量超过全国总申请量的一半。通过重点分析这 3 个区域的创新情况,能较好地把握全国创新的状况和趋势。

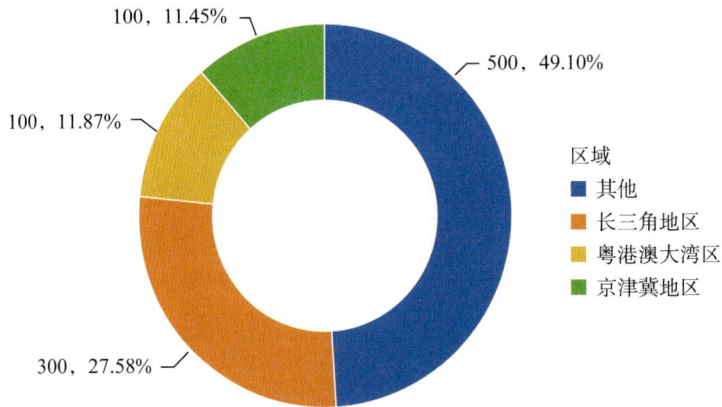

图 10-13　三大创新区域近 10 年发明专利申请占比（单位：万件）

统计 7 个战略性新兴产业的专利申请，如图 10-14 所示。新一代信息技术产业和新材料产业占比最大，其次是生物产业，再次是节能环保产业。占比较小的是高端装备制造产业、新能源产业和新能源汽车产业。新一代信息技术产业和新材料产业的占比也说明了这两个产业在科技创新中的主体地位与对国民经济行业的重要支撑作用。

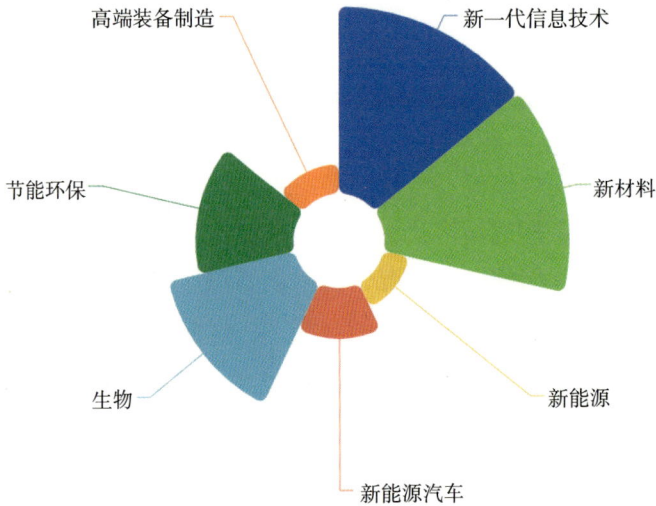

图 10-14　战略性新兴产业专利申请比例

7 个战略性新兴产业的专利申请趋势如图 10-15 所示，所有的产业整体上都处于上升态势，其中高端装备制造产业、新能源产业缓慢上升，节能环保产业和生物产业上升较快，近 10 年发展最快的是新一代信息技术产业和新材料产业。新一代信息技术产业 2019 年的申请量超过新材料产业，并继续保持上升势头。新材料产业、生物产业和节能环保产业从 2018 年开始，近两年都有不同程度的下降。

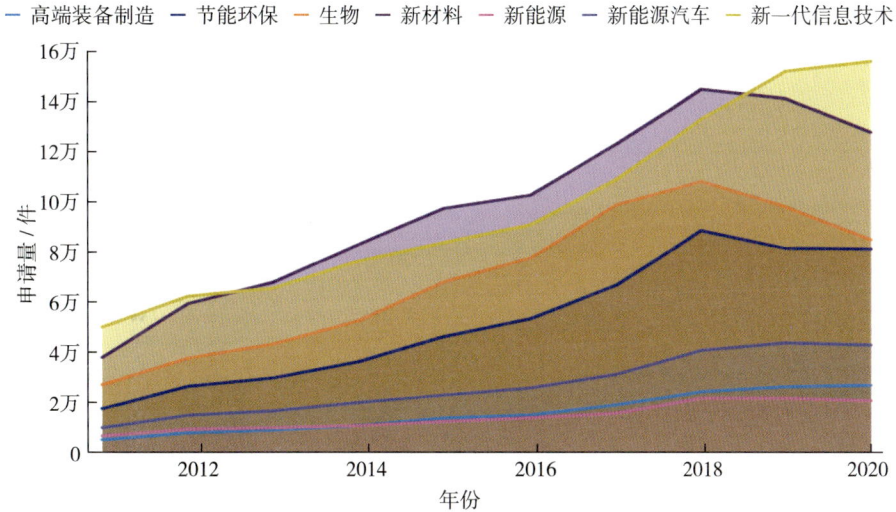

图 10-15　7 个战略性新兴产业的专利申请趋势

战略性新兴产业的发展离不开经济基础、制度、人才储备等创新要素。京津冀地区、长三角地区、粤港澳大湾区 3 个创新区域在战略性新兴产业的专利申请布局如图 10-16 所示。3 个区域在新一代信息技术领域都有较大量的专利产出，长三角地区申请量最大，其次是粤港澳大湾区和京津冀地区。在新材料领域，长三角地区的专利申请量也明显领先于其他两个区域。长三角地区的专利申请量在各领域领先，得益于其城市群的合理布局和分工，形成了完整的产业链。其经济规模也是七大战略性新兴产业发展的重要经济基础支撑，2020 年，长三角一市三省经济总量高达 24.47 万亿元，占全国总量的 24.1%，贡献了全国近 1/4 的经济总量。战略性新兴产业的发展也进一步巩固了长三角区域的全国经济引擎地位。在新一代信息技术领域，京津冀地区的专利数少于粤港澳大湾区，主要是因为深圳拥有华为、中兴等一批通信领域的专利申请大户。在其余 6 个领域，京津冀地区专利数量都与粤港澳大湾区数量持平或超出粤港澳大湾区，主要原因是北京汇聚了许多重要高校和企业总部，体现了北京作为文化中心和创新中心的深厚底蕴。

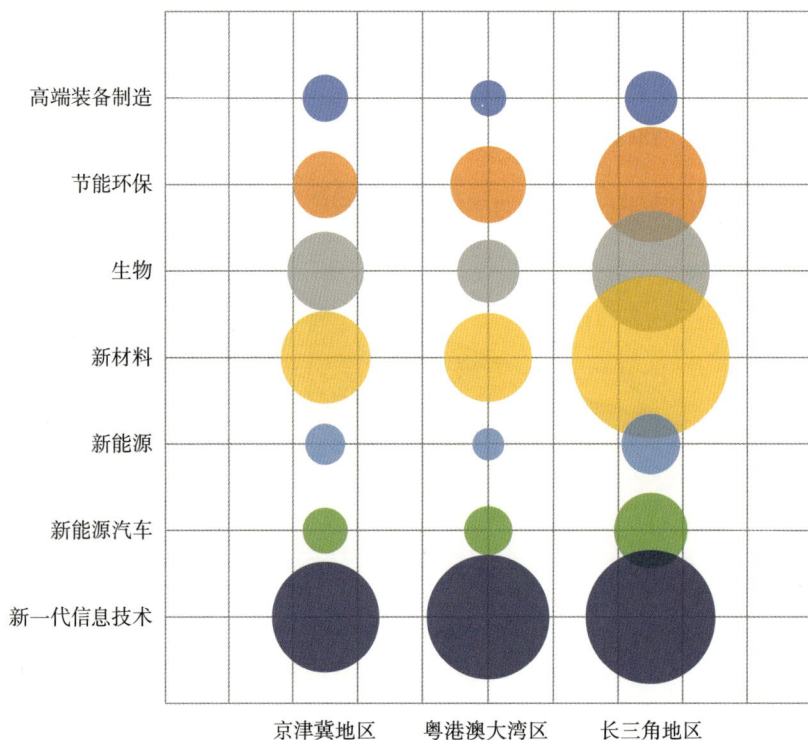

图 10-16　三大创新区域战略性新兴产业专利布局

10.2.2　专利视角下的区域协同创新分析

　　区域协同创新是推动区域经济发展的重要动力，协同创新整合产业链、创新链、供应链、资金链、人才链和服务链，形成跨区域协同创新体系。专利所有权转让是指专利权人将其拥有的专利权转让给他人的一种法律行为。技术创新扩散是协同创新在技术层面的体现，通过技术在产业、学校、研究机构之间的转移转让也可以分析产学研的合作情况。

　　2011—2020 年全国专利转让历年趋势如图 10-17 所示，2011—2014 年缓慢增长，2014—2017 年专利转让量快速增加，2018 年速度放缓后，近两年专利的转让量又出现暴增。随着我国专利申请量的增多，专利转让量也随之升高。同时，随着我国知识产权制度的完善和各类创新主体知识产权保护意识的提升，专利的发明和转让获益能够促进技术在创新主体间流动，形成了技术层面的协同创新效应。

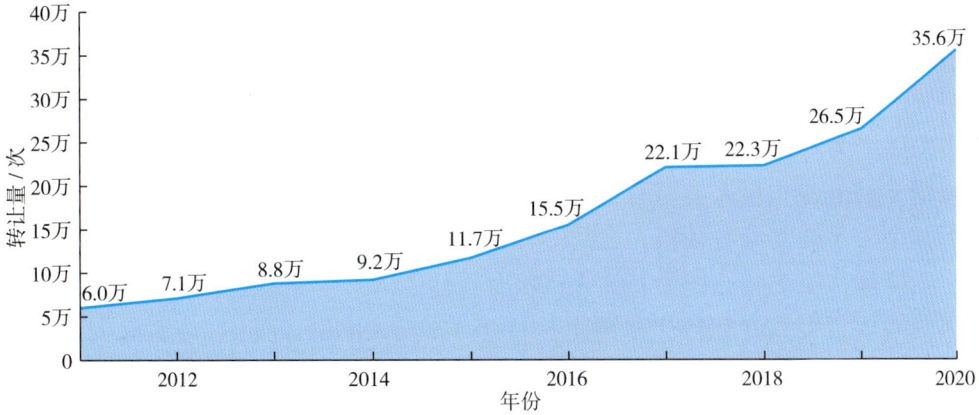

图 10-17　专利转让历年趋势

图 10-18 是京津冀地区、长三角地区和粤港澳大湾区 3 个地区之间专利转让数量统计。京津冀地区向长三角地区转让 12 432 次，多于长三角地区向京津冀地区的转让数量 11 216 次，但差距不大。京津冀地区与粤港澳大湾区之间、长三角地区与粤港澳大湾区之间相互转让的专利数基本保持平衡。但京津冀地区与粤港澳大湾区之间的专利转让数量远小于长三角地区与它们的转让数量。长三角地区和另外两个区域都保持较高的转让数量，体现了长三角地区处于南北两大区域的枢纽位置，这可能也得益于长三角地区所处的地理位置和经济体量。

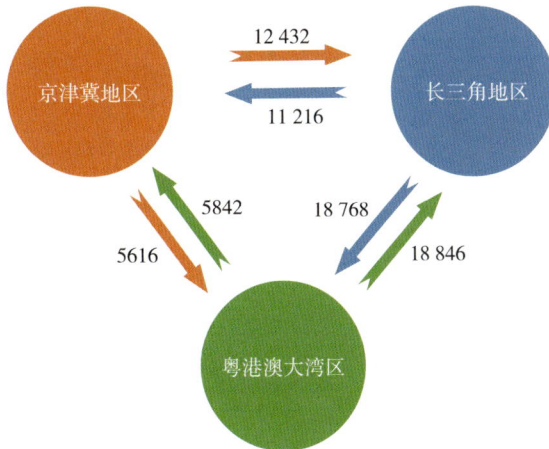

图 10-18　三大区域间专利转让（单位：次）

不同区域城市间的专利转让有不同的特点。如京津冀地区形成了以北京市为主、天津市为辅，河北省以技术吸收为主的格局。粤港澳大湾区情况类似，不过存在深圳市、广州市两个中心，带动粤港澳大湾区其他城市。长三角地区情况与前两者不同，该地区形成的是以上海市、苏州市稍微领先，杭州市、南京市、宁波市、无锡市等均衡发展的格局，相互之间的专利转让形成了一张密集紧凑的专利转移网络，展示出长三角地区城市发展更为均衡、城市间技术转移扩散通道流畅，形成了较好的协同创新效应。

申请专利的专利权人类型有工矿企业、科研单位、机关团体、大专院校、个人及其他等类型。不同类型专利权人之间的转让关系如图 10-19 所示，工矿企业是专利转移的主要群体，工矿企业作为转让人占所有转让人的一半左右，作为受让人，占所有受让人的六成。个人专利转让在转让者中也占有较大比例，其中 2/3 都流向了工矿企业。工矿企业另外一个较大的专利转让来源是大专院校。科研单位的转让对象比较分散，几乎平均转移到其他各类专利权人。在产学研相结合的协同创新中，薄弱环节在科研单位，科研单位的市场化水平弱于大专院校，可能与科研单位的定位及体制机制有关。

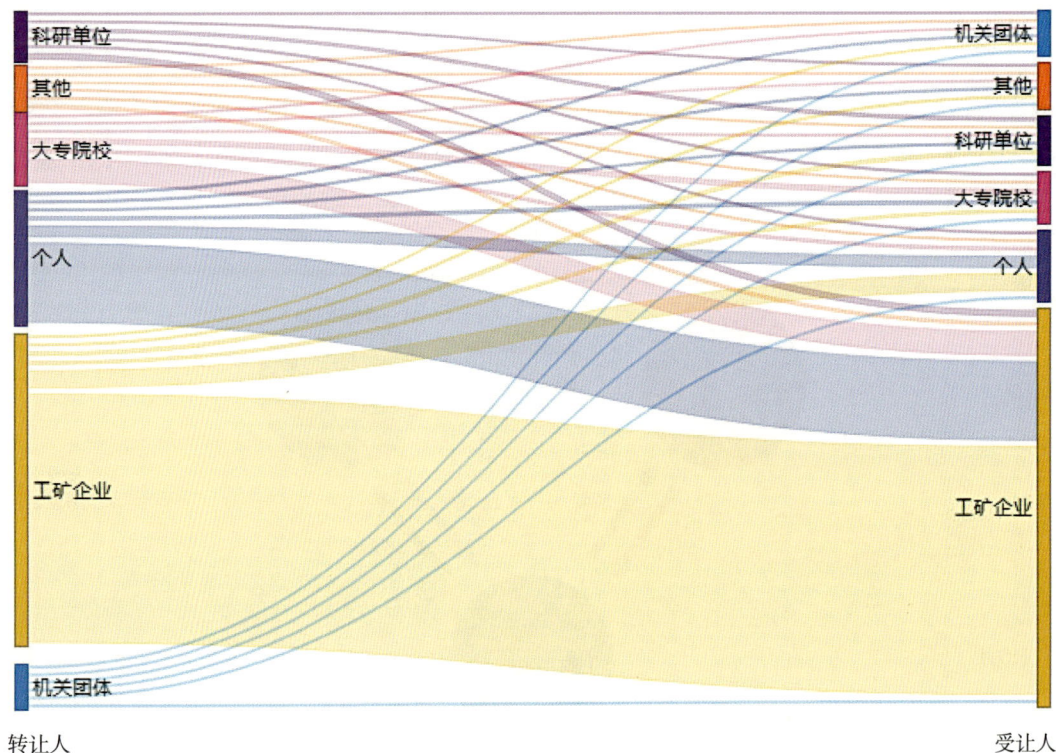

转让人　　　　　　　　　　　　　　　　　　　　　　　　　　受让人

图 10-19　专利转移的专利权人类型

7 个战略性新兴产业转让专利数量占比如图 10-20 所示，新一代信息技术产业占比最高，达 26.51%；其次是新材料产业的 23.88% 和节能环保产业的 20.03%；其他几类产业的转让量相对较少，专利转让的占比基本上与该产业专利的产出成正比。

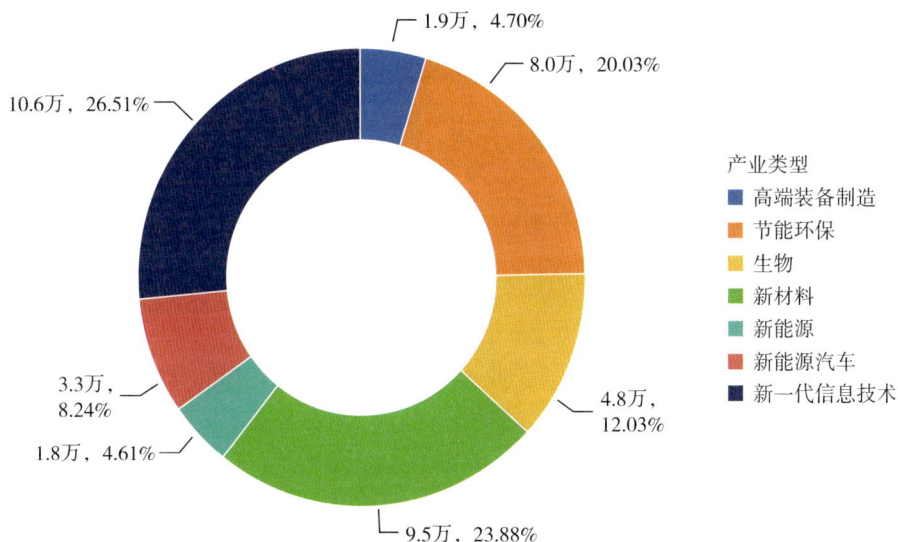

图 10-20　各战略性新兴产业转让专利数量占比（单位：次）

对专利转让的技术领域进行统计分析，排名前十的领域分类如表 10-1 所示。转让最多的是 H01L 半导体器件，其次是 H04W 无线通信网络和 H04L 数字信息的传输，排前 5 名的都是 H（电学）部下属分类。具体到大类为 H01（基本电气元件）和 H04（电通信技术）。这两类专利转让数量大，原因在于其技术具有基础性、公用性的特征，从硬件的角度来说，半导体器件是现代很多智能设备的基础组件；从软件的角度看，通信和传输等 5G 技术对现在很多智能应用、物联网应用、虚拟现实等都有基础支撑作用。

表 10-1　专利转移技术分类排行

IPC 小类代码	IPC 释义	数量 / 次
H01L	半导体器件	18 280
H04W	无线通信网络	14 286
H04L	数字信息的传输	12 691
H01R	导电连接；一组相互绝缘的电连接元件的结构组合；连接装置；集电器	11 832
H01M	用于直接转变化学能为电能的方法或装置	10 589
C02F	水、废水、污水或污泥的处理	10 437

续表

IPC 小类代码	IPC 释义	数量 / 次
F21S	非便携式照明装置或其系统；专门适用于车辆外部的车辆照明设备	10 159
B01D	分离	9763
H05K	印刷电路；电设备的外壳或结构零部件；电气元件组件的制造	9066
G01N	借助于测定材料的化学或物理性质来测试或分析材料	9025

对近 10 年三大区域战略性新兴产业专利转让进行统计，如表 10-2 所示，专利转出量最大的 3 家公司是中兴通讯股份有限公司、广东高航知识产权运营有限公司、华为技术有限公司。其中，中兴通讯股份有限公司和华为技术有限公司是通信类企业，广东高航知识产权运营有限公司是专门从事专利运营的知识产权类公司。前 5 名中有 4 名都是粤港澳大湾区的企业，可以看出粤港澳大湾区在专利转让方面存在比较领先的企业。

表 10-2　专利权人转让前 10 名

转让人	数量 / 件
中兴通讯股份有限公司	4396
广东高航知识产权运营有限公司	3115
华为技术有限公司	2443
中芯国际集成电路制造（上海）有限公司	2236
广州博鳌纵横网络科技有限公司	1712
上海斐讯数据通信技术有限公司	1711
华为终端有限公司	1680
北汽福田汽车股份有限公司	1299
上海华虹 NEC 电子有限公司	1268
京信通信系统（中国）有限公司	1268

从表 10-3 专利权人受让前 10 名来看，排名第一的是广东高航知识产权运营有限公司，其次是国家电网公司、上海华虹宏力半导体制造有限公司。前 10 名中出现国

家电网公司、中国石油天然气集团有限公司等大型国企，这两家企业并没有出现在转让人前 10 名中，而国家电网公司是排名靠前的专利申请人。可以看出，像中国石油天然气集团有限公司、国家电网公司这类大型国企一方面申请大量专利；另一方面也注重收购能用于自己业务的相关专利。在转让人中，出现华为技术有限公司、华为终端有限公司；在受让人中，出现华为终端（东莞）有限公司、华为终端有限公司。其中，有很大一部分是华为总公司与子公司之间或不同地区子公司之间的相互转让。

表 10-3　专利权人受让前 10 名

受让人	数量 / 件
广东高航知识产权运营有限公司	3478
国家电网公司	3278
上海华虹宏力半导体制造有限公司	2241
广州博鳌纵横网络科技有限公司	1778
中国石油天然气集团有限公司	1748
京东方科技集团股份有限公司	1646
中芯国际集成电路制造（上海）有限公司	1587
华为终端（东莞）有限公司	1512
电信科学技术研究院	1166
华为终端有限公司	1116

10.3　专利视角下的技术创新分析

IPC 分类是专利所属技术领域的标识，按级别分为"部、大类、小类、大组、小组"，本节对战略性新兴产业申请专利的 IPC 小类进行统计，绘制分类树如图 10-21 所示。隶属 H01L 分类的专利最多，该分类是半导体器件，是电子、通信等高科技领域所需的基础技术。其次是 G01N（借助于测定材料的化学或物理性质来测试或分析材料）、H04L（数字信息的传输，如电报通信）、H04W（无线通信网络）、A61K（医用、牙科用或梳妆用的配制品）。从 IPC 小类对应数量的前 10 名进行分析，新一代信息技术产业和新材料产业的专利多于其他产业，主要是因为其支撑技术如通信、5G、新材料等都是各行业发展的基础，这两个产业的技术突破和发展提升都能极大地推动其他产业的发展，在这些领域进行专利布局成效更高，这些产业近些年的快速发展也给人们生活带来了可感知的巨大变化。随着"中国制造 2025"规划的实施和"碳中和、碳达峰"战略的落地，未来高端装备制造、新能源、新能源汽车、节能环保领域预计也会有快速的发展，随着新冠疫情防控的推进，生物领域的企事业研究机构申请的专利数量也将大幅提升。

图 10-21　战略性新兴产业技术分类树

专利中有些公用技术可应用于多个领域，有的专利包含多个技术，会分配多个 IPC 号。例如，专利"延长照明的汽车设计元件"，所属的 IPC 分类号为"F21S8/10；F21V5/04；F21V8/00；F21V15/01；F21W101/10"，包含 5 个小组、3 个小类，即 F21S、F21V、F21W，3 个小类两两之间存在一次共现关系。存在共现关系多的分类，往往是该领域的核心技术或公共基础技术。利用 IPC 共现关系绘制的网络如图 10-22 所示。利用力导向（force-directed）布局算法形成 7 种颜色的聚类关联，对应 7 个战略性新兴产业，由图 10-22 可知，每个产业存在自己领域的技术紧耦合，同时，不同领域之间由于公用技术的关联，也存在紧密的联系。通过图 10-23 可以看出在战略性新兴产业中处于比较核心地位的专利小类，如 H05K（印刷电路；电设备的外壳或结构零部件；电气元件组件的制造）、G01N（借助于测定材料的化学或物理性质来测试或分析材料）、C02F（水、废水、污水或污泥的处理）、A61B（诊断；外科；鉴定）。

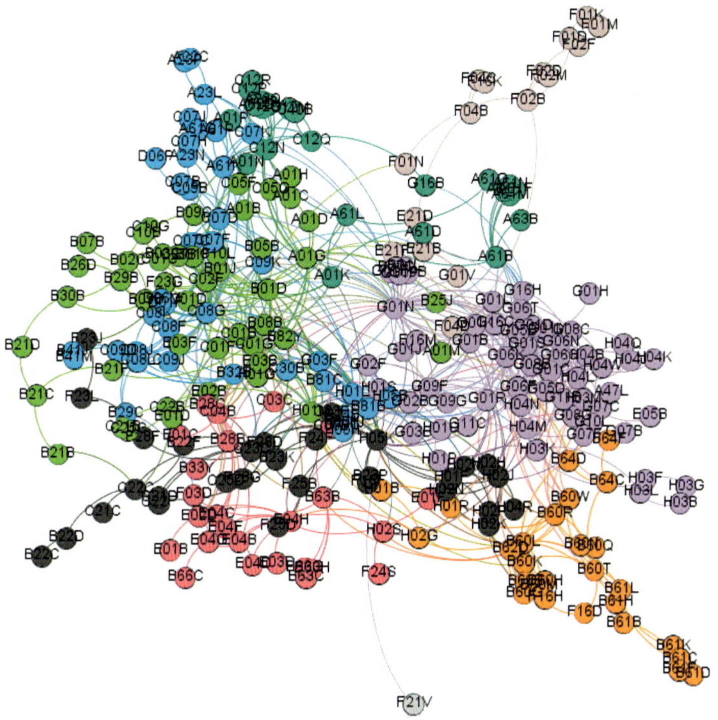

图 10-22　战略性新兴产业 IPC 共现网络（1）

图 10-23　战略性新兴产业 IPC 共现网络（2）

173

📖 10.4　各产业重要专利申请人分析

战略性新兴产业是我国着眼未来，重点培育和发展的关键产业，用于支撑经济的持续增长和带动其他产业的发展。随着经济、科技的发展，国务院认定的 7 个战略性新兴产业目前处于不同的发展阶段，产业中的主要竞争主体在未来的专利申请和竞争中会出现越来越白热化的趋势。本节通过统计近 10 年 7 个战略性新兴产业发明专利申请人的申请量排名情况，分析各产业目前的发展和竞争态势。

①新一代信息技术产业。新一代信息技术产业包括下一代信息网络产业、电子核心产业、新兴软件和新型信息技术服务、互联网与云计算、大数据服务、人工智能等子分类。新一代信息技术涵盖技术多、应用范围广，与传统行业结合的空间大，在经济发展和产业结构调整中的带动作用将远远超出该行业的范畴。该产业目前在 7 个产业中申请专利最多，竞争也十分激烈。如图 10-24 所示，华为技术有限公司、京东方科技集团股份有限公司、中兴通讯股份有限公司分列排行榜前 3 位，形成第一集团，中兴通讯股份有限公司领先第 4 名高通股份有限公司将近 50%。但前 10 名中有 4 家其他国家 / 地区的公司，特别是韩国三星有两家子公司上榜，显示该领域存在激烈的竞争，国外行业巨头也十分重视中国信息技术产业未来的发展。

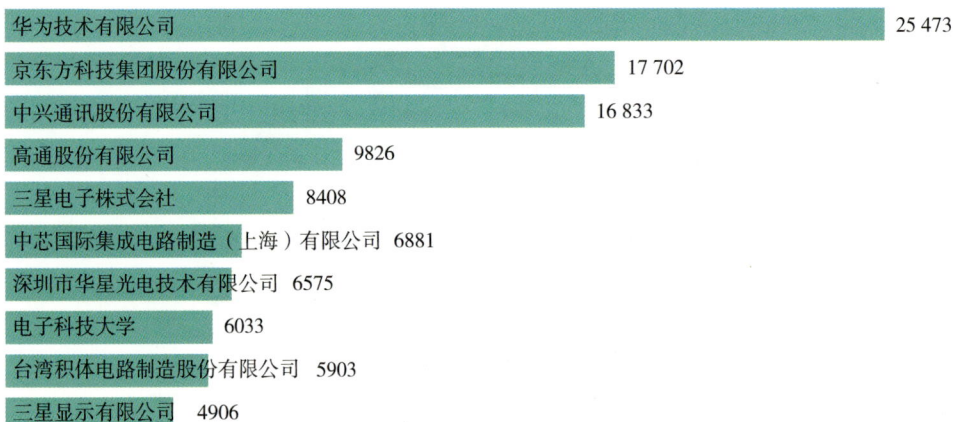

申请人	申请量
华为技术有限公司	25 473
京东方科技集团股份有限公司	17 702
中兴通讯股份有限公司	16 833
高通股份有限公司	9826
三星电子株式会社	8408
中芯国际集成电路制造（上海）有限公司	6881
深圳市华星光电技术有限公司	6575
电子科技大学	6033
台湾积体电路制造股份有限公司	5903
三星显示有限公司	4906

图 10-24　新一代信息技术产业专利申请量前 10 名（单位：件）

②新材料产业。新材料产业是战略性、基础性产业，是高科技竞争的关键领域，事关现代化经济体系建设大局。历史上每次产业革命的成功都离不开新材料的开发。新材料是工业革命的先导，与能源、信息、生物技术构成了现代文明社会的四大支柱。新材料产业专利申请量排前 10 名的情况如图 10-25 所示。中国石油化工股份有限公司排名第一，遥遥领先于其他申请人。新材料产业发明专利申请的特点是除了中

国石油化工股份有限公司外其他 9 名都为大学。这显示出该领域的技术研发需要深厚的理论基础，未来如何通过产学研结合促进高校研究成果进入市场应用阶段是要考虑的重要问题。

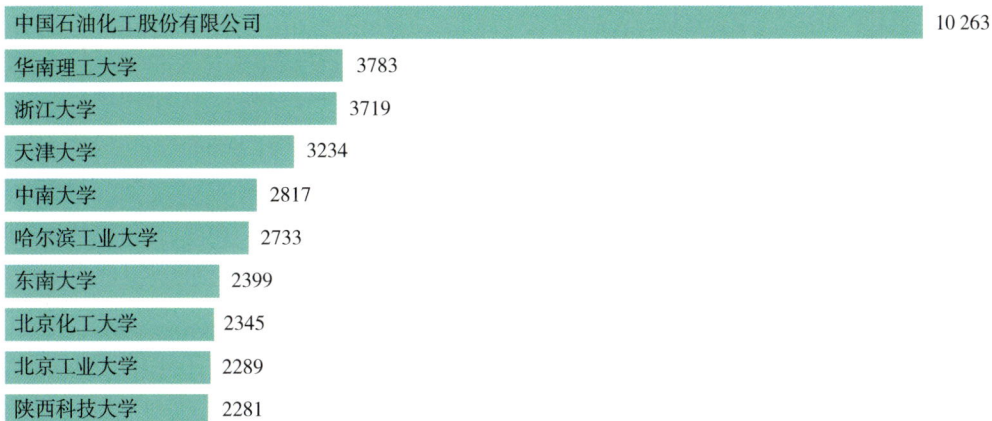

中国石油化工股份有限公司　10 263
华南理工大学　3783
浙江大学　3719
天津大学　3234
中南大学　2817
哈尔滨工业大学　2733
东南大学　2399
北京化工大学　2345
北京工业大学　2289
陕西科技大学　2281

图 10-25　新材料产业专利申请量前 10 名（单位：件）

③新能源产业。新能源包括核能、风能、太阳能、生物质能等。随着我国 2030 年"碳达峰"、2060 年"碳中和"目标的落实，新能源凸显出越来越重要的作用。如图 10-26 所示，新能源产业专利申请量前 10 名中国家电网公司排名第一，国家电网公司的专利主要是在电力传输领域。美国通用电气公司排名第二。进入前 10 名的外国公司还有德国西门子公司。有 5 家大学进入前 10 名，包括浙江大学、东南大学、清华大学、华北电力大学和天津大学。

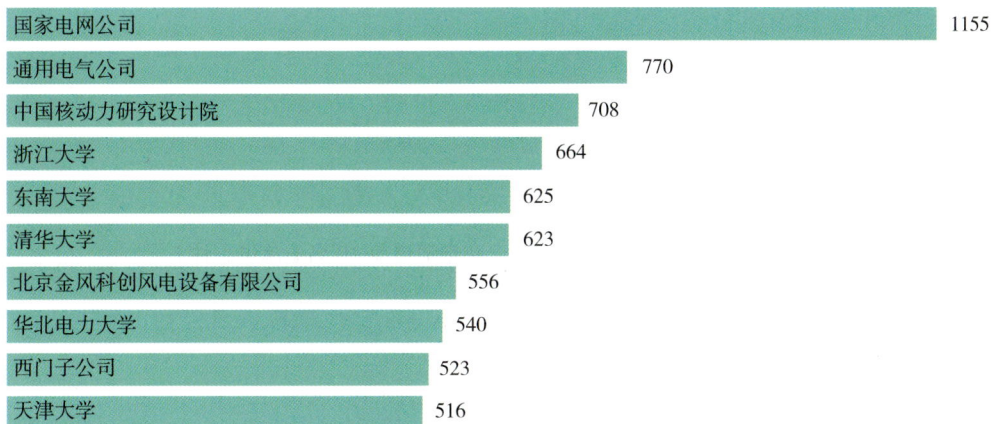

国家电网公司　1155
通用电气公司　770
中国核动力研究设计院　708
浙江大学　664
东南大学　625
清华大学　623
北京金风科创风电设备有限公司　556
华北电力大学　540
西门子公司　523
天津大学　516

图 10-26　新能源产业专利申请量前 10 名（单位：件）

④新能源汽车产业。新能源汽车是指除汽油、柴油发动机之外所有其他能源汽车，被认为能减少空气污染和缓解能源短缺。在当今提倡全球环保的前提下，新能源汽车产业必将成为未来汽车产业发展的导向与目标。如图 10-27 所示，日本丰田自动车株式会社在中国新能源汽车领域的专利申请量遥遥领先。第二、第三分别为韩国现代自动车株式会社和美国福特全球技术公司。中国本土汽车企业比亚迪股份有限公司仅排在第 7 位，不到第 1 名丰田自动车株式会社的 1/3。另外两个进入前 10 名的中国申请人是吉林大学和奇瑞汽车股份有限公司。前 10 名中中国只有 2 家企业和 1 所大学，其余 7 家皆为国外公司，显示出在新能源汽车领域中国企业的专利积累与国外有较大差距，在当下国家大力扶持新能源汽车发展的政策支持下，要尽快提高自己的技术积累，进行更多的专利布局。

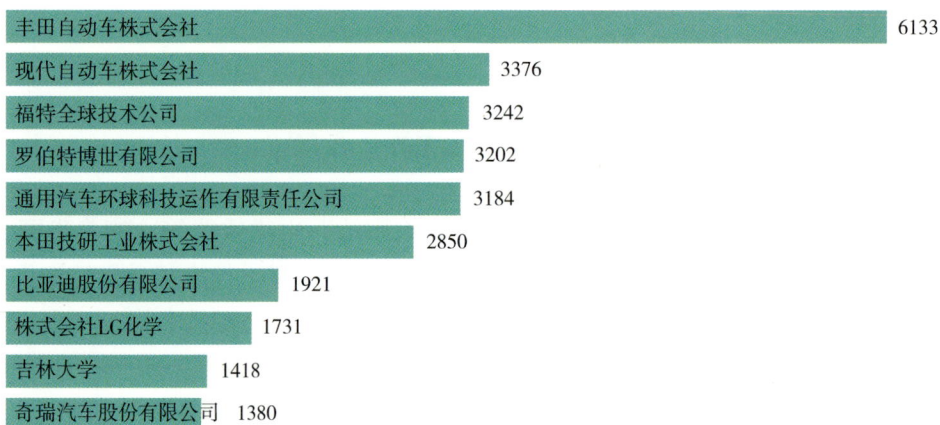

图 10-27　新能源汽车产业专利申请量前 10 名（单位：件）

⑤生物产业。生物产业指以生命科学理论和生物技术为基础，结合信息学、系统科学、工程控制等理论和技术手段的产业。一方面针对生物体及其细胞、亚细胞和分子的组分、结构、功能与作用机制开展研究并制造产品；另一方面则是对动物、植物、微生物等进行改造，使其具备预期的品质特性。具体子产业包括生物医药产业、生物医学工程产业、生物农业产业、生物质能产业等。如图 10-28 所示，排名最高的是中国石油化工股份有限公司，其余 9 名都为大学。该领域呈现出与新材料领域相同的以高校申请为主的特征。新冠疫情的暴发，必将催生该领域一批公司的成长，未来也会出现专利申请量快速增长的趋势。

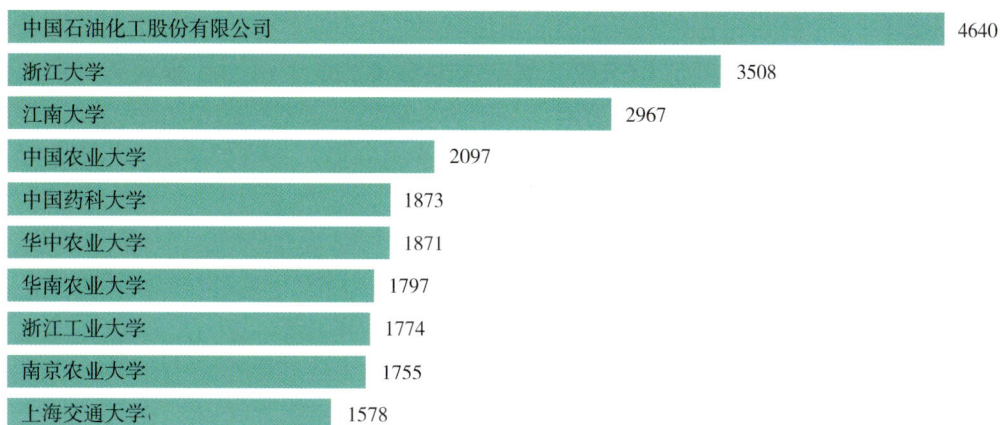

图 10-28 生物产业专利申请量前 10 名（单位：件）

⑥节能环保产业。节能环保产业是指为节约能源资源、发展循环经济、保护生态环境而提供物质基础和技术保障的产业。节能环保产业涉及节能环保技术装备、产品和服务等，产业链长，关联度大，吸纳就业能力强，对经济增长拉动作用明显。子产业分类包括高效节能产业、先进环保产业、资源循环利用产业。如图 10-29 所示，以空调生产起家的珠海格力电器股份有限公司专利申请量排第 1 名，申请量接近第 2 名广东美的制冷设备有限公司的两倍。在前 10 名中，有 1 家日本公司三菱电机株式会社，1 所中国大学浙江大学。

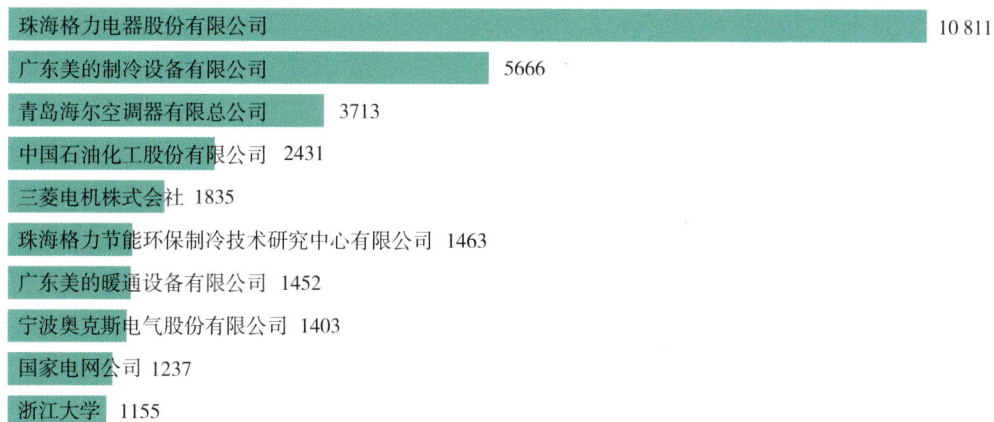

图 10-29 节能环保产业专利申请量前 10 名（单位：件）

⑦高端装备制造产业。高端装备制造产业指装备制造业的高端领域，"高端"主要表现在 3 个方面：第一，技术含量高，表现为知识、技术密集，体现多学科和多领域高精尖技术的继承；第二，处于价值链高端，具有高附加值的特征；第三，占据产

业链核心部位，其发展水平决定产业链的整体竞争力。其子产业包括智能制造装备产业、航空装备产业、卫星及应用产业、轨道交通装备产业、海洋工程装备产业。如图 10-30 所示，该产业专利申请量前两名分别为中国石油天然气股份有限公司和中国石油化工股份有限公司，第 3 名为波音公司。其余为中国石油类公司和航空类大学及研究所。

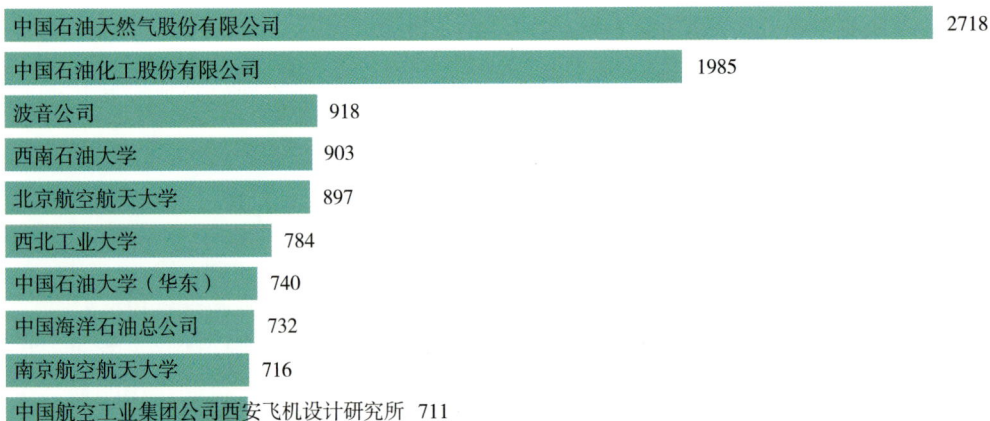

中国石油天然气股份有限公司	2718
中国石油化工股份有限公司	1985
波音公司	918
西南石油大学	903
北京航空航天大学	897
西北工业大学	784
中国石油大学（华东）	740
中国海洋石油总公司	732
南京航空航天大学	716
中国航空工业集团公司西安飞机设计研究所	711

图 10-30　高端装备制造产业专利申请量前 10 名（单位：件）

📊 10.5　本章小结

本章以专利的视角从宏观到微观，从技术到产业看中国的技术创新现状。

首先，从专利的产出看，中国专利的申请量近 10 年实现了快速增长，已经成为世界知识产权强国。新冠疫情的发生虽然使发明专利申请量略微下滑，但实用新型专利申请量仍在近两年有快速的增长。中国国内的专利申请形成北上广深一线城市引领、区域创新协同发展的格局。北京由于拥有大量高校和企业总部，发明专利申请量占比多于实用新型专利和外观设计专利。长三角地区和粤港澳大湾区以面向市场应用的实用新型专利居多。在中国申请专利的创新主体还是以工矿企业为主、大专院校为辅，科研单位与机关团体为补充。

其次，从技术与产业相结合的角度分析了战略性新兴产业在京津冀地区、长三角地区、粤港澳大湾区三大区域的发展和分布。新一代信息技术和新材料两个产业专利申请量排名前两位，新能源汽车产业、生物产业和节能环保产业都处于快速上升时期。长三角地区的新材料产业、生物产业和节能环保产业明显领先于其他两个地区。从专利转让角度看，三大区域之间形成长三角地区与京津冀地区和粤港澳大湾区都存在强关联，京津冀地区与粤港澳大湾区存在弱关联的特征。从城市之间的转让看，形成京津冀地区以北京带动，粤港澳大湾区以深圳、广州带动，辐射周围的特征。长三角地区各城市均强，形成网络协同创新的特征。专利转让形成以工矿企业、大专院校和个人为主要转让人，以工矿企业为主要受让人的格局。七大战略性新兴产业中，新一代信息技术产业以华为技术有限公司为代表申请大量专利，但国外企业也大量布局，竞争激烈；在新能源汽车产业中，相关专利已经被国外企业大量布局，中国汽车企业处于被动地位，需要奋起直追，加强研发布局；新材料产业和生物产业以高效申请专利为主，面临如何打通市场应用环节，让技术更顺畅地实现科技成果转化的核心问题。

参考文献

［1］　知识产权局. 知识产权强国建设纲要（2021—2035 年）［EB/OL］.［2021-12-01］. https://www.cnipa.gov.cn/col/col2741/index.html.

［2］　知识产权局. 2020 年国家知识产权局年报［EB/OL］.［2021-12-01］. https://www.cnipa.gov.cn/col/col2616/index.html.

［3］　Key IP5 statistical indicators 2020［EB/OL］.［2021-12-01］. https://www.fiveipoffices.org/statistics.

［4］　国务院. 国务院关于加快培育和发展战略性新兴产业的决定［EB/OL］.［2021-12-03］. http://www.gov.cn/zwgk/2010-10/18/content_1724848.htm.

［5］　知识产权局. 战略性新兴产业分类与国际专利分类参照关系表（2021）（试行）［EB/OL］.［2021-12-08］. https://www.cnipa.gov.cn/art/2021/2/10/art_75_156716.html.

企业是科技创新的主体，也是中国科技创新图谱所反映的主要内容之一。本章将首先从宏观尺度以中国高新技术企业的宏观分布对其特征进行表述。同时，也从微观层面介绍基于大数据和特定分析方法的企业分析工具，阐明中国科技创新图谱如何将分析触角延伸至企业这一微小的科技治理单元，以构成完整的从宏观到微观的分析链条。

第11章
创新图谱视域下的创新主体

11.1 企业是科技创新的主体

技术创新作为人类的一项高级生产活动，是由生产技术问题提出、技术研发、技术研发成果中试、技术研发成果首次商业化及产业化的一系列业务链条组成的[1]。作为技术创新主体的企业，应是该链条上各业务的组织者、参与者和投资方，是全链条的驾驭者、主导者，是技术创新成果的使用者。企业成为科技创新主体，有其内在的必然性[2]。习近平总书记在科学家座谈会上强调，"要发挥企业技术创新主体作用，推动创新要素向企业集聚，促进产学研深度融合。"[3]面对国内外环境发生的深刻复杂变化，积极推动科学研究向高精尖发展，加快应用基础研究成果转化，打通产学研用通道，都需要夯实企业创新主体地位。

首先，从企业自身生命周期来看，我们可以将企业发展与生命体成长做类比，其应该具有生命周期性，即成长期、成熟期、衰退期和消亡期[4]。在企业发展的过程当中，由于社会生产生活中人们的需求在不断变化，因此企业不可能一成不变，它需要满足人们多样化的需求，当主导产品或服务在一定时期内达到收益边界之后，受自身生存和竞争环境影响，企业会自然而然地对自身的技术、产品、机制、管理等进行革新或创新，以此来实现竞争优势和差异化战略[5]。而创新可以让企业以先入者的姿态占据市场的优势地位，从而使企业的发展呈现螺旋上升的态势，尽可能避免进入消亡期。企业通过科技创新实现了自身可迭代的、可持续的发展[6]。由此可见，从企业自身角度而言，只有连续不断地开展技术创新，才能实现产品升级换代，才能研制出多样化的产品，进而实现企业长盛不衰。因此，技术创新是企业实现可持续发展的"永动机"。这样的企业比比皆是，华为、大疆、海尔、格力、TCL 等企业是中国企业不断创新的代表，而国外如日本的松下、丰田，美国的通用、微软、IBM 等公司也是因为创新而历久弥新。

其次，从企业适应商业环境的能力来看，企业与同行业或外来竞争对手进行博弈的资本，就是其自身的创新能力，所谓"打铁还需自身硬"。企业的竞争优势本质上是以创新为核心动力，自发产生的[7]。这与企业的技术创新、机制创新、管理创新等密切相关。管理学的创始人熊彼特[8]曾提出，企业对竞争优势和垄断地位的追求是推动企业技术创新的根本原因，企业在技术创新经济价值的实现过程中不断壮大。这表明技术创新是企业培育竞争优势的有效手段，也是企业维持竞争优势的核心和本质。纵观人类社会发展史，每一次技术的提升和劳动力成本的下降都由重大科技革命引发，如今更是一个由技术创新能力决定价值的时代[9]。而企业的创新发展轻则定盈亏，重则定生死，如国内的长虹、乐凯，国外的诺基亚、摩托罗拉、雅虎、黑莓等，皆由创新而兴，亦由创新而衰，创新决定了企业在竞争中的"生态位"，进而决定了企业在竞争环境中的命运。因此，企业竞争优势本质上反映了以技术为基础的创新优势。

最后，从价值链角度来看，价值链分为企业内部价值链、企业外部纵向价值链（垂直价值链）和企业外部横向价值链（水平价值链）[9]。随着人类社会生产分工的细化和科技元素的投入，产品利润在价值链上的分配从以往的研发设计、生产、销售三者间的"棒槌型"分布演变为今天的"哑铃型"分布，即利润重心从价值链的中间环节分别转向上、下游环节，上游环节主要是指研发和融资，中间环节主要是指制造和生产，下游环节主要是指销售和服务[10]。研发设计和销售环节的利润率最高，加工制造环节的利润率低、成本高、能耗大、环境污染指数高，价值创造环节作为价值链上的"战略环节"得到高度关注，自此形成了国际产业分工新格局[9]。最为典型的就是以芯片和新一代信息技术为代表的龙头企业，如美国苹果公司的价值链，其在中国设置大量的代工厂，代工企业的利润甚少，大部分的利润由设计和研发的美国苹果总公司获得。企业作为一个以盈利为目标的组织，总是选择利润率较高、容易形成核心竞争力和市场竞争力的突破点，将其作为自身产业及战略转移的重点。因此，追逐利润的本性决定了企业对技术创新的必然选择，这也是驱动企业创新的一个内在因素。

11.2 中国高新技术企业分布特征

20 多年来中国高新技术企业发展迅速，地域分布及行业结构也有显著变化，其对促进科技进步、推动高新产业发展和经济增长，增强国家创新能力产生了积极影响[11]。截至 2020 年，我国高新技术企业已经达到 27.5 万家，科技型中小企业有 22.3 万家。高新技术企业对我国高新技术产业发展、经济发展都起到了很大的作用。2020 年的统计数据表明，高新技术企业总的营业收入已经达到 51.3 万亿元。高新技术企业的发展不仅提供了较好的经济效益、社会效益，也同样起到了带头引领的作用，带动了相关战略性新兴产业的发展。

高新技术企业的发展为我国经济、社会发展提供了有力的支撑，是技术创新的排头兵。李金华[11]认为建设制造强国，离不开高新技术企业的发展。中国高新技术企业、创新型产业集群、国家火炬特色产业基地、国家火炬计划软件产业基地集群、科技企业孵化器等的发展均取得了重要成就。郑烨等[12]的研究表明高新技术企业 R&D 人员投入显著促进了区域创新绩效的提升，且企业 R&D 经费支出对区域论文数量和技术市场交易额的正向影响也很显著。王海花等[13]的研究表明在创新驱动发展战略的大力推动下，国家对高新技术企业认定越发重视，高新技术企业认定对区域创新绩效有显著正向作用；区域位置正向调节高新技术企业认定与区域创新绩效之间的关系；吸收能力正向调节高新技术企业认定与区域创新绩效之间的关系。

中国科技创新图谱以全国高新技术企业的基本信息、地理空间信息和知识产权信息为基础，通过可视化分析手段，对其宏观分布与特点进行了刻画。

以 2019 年高新技术企业为例，中国高新技术企业的空间分布与中国的经济社会分布相适应。与著名的"胡焕庸线"相吻合，这条线从黑龙江省黑河市到云南省腾冲市，大致为倾斜 45 度直线。线东南方 36% 国土居住着 90% 以上的人口，经济相对发达，线西北方人口密度极低，经济发展相对落后。

但是，将数据聚焦到具体领域之后，其分布态势也会发生相应的变化。如先进制造业，其空间分布发生了明显的变化，原有的分割线整体东移，以长三角地区和粤港澳大湾区两大城市群为连线，组成了中国的先进制造业的分界线，这与上述两个地区传统的制造业优势密不可分。如果选择战略性新兴产业中的现代服务业，则会出现不同的企业分布情况，现代服务业与制造业具有不同的分布特征，是以经济和人口密集的城市群进行分布，这种分布形式与服务业对大量服务人员的需求相关。服务业相关企业的空间分布仍然呈现出横纵条带特征。从产业特点来看，现代服务业可以进行快速的生成、壮大和转移，较依赖于市场和人口，而制造业对于产业链布局的依赖性更强，使得长三角地区和珠三角地区的传统优势显得尤为突出。

从整体来看，中国的高新技术企业代表了中国的产业和技术创新主体的分布，该分布与中国的人口经济发展分布相吻合，而不同类别的战略性新兴产业则根据其自身产业特征呈现出不同的分布特点。

11.3 大数据分析视角下的企业创新

11.3.1 基于科技产出大数据的创新评价方法

企业作为创新主体是创新链条中的重要一环，同时其自身也是产业链、资金链、信息链的重要组成部分。当前，从公开渠道汇集的企业大数据越来越丰富，由此对企业创新分析的方法提出了新的要求，在已有统计分析与可视化展示手段基础上，需要面对互联网和已经沉淀的海量的企业非结构化数据进行分析，为企业科技创新与自身发展提供定量化分析工具。

因此，中国科技创新图谱将目光聚焦于企业创新相关信息的文本处理分析方面，有针对性地研究和开发了相应的算法，结合企业竞争情报，进行企业竞争对手、合作对手、行业位势等分析。

11.3.1.1 企业相似专利对选择算法

（1）基于 TextRank 及 TF–IDF 的专利特征词抽取

TextRank 算法是一种用于文本的基于图的排序算法[14]。其基本思想来源于谷歌的 PageRank 算法，通过把文本分割成若干组成单元（单词、句子）并建立图模型，利用投票机制对文本中的重要成分进行排序，仅利用单篇文档本身的信息即可实现关键词提取。

TF–IDF 是一种统计方法，用以评估字词对于一个文件集或一个语料库中的其中一份文件的重要程度[15]。字词的重要性与它在文件中出现的次数成正比，与它在语料库中出现的频率成反比。TF 是词频，IDF 是逆文本频率指数。

面向企业分析的专利特征词抽取，首先借助机器学习的分词方法，将专利的标题、摘要、权利要求等文本信息转化成词序列。对于每一篇专利转化成的词序列，根据 TextRank 算法求出每个词的权重。对于整个专利库的词序列，可求出每个词的 TF–IDF 权重。最终，每条专利中词的权重为该词在句子中的 TextRank 值乘以该词的 TF–IDF 值。

（2）基于 Word2vec 的专利特征向量表示

Word2vec 是深度学习中用来将词表征成向量的相关模型[16]。Word2vec 在给定语料充分的情况下，通过优化后的神经网络模型快速有效地将一个词语映射到固定维度的向量空间，同时使映射之后的向量保留原本的语义。专利特征向量基于专利特征词抽取后的结果，将特征词都映射为 100 维的向量。根据专利中每个专利特征词的权重，将特征词的向量与权重相乘之后求加和，作为该篇专利的特征向量。专利在经过前两步的处理后被表示为多维的向量，进而可以使用相似度来计算两条专利之间的相似性。

（3）基于 IPC 重合的相似性过滤策略

将任意一条专利与全库中的其他专利一一进行相似度计算，不仅耗时较长，物理存储空间开销也极为浪费。为了避免这种情况，使用相似性重合过滤的策略来进行过滤，减少比较的次数。IPC 分类是目前国际通用的专利文献分类和检索工具。一般情况下，IPC 分类表示专利所涉及的技术领域。IPC 分类系统按照技术主题设立类目，把整个技术领域分为 5 个不同等级：部、大类、小类、大组、小组。不同等级以 IPC 分类号的不同长度来表示：部为 IPC 分类号首字母，大类为前两位数字，小类为第 4 位大写字母，大组用 1 ~ 3 位数字加 /00 标记，小组为将大组中的 00 表示成其他数字。在基于 IPC 重合的相似性过滤策略在 IPC 小类重合的情况下，才进行专利的相似性计算。

11.3.1.2 企业竞争对手识别及竞争强度值计算

上市公司的技术竞争对手识别主要用于寻找与该公司的专利存在较大相似性、同时不存在专利合作及转移转让等联系行为的公司。其计算方法如下。

①对于每家上市公司，首先获取该公司的专利列表。

②对于专利列表中的每件专利，根据大规模专利文本的相似性计算方法，获取其相似专利集合。根据相似专利集合中的专利权人字段，获取相似专利权人集合。

③对于相似专利权人集合中每位专利权人，根据相似专利的相似度进行累加，求出专利权人之间的技术相似度。

④判断专利权人是否存在专利之间的合作及专利转移转让关系。如果有，则专利权人之间的技术竞争度为 0；如果没有，则专利权人之间的技术相似度为技术竞争度。

⑤将该上市公司的所有技术相似的专利权人根据技术竞争度进行排序，得到最高的技术竞争度值 v，并对技术竞争度进行归一化，结果为该公司的技术竞争强度。

11.3.1.3 企业竞合强度计算方法

（1）数据来源

竞合强度的计算除了需要上市公司的行业信息及专利数据，还需要论文数据。论文数据来自中国科学技术信息研究所核心论文库。

（2）行业竞合关系图构建

计算公司的竞合强度主要是为了衡量公司在行业中的整体竞争强度及和其他单位

合作的密切程度。为了达到目的，以图的形式来表示公司的竞争及合作关系，不仅有利于整体的可视化，也方便使用基于图的算法来计算公司的竞合关系强度。在竞合关系图中，以行业中的各个公司及与公司关联的其他机构作为图中的节点。关联机构为与公司存在竞争关系或者合作关系的机构。

（3）基于改进 PageRank 算法的企业竞合强度计算

PageRank 算法原本用于衡量网络中网页的重要程度，由 Google 在 1997 年提出 [17]。在 PageRank 中，对于某个互联网网页 A 来说，该网页 PageRank 的计算基于以下两个基本假设。①数量假设：在 Web 图模型中，一个页面节点接收到的其他网页指向的入链数量越多，那么这个页面越重要；②质量假设：指向页面 A 的入链质量不同，质量高的页面会通过链接向其他页面传递更多的权重。所以越多质量高的页面指向页面 A，则页面 A 越重要。

利用以上两个假设，PageRank 算法赋予每个网页相同的重要性得分，通过迭代递归计算来更新每个页面节点的 PageRank 得分，直到得分稳定为止。PageRank 算法主要针对有向图。在竞合关系图中，竞争及合作的两边没有方向。对于无向带权图中节点权重 $PR(P_i)$ 的计算，需要将 PageRank 迭代过程中的迭代方程改进为：

$$PR(P_i) = \frac{1-d}{n} + d\Sigma_{pj \in M(p_i)} \frac{weight(p_i) \times PR(p_j)}{degree(p_i)}。 \qquad (11-1)$$

其中，n 为节点个数；d 为经验参数，一般为 0.85；weight（p_i）为边（p_i，p_j）的权重；degree（p_j）为顶点 p_j 的度数。

11.3.2　企业创新评价分析工具

中国科学技术信息研究所将中国科技创新图谱"科技大数据＋分析模型方法＋可视化展示"的体系继续下沉于应用场景，面向企业进行创新的刻画与分析。

中国科技创新图谱平台企业分析部分以沪深两市上市企业为核心，集成上市企业年报、企业专利和学术论文、与上市公司关联的非上市企业数据、企业工商数据等多个信息源，通过"基本信息""上市信息""经营状况""风险态势"等分析模块实现数据资源的全面融合；"创新成果"模块用于深入分析上市企业的科技创新能力，核心专利、技术竞争对手识别、竞合关系识别等具有独立知识产权的分析功能成为亮点；"定标比超"模块指标多样、使用灵活，能快速展现上市企业和行业定位。

11.3.2.1　企业的基本信息分析

管理者和分析人员可以通过该平台相关检索入口对企业基本信息进行检索（图 11-1），并可以通过该平台查看企业的基本信息、上市信息、经营信息和风险信息。例如，通过企业的上市信息，可以看到其股东结构、股本变化、财务情况等核心要素（图 11-2）。

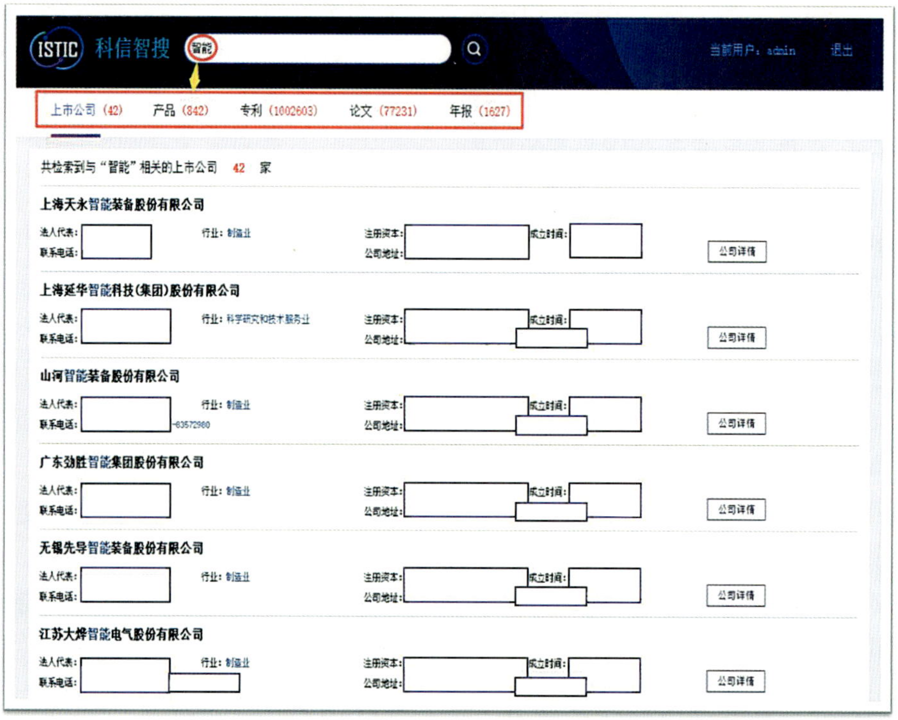

图 11-1　上市企业基本信息查询

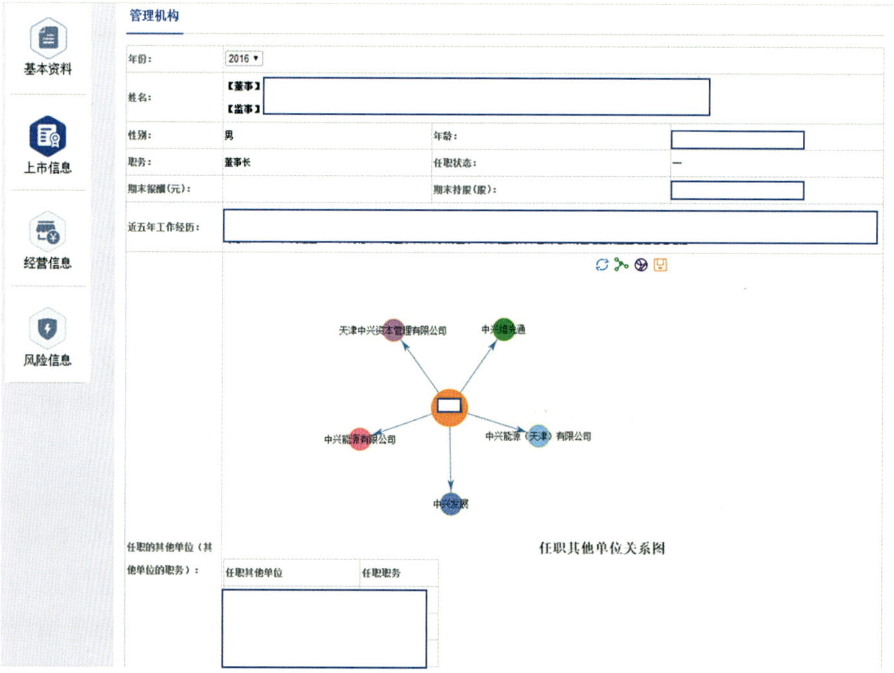

图 11-2　上市企业基本信息展示

11.3.2.2 企业的创新能力分析

在使用者对企业基本信息有了初步了解之后，该系统平台可以根据上市企业的知识产出（主要为论文和专利）进行科技创新能力的分析，以专利为基础进行专利统计分析、专利技术主题分析、技术竞争对手分析及技术合作分析（图11-3）。

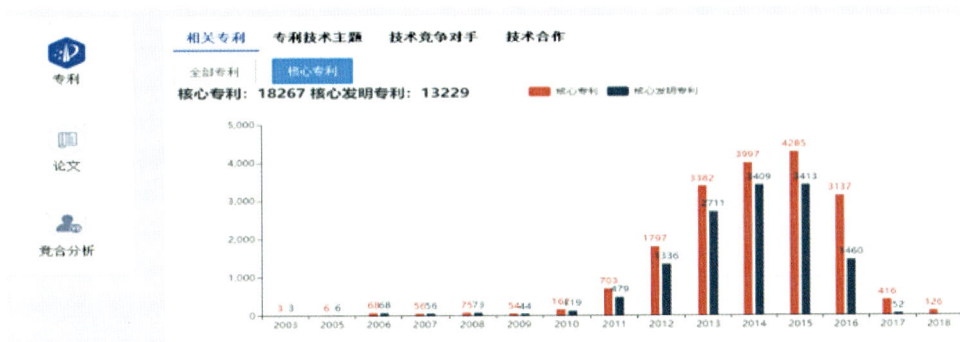

图 11-3 上市企业专利信息统计

以专利技术主题分析为例（图11-4、图11-5），可以通过可视化手段对其技术知识脉络进行分析，平台还为此项分析提供了一定的交互性功能，使得图形的表现与用户的分析目标相吻合，达到"可见即可得"的分析目的。同时，该平台还借助专利地图的概念，为用户自动生成相关企业的专利地图，借助于专利地图平台可以为应用者揭示该技术发展方向，总结并分析技术分布态势。

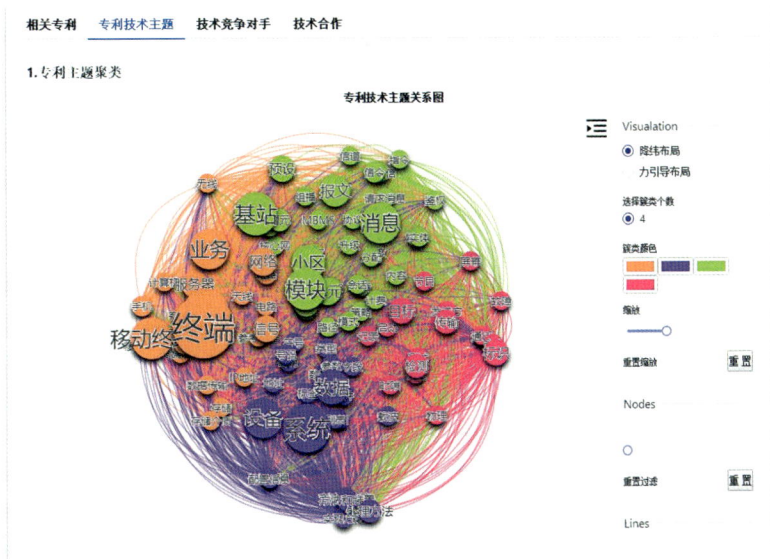

图 11-4 上市企业专利技术主题

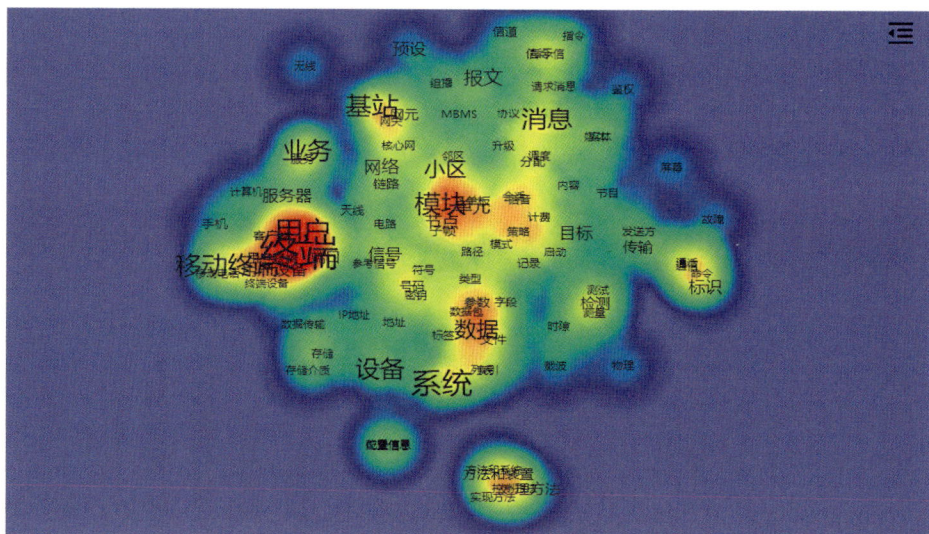

图 11-5　上市企业专利主题地图

11.3.2.3　知识产权视角下企业的竞合分析

以专利数据为例，可以采用前述算法描述中的相似专利分析方法选择相关的竞争对手，以专利这一应用技术核心知识产权信息来确定产业内的竞争者，帮助企业进行产品布局、技术布局和战略布局（图 11-6、图 11-7）。同时，可以通过可视化手段将关注的上市企业与其相关竞争对手进行统一呈现。

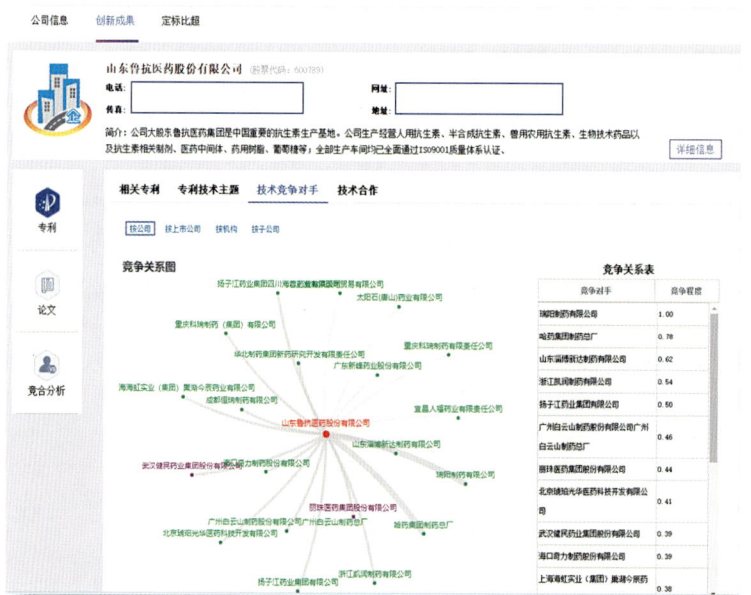

图 11-6　上市企业技术竞争对手

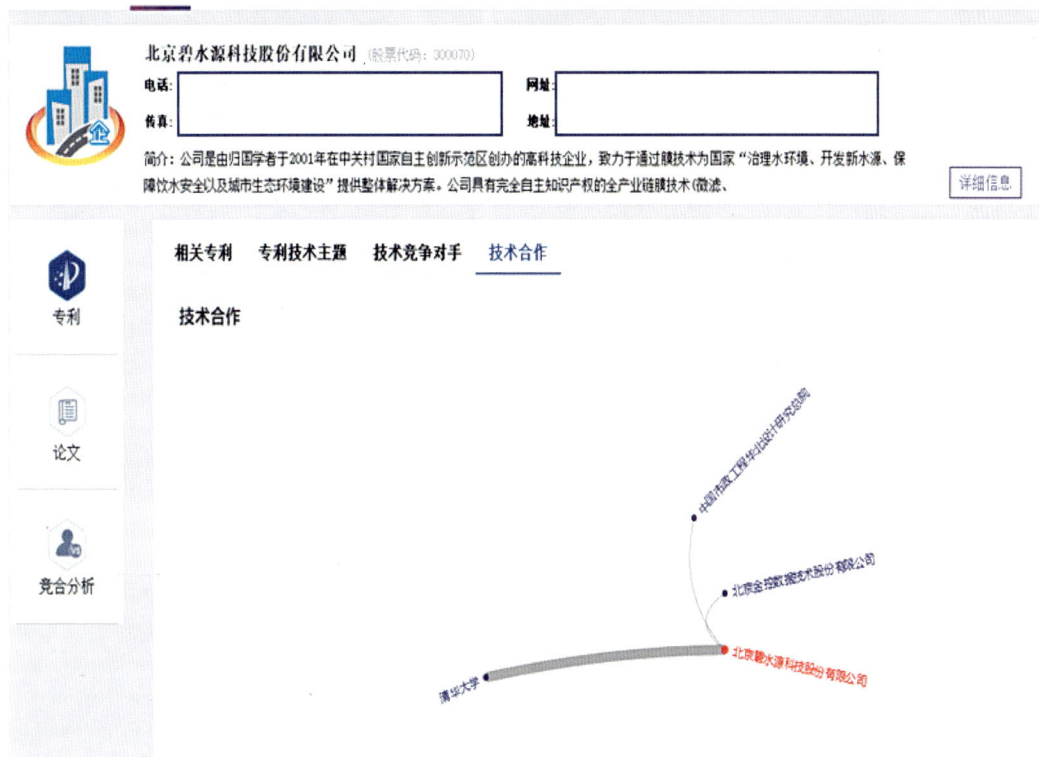

图 11-7　上市企业技术合作者

11.3.2.4　企业大数据与可视化加持下的行业创新分析

中国科技创新图谱平台利用 A 股上市企业作为数据基础，可以"自下而上"对其所代表的产业进行描述与刻画。

首先，基于 A 股主板上市企业数据，借助产业链与创新链的分析理念，中国科技创新图谱从行业概览、行业生态、行业分析 3 个角度对不同行业进行刻画与分析。其主要包括 3 个部分。

其次，通过行业概览展示（图 11-8），可以让行业从业者和科技产业管理分析人员，从宏观视角了解行业的整体态势，展示该行业 TOP10 上市公司的排名和市值。同时可以将不同行业进行切换，也可以根据时间轴的变化而对历史趋势进行动态分析。

再次，通过行业生态展示（图 11-9），可以将行业内各上市企业的上、下游企业（供应商、客户）等进行识别，同时结合创新成果数据对其所在行业的整体科技创新成果进行分析，以展示行业内企业、高校、科研院所等不同创新主体对行业创新的贡献。

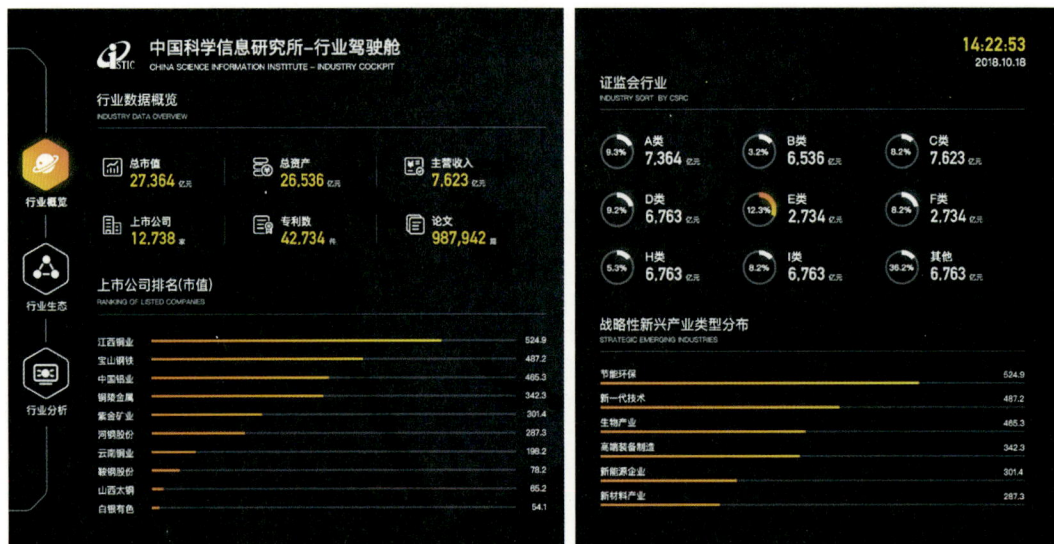

图 11-8　基于上市企业的行业概览展示

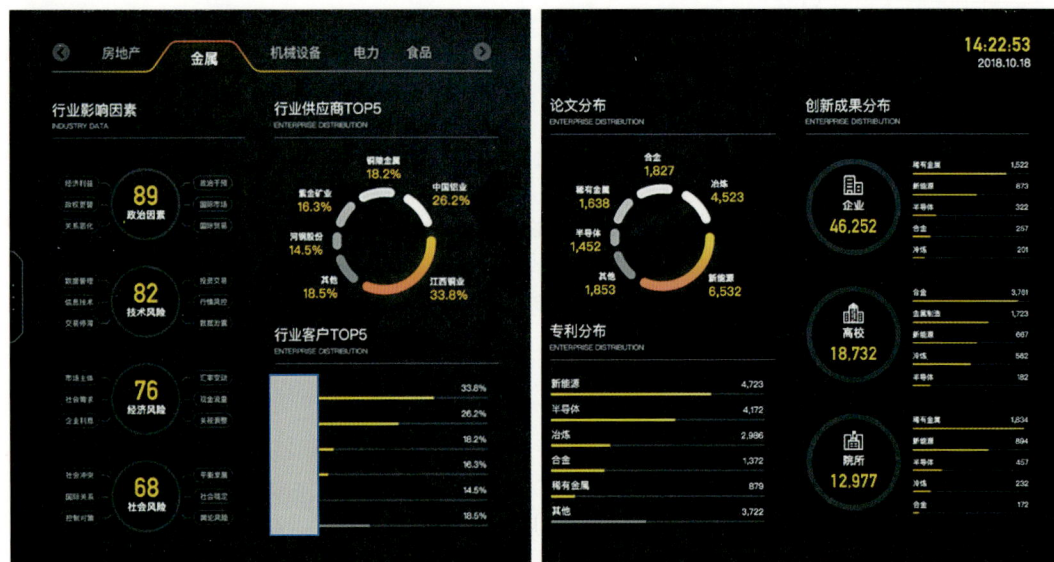

图 11-9　基于上市企业的行业生态展示

最后，通过行业分析（图 11-10），可以将产业链与创新链进行耦合，对产业生态各要素进行剖析，包括行业内企业、各企业相关收入在战略性新兴产业中的布局。通过对创新链各关键词进行文本信息处理分析与聚类，可以获得整个产业生态链与创新链的耦合关系。

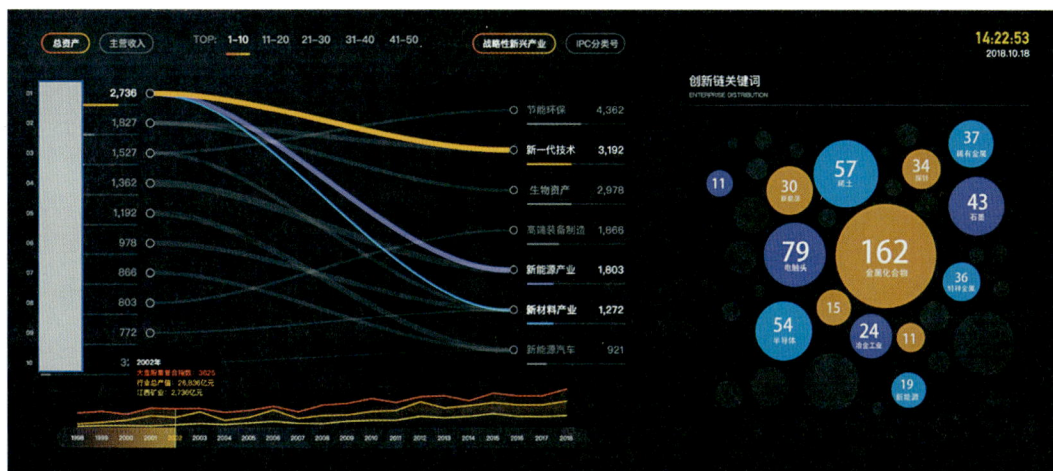

图 11-10　基于上市企业的行业分析

11.4　本章小结

　　企业所代表的技术创新是创新链条中最为活跃的部分，围绕企业这一创新主体进行创新的刻画与分析既是创新本身的需求，也是对产业链、价值链、资金链、人才链等诸多创新要素进行分析的核心关键。企业既是微观创新主体，也是创新要素的聚合体，对其进行数据收集、分析进而对企业、产业及整个创新链进行刻画和描述就显得尤为必要。中国科技创新理念可以向下延伸至企业这一微观创新主体，企业的粒度已经达到创新的微观层面，而从"由下而上"的视角来看，企业的创新又是活跃且丰富的，多个同类型、同行业企业的聚集又塑造了整个产业链和创新链。细粒度的信息收集必然带来大量的数据积累，随之而来的便是基于科技大数据的企业分析模型和方法的应用，在数据与模型方法之上则有可视化分析展示手段。对企业进行细致画像使得科技创新管理人员、企业自身管理者可以从多个维度对自身、竞争对手和行业态势进行把握，为企业技术创新和管理、政府精准施策提供有力的支撑。

参考文献

［1］　杨柏龄. 企业才是技术创新体系的主体［J］. 高科技与产业化，2011（5）：112-113.

［2］　高婷，黄婕. 论企业技术创新主体地位的形成［J］. 企业科技与发展，2012

（21）：57.

［3］ 人民网. 夯实企业创新主体地位［EB/OL］.（2020-09-23）［2021-10-10］. https://baijiahao.baidu.com/s?id=1679118607741062521&wfr=spider&for=pc.

［4］ 王国顺，尹华. 论企业竞争优势理论的演化［J］. 求索，2004（2）：9.

［5］ 汝百慧，林凤. 差异化战略与竞争优势的可持续性分析［J］. 产业与科技论坛，2016（10）：2.

［6］ 江坚华，李健. 论科技创新与企业可持续发展［J］. 科学大众：科学教育，2009（2）：3.

［7］ 高春华. 以创新为动力增强企业核心竞争力［J］. 科技资讯，2008（12）：1.

［8］ 张永谦. 熊彼特和技术创新理论［J］. 中国高校科技，2003（1）：65-66.

［9］ 翟翠霞，王海军. 企业技术创新主体内涵及建设思路再思考［J］. 科技进步与对策，2014，31（8）：4.

［10］ 毛蕴诗，汪建成. 基于产品升级的自主创新路径研究［J］. 管理世界，2006（5）：114.

［11］ 李金华. 中国高新技术企业的发展现实及政策思考［J］. 财经问题研究，2021（9）：78-85.

［12］ 郑烨，阎波. 高新技术企业认定促进了区域创新绩效吗？：基于中国省级面板数据的实证研究［J］. 经济体制改革，2019（1）：7.

［13］ 王海花，杜梅，孙芹，等. 高新技术企业认定与区域创新绩效：区域位置与吸收能力的调节作用［J］. 华东经济管理，2020（3）：37-43.

［14］ 徐馨韬，柴小丽，谢彬，等. 基于改进 TextRank 算法的中文文本摘要提取［J］. 计算机工程，2019，45（3）：5.

［15］ 柳位平，朱艳辉，栗春亮，等. 中文基础情感词词典构建方法研究［J］. 计算机应用，2009（10）：3.

［16］ 王根生，黄学坚. 基于 Word2vec 和改进型 TF-IDF 的卷积神经网络文本分类模型［J］. 小型微型计算机系统，2019（5）：7.

［17］ 黄德才，戚华春. PageRank 算法研究［J］. 计算机工程，2006，32（4）：3.

第四部分

结语

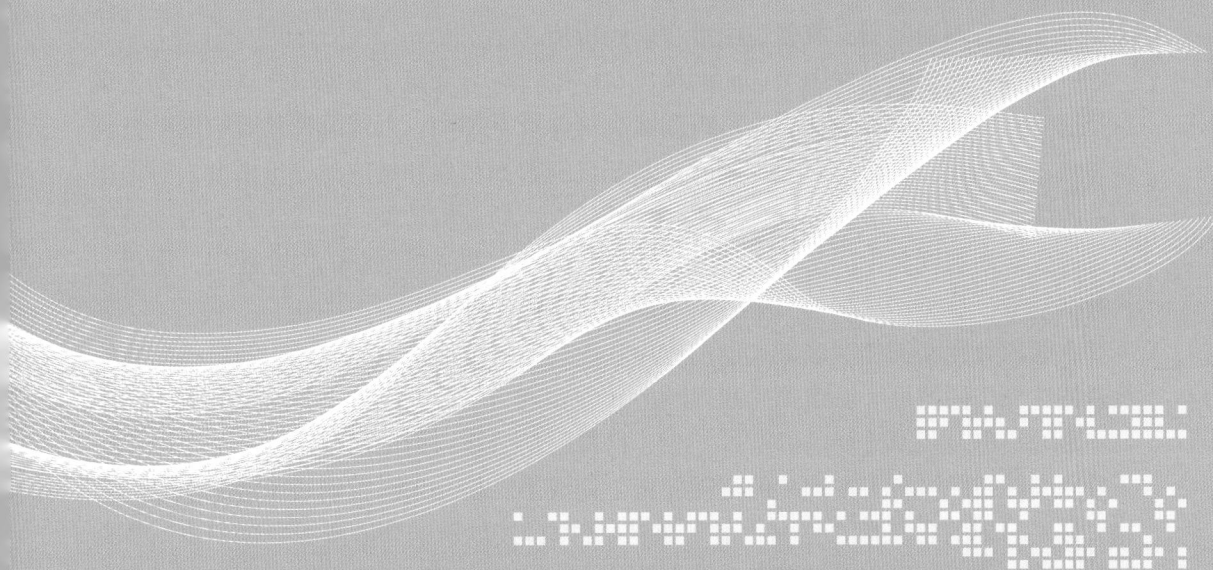

第12章
中国科技创新图谱前景展望

（1）科技创新图谱可以在科技创新治理中发挥重要的支撑作用

在大数据时代，利用多图共现和联动分析等技术手段支撑科技管理与决策是未来的主流趋势。中国科技创新图谱是一个以高性能计算机群和先进的图形技术处理系统构成的交互环境为基础，以数据和对象库作为资源，对复杂问题的决策过程和结果做可视化呈现的决策支持平台。图谱以大数据、地理空间信息、知识组织、数据库技术为基础，以多元可视化技术为支撑，将科技大数据在底层进行融合，利用GIS空间地图、多类型统计图表展示科技创新现状和趋势，利用系统平台在虚拟世界重构中国城市的创新生态，通过地图和图表直观、动态、交互式探索中国、区域、城市的科技创新能力、科技创新水平、科技创新规律，以辅助提升科技创新管理和科技服务水平。与知识图谱和科学知识图谱相比，中国科技创新图谱的数据范围、功能适用性更广，并且与具体的城市创新监测相结合，对科学研究、技术研发、上市公司及高新技术企业等多方面数据进行整合分析，对于不同尺度的科技创新管理、分析、评价具有重要的支撑作用。

（2）科技创新图谱具有较强的潜在应用价值

中国科技创新图谱在国家层面的推广与应用，充分考虑了国家科技创新治理宏观决策的需求，将第三方指标纳入科技创新决策评价管理中，以国际视角对中国科技创新态势进行描述、分析与对比。同时，基于自身数据积累和相应的评价模型，对中国创新的核心驱动单元进行分析，形成"自下而上"的分析脉络。最后，通过对创新链各关键要素细粒度数据的整理、分析与展示，揭示中国科技创新的内在逻辑，通过上述数据汇聚、分析、展示为科技创新治理提供直接支撑。

中国科技创新图谱在区域尺度的应用方面，充分考虑了区域内城市间科技创新的数量特性与协同特征。城市群是我国经济社会和创新驱动发展的重要空间载体，其中长三角城市群是我国重要的经济、社会、科技创新引擎。中国科技创新图谱根据长三角地区实际情况进行了本地化的定制应用，完成了"长三角科技创新图谱"平台的构建，该平台面向长三角"三省一市"，将区域内科技创新的基础资源数据和协同数据进行汇聚，着重从知识溢出与资源共享的角度刻画长三角地区不同城市之间的科技创新协同发展，为其进行科技资源的合理布局提供了辅助支撑。同时，长三角地区科技创新图谱将不同城市群的对比纳入其中，针对长三角地区、京津冀地区、珠三角地区和长江中游城市群进行同尺度的刻画分析，结合基尼系数、泰尔指数、局部莫兰指数等探索空间分析指标与方法，实现了对不同空间、不同创新特点城市群的统一分析，为长三角城市群自身科技创新发展提供了参照。

中国科技创新图谱充分考虑了城市这一空间的创新集聚特性，将多源科技创新数据针对城市进行了汇集，服务于以城市为主体的创新评价、管理与分析。利用由中国科学技术信息研究所建设的中国科技创新图谱平台，济南市率先在国内进行了城市级科技创新图谱平台的示范，形成了"济南科技创新图谱"。济南科技创新图谱具有高性能灵活查询、多维浏览分析、可视化交互展示、时空维度分析、多类型地图、图表灵活切换等丰富的功能。该平台基于济南市科学技术局和中国科学技术信息研究所多年积累的科技信息资源，引入丰富的在线空间数据，利用大数据挖掘分析和多维空间可视化技术展现了济南创新在一定时空范围内的创新资源分布与创新态势。济南科技创新图谱利用科技创新人才、论文合作、专利转移等数据的耦合分析，明确了其先进制造业和现代服务业的局部优势，同时也发现了其在医学领域基础研究强而应用转化弱的短板及未来政策的制定方向，济南科技创新图谱的落地精确地支撑了该市科技创新管理与战略性新兴产业布局。

（3）未来的研究方向

科技是创新发展的根本驱动力，科技创新与其他领域的交互同样需要进行深度的分析。跨领域、跨行业的创新分析对于科技创新本身的管理与决策具有重要的意义，中国科技创新图谱理念、数据和软件平台在已有应用的基础上，将为科技、教育、经济等多领域耦合分析提供必要的支撑。

1）服务于区域科技创新建设，促进协同创新发展

中国科技创新图谱平台能够为科技决策提供一站式综合分析服务，并能提供适应快速迭代高频决策应急响应、预案统筹等要求的针对性决策支持工具。中国科技创新图谱主要服务场景是复杂问题的多专家决策场景。能满足各个领域的类似决策要求。平台可以通过对数据的快速汇集、工具的定制化开发等手段，将研究成果复用到其他城市、区域之中，结合研究对象自身科技创新数据与需求，形成面向其自身科技、经济、社会发展的平台与工具，进而辅助其创新定位发展与布局规划。

2）服务于科技创新关联领域

中国科技创新图谱为政府公共决策的制定提供了多专家协同决策物理环境和软件系统支持。在现实中，"创新驱动发展"的战略不仅要求我们充分考虑影响不同空间、不同时间的科技要素，还要考虑社会经济、教育、人才、产业等不同关联领域和行业的信息动态。在未来的应用中，可以充分利用中国科技创新图谱已有信息，通过线下、线上的数据对其他领域的数据进行进一步归集，将创新要素描述的范围扩大，与其他领域的分析指标、分析模型、分析方法进一步结合，促进中国科技创新图谱在科

技创新领域的应用进一步深入，同时可以切换"叙事"视角，将同样的展示分析手段与方法应用于关联领域，促进创新图谱模式在其他领域的应用。

3）服务于新兴产业

未来，利用中国科技创新图谱在创新链表达方面的既有优势，结合产业链数据，可以对创新型经济产业的整体规划进行要素展示和分析，为不同产业的"产业大脑"构建提供多个层面的支撑。通过将科技数据耦合经济产业领域数据，可以快速实现对多元数据的联动分析，可以快速进行创新链与产业链要素的分解、分析与再聚合。应用科技成果、企业信息、人才等数据库表，专家通过多领域信息的耦合，可以进行城市、区域新兴产业分析综合规划布局的关联与分析，及早发现区域新兴经济产业格局的痛点与瓶颈，将科技与产业数据融合，使现代信息技术充分运用于经济建设中。

综上所述，中国科技创新图谱是大数据浪潮下，科技信息管理与分析服务应用于科技创新治理的有益尝试，其首次将创新图谱的理念应用于科技创新治理，为决策机构科技治理数字化、智能化转型提供了有效的尝试。同时，它的推广应用也为科技管理一线人员提供了必要的抓手，未来中国科技创新图谱必将通过数据的积累、方法工具的完善、展示和分析手段的丰富，进一步向科技管理各垂直领域渗透，同时辐射其他行业和产业，以期为中国科技创新发展与治理提供自身的一分力量。